小初高
数学衔接的实践研究

主　编　隋淑春
副主编　姜尚鹏　刘伟苗
编　委（以姓氏笔画为序）
　　　　王永平　王昌涛　王尊甫　刘伟苗
　　　　孙丽佳　吴　爽　姜尚鹏　隋淑春

中国海洋大学出版社
·青岛·

图书在版编目（CIP）数据

小初高数学衔接的实践研究 / 隋淑春主编. -- 青岛 ：
中国海洋大学出版社， 2025.7. -- ISBN 978-7-5670
-4107-3

Ⅰ. G633.602

中国国家版本馆 CIP 数据核字第 2025HN2221 号

小初高数学衔接的实践研究

XIAOCHUGAO SHUXUE XIANJIE DE SHIJIAN YANJIU

出版发行	中国海洋大学出版社		
社 址	青岛市香港东路23号	邮政编码	266071
网 址	http://pub.ouc.edu.cn		
出 版 人	刘文菁		
责任编辑	郝倩倩	电 话	0532-85902342
印 制	青岛中苑金融安全印刷有限公司		
版 次	2025 年 7 月第 1 版		
印 次	2025 年 7 月第 1 次印刷		
成品尺寸	170 mm × 240 mm		
印 张	13.75		
字 数	239 千		
印 数	1 ~ 1000		
定 价	58.00 元		
订购电话	0532-82032573（传真）		

发现印装质量问题，请致电 0532-85662208，由印刷厂负责调换。

前言

数学作为贯穿基础教育全程的核心学科，其知识体系的螺旋式上升与思维能力的阶梯式发展构成了学生认知成长的"双螺旋结构"。然而，小学、初中、高中三个学段之间的数学教育常因目标断层、内容割裂、方法错位等问题，导致学生遭遇"知识陡坡"与"思维鸿沟"。这种衔接不畅不仅削弱了学习效能，更可能扼杀学生的数学兴趣，甚至影响其终身学习的信心。近年来，《义务教育数学课程标准（2022 年版）》与《普通高中数学课程标准（2017 年版 2020 年修订）》的颁布，将"核心素养导向"与"学段贯通理念"提升至新的高度。文件明确要求"加强学段衔接""注重小初高一体化设计"，标志着数学教育正从传统的"分段承包"模式向"全程育人"范式转型。然而现实教学中，"初中教师抱怨小学基础不牢，高中教师批评初中思维浅薄"的现象仍普遍存在，根源在于缺乏系统化的衔接理论框架、可操作的实践策略以及科学的评估工具。本书正是基于这一时代命题，试图构建一座连接知识逻辑与认知规律的"立交桥"。

本书的理论建构植根于认知发展理论、数学学科逻辑与教育生态视角的交叉融合。认知发展理论中，皮亚杰的认知发展阶段论揭示了具体运算阶段与形式运算阶段的过渡特征，维果茨基的最近发展区理论为衔接教育中"认知脚手架"的设计提供了依据，脑科学与学习科学的研究则为教学时序设计提供了生物学支撑。数学学科逻辑方面，核心概念的演化（如数系的扩展、几何范式的升级、函数思想的深化）与思想方法的贯通（分类讨论、化归转化、数形结合）构成了衔接教育的内容主线。教育生态视角下，教师专业协作机制的建立、跨学段课程模块的开发以及家校社协同实践的设计，为衔接教育提供了实施路径。

本书的前言，不仅是对全书内容的简要概述，更是对数学教育衔接问题的一次深刻反思。以下，我们将更加详细地介绍本书的架构和内容。

第 1 章 引言，为全书的研究奠定了基调。本章通过对研究背景的阐述，揭示了小初高数学衔接问题的紧迫性，并通过对国内外研究现状的梳理，为读者展现了不同国家和地区在数学教育衔接方面的经验与教训。最后，明确了本书的研究目的与内容，为后续章节的研究指明了方向。

第2章 小初高数学教育阶段的特点分析，是全书的基础性探讨。本章分别从小学、初中和高中三个阶段出发，深入剖析了各阶段数学教育的特点，为理解数学教育衔接问题提供了丰富的背景资料。

第3章 小初高数学教育衔接的重要性，进一步深化了读者对数学教育衔接的认识。本章从理论层面阐述了数学教育衔接的必要性，分析了其实践价值，并直面现实挑战，为解决数学教育衔接问题提供了思考的起点。

第4章和第5章聚焦于小初数学衔接和初高中数学衔接的实践策略。这两章不仅提出了具体的内容与方法，还通过案例解析展示了这些策略在实际教学中的应用，并通过效果评估验证了其有效性。

第6章 小初高数学衔接中的学生认知发展，将关注点转向学生。本章分析了学生认知发展的特点，探讨了数学教育衔接对学生认知发展的影响，并提出了促进学生认知发展的策略。

第7章 小初高数学衔接中的教学策略与方法，是对教育实践者的直接指导。本章详细介绍了教学策略与方法的选取与应用，分析了数学教育衔接对教学策略与方法的影响，并通过实践案例展示了如何在数学教育衔接中有效运用这些策略与方法。

本书的终极目标是重构数学教育生态，让每个学生都能体验思维的跃迁之美。我们期待通过这场关于"知识链"与"成长链"的深刻对话，唤醒教育工作者对"全程育人"的自觉追求。当教师眼中有了"12年的数学图谱"，当学校机制打破了学段壁垒，当教育评价彰显了成长轨迹，数学教育必将焕发新的生命力——这种生命力既在于知识体系的严密深邃，更在于每个学习者眼中不灭的探索之光。翻开这本书，您将踏上一段融合理论深度与实践智慧的教育革新之旅。

在此，我们衷心感谢所有参与本书编写、审校和出版的同仁，感谢你们的辛勤付出和智慧贡献。同时，我们也期待广大读者的宝贵意见和建议，共同推动我国数学教育事业的发展。让我们携手前行，为培养更多优秀的数学人才而努力！

目 录

1.1　研究背景与意义

　　研究小初高数学衔接的实践具有重要的现实意义。在我国当前的基础教育阶段，小初高数学教育衔接问题仍然较为突出。学生在从小学升入初中、初中升入高中的过程中，往往面临着知识点的跳跃、思维方式的转变等挑战，这使得他们在数学学习中遇到诸多困难。因此，如何有效地实现小初高数学教育的衔接，成为当前教育界亟待解决的问题。

　　数学教育衔接的效果会直接影响学生的学习兴趣、自信心和成绩表现。学生在数学学习中遇到的困难，可能会减弱他们对数学的兴趣和自信心，进而影响到他们的整体学习成绩。为了更好地理解这一影响，我们需要从多个角度来探讨数学教育衔接的重要性，以及它如何影响学生的学习兴趣、自信心和成绩表现。

　　从学习兴趣的角度来看，学生在数学学习中遇到的困难可能会减弱他们对数学的兴趣。当学生发现自己在数学学习中无法跟上进度，或者无法理解某些概念和方法时，他们可能会感到沮丧和无助。这种挫败感可能会导致他们对数学产生厌倦和反感，从而减弱他们对数学的兴趣。而缺乏学习兴趣会进一步影响学生的学习动力和学习效果，形成恶性循环。

　　从自信心的角度来看，学生在数学学习中遇到的困难可能会减弱他们的自信心。数学是一门需要逻辑思维和抽象思维的学科，对于一些学生来说，这些思维方式可能并不容易掌握。当学生发现自己无法理解数学概念或解决问题时，他们可能会对自己的能力产生怀疑，从而丧失自信心。而缺乏自信心会进一步影响学生在数学学习中的表现，使他们更加不敢尝试和挑战自己，进一步影响学习效果。

　　从成绩表现的角度来看，数学教育衔接的效果会直接影响学生的成绩表现。在小学、初中和高中阶段，数学是必考科目之一，其成绩在学生的总成绩中占有较大的比重。如果学生在数学学习中遇到困难，无法掌握必要的知识和技能，他们的数学成绩可能会受到影响。而数学成绩的下降会进一步影响学生的整体学习成绩，可能会影响到他们的升学和未来发展。

为了解决上述问题，首先，教师需要关注数学教育衔接的实践，并采取有效的措施来改善教育衔接的效果。以下是一些建议。

一是加强课程体系的连贯性和递进性。教师应该关注小学、初中和高中数学课程之间的连贯性和递进性，确保数学知识的逐步深化和技能的逐步提高。通过优化课程体系，学生可以更加顺利地过渡到下一个学习阶段，减少学习中的困惑和挫折感。

二是改进教学方法。教师应该根据学生的实际情况，采用多样化的教学方式，激发学生的学习兴趣和积极性。例如，通过引入实际生活中的例子、采用合作学习等方式，可以帮助学生更好地理解和应用数学知识，提升他们的学习动力和自信心。

三是提供个性化辅导和支持。教师应该关注学生的学习需求，提供个性化的辅导和支持。对于一些在数学学习中遇到困难的学生，可以提供额外的辅导和指导，帮助他们克服困难，提高学习效果。

四是培养学生的自主学习能力。教师应该培养学生的自主学习能力，鼓励他们主动探索和解决问题。通过提供适当的学习资源和环境，学生可以更加主动地参与学习，提高他们的学习效果，并提升他们的自信心。

综上可知，数学教育衔接的效果会直接影响学生的学习兴趣、自信心和成绩表现。为了改善教育衔接的效果，教师需要关注课程体系的连贯性和递进性，改进教学方法，提供个性化的辅导和支持，培养学生的自主学习能力。通过这些措施，教师可以提高学生对数学学习的兴趣、自信心和成绩表现，促进他们的全面发展。

其次，数学教育衔接对于培养学生的逻辑思维、抽象思维、创新意识等具有重要意义。数学作为一门基础学科，其独特的逻辑性和抽象性使它在培养学生思维能力方面具有不可替代的作用。从小学到初中再到高中的数学教育衔接，不仅是对知识的传递和技能的训练，更是对学生思维能力的培养和提升。这一过程的重要性在于它能够帮助学生建立起正确的思维方式，形成严密的逻辑推理能力，培养出抽象思维和创新意识，从而为他们未来的学习和工作打下坚实的基础。

一是数学教育衔接在培养学生的逻辑思维能力方面发挥着重要作用。逻辑思维是指人们在认识事物、分析问题时所遵循的逻辑规律和逻辑方法。数学作为一门高度逻辑化的学科，其知识体系和问题解决过程都充满了严密的逻辑性。在小学阶段，学生开始接触简单的数学概念和运算，通过具体的例子和直观的方式培养初步的逻辑思维能力。到了初中阶段，数学知识的抽象性和理论性逐渐增强，学生需要运用逻辑推理来理解和解决问题。而到了高中阶段，数学的抽象性和逻辑性进一步提升，学生需要具备更高级的逻辑思维能力来应对复杂的数学问题。因此，数学教育衔接的成功与否会直接影响学生逻辑思维能力的培养和发展。

二是数学教育衔接在培养学生的抽象思维能力方面也具有重要意义。抽象思维是指人们在认识事物时，能够从具体的、个别的事物中抽象出一般性的规律和本质。数学作为一门高度抽象化的学科，其知识和问题解决过程都充满了抽象性。在小学阶段，学生开始学习数字和基本的数学概念，这是对抽象思维的初步培养。到了初中阶段，数学知识的抽象性逐渐增强，学生需要理解和运用抽象的数学概念和性质。而到了高中阶段，数学的抽象性进一步提升，学生需要具备更高级的抽象思维能力来理解和解决更加复杂的数学问题。因此，数学教育衔接的成功与否会直接影响学生抽象思维能力的培养和发展。

三是数学教育衔接在培养学生的创新意识方面也发挥着重要作用。创新意识是指人们在面对新问题、新情况时，能够主动思考、积极探索，提出新的观点和方法。数学作为一门富有创造性的学科，其知识和问题解决过程都充满了创新性。在小学阶段，学生开始学习数学的基本知识和技能，这是对创新意识的初步培养。到了初中阶段，数学知识的创新性逐渐增强，学生需要学会运用创新的思维来解决问题。而到了高中阶段，数学的创新性进一步提升，学生需要具备更高级的创新意识来解决更加复杂和困难的数学问题。因此，数学教育衔接的成功与否会直接影响学生创新意识的培养和发展。

再次，研究小初高数学衔接的实践，有助于优化我国数学教育体系，提高数学教育质量。

（1）促进课程体系的连贯性与递进性。通过研究数学衔接的实践，可以找到小学、初中和高中数学课程之间的断裂点和不连贯之处，进而优化课程体系，确保数学知识的逐步深化和技能的逐步提高。这有助于构建一个更加连贯、递进的数学课程体系，使学生能够顺利过渡到下一个学习阶段。

（2）推动教学方法的改进与创新。了解数学衔接的实践可以帮助教师调整和改进教学方法，以适应不同阶段学生的学习特点和能力。这种适应性教学能够促进学生的有效学习，同时鼓励教师创新教学方法，提高教学效果。

（3）提升学生的学习体验与成绩。良好的数学衔接实践能够改善学生的学习体验，减少学习中的困惑和挫折感，确保学生能够顺利掌握必要的数学概念和技能，有助于提高学习成绩。

（4）促进教师的专业发展。研究数学衔接的实践还可以促进教师的专业发展。教师需要不断更新自己的知识和教学方法，以更好地适应学生在不同学习阶段的需求。这有助于提高教师队伍的整体素质和教学能力。

（5）提升教育评价的科学性与全面性。通过对数学衔接实践的研究，可以改进教育评价体系，使其更加科学和全面。评价体系应该能够准确地反映学生的学习进步和能力发展，而不仅仅是考试成绩。

（6）指导教育政策的制定与实施。研究成果可以为教育政策的制定提供依据，帮助政策制定者更好地理解数学衔接的挑战和解决方案。这有助于制定更加合理、有效的教育政策，并确保其得到有效实施。

（7）促进教育公平与社会发展。通过优化数学教育衔接，可以减少因教育资源不均衡导致的学习差距，促进教育公平。同时，提高数学教育质量有助于培养更多具备逻辑思维和创新能力的人才，对社会经济发展具有积极的推动作用。

最后，研究小初高数学衔接的实践对于促进教育公平具有重要的现实意义。通过研究数学衔接的实践，我们可以探索如何通过优化教育资源配置、改进教学方法等手段，缩小地区间教育差距，实现教育公平。这有助于为每个学生提供平等的学习机会，让每个学生都能够获得良好的数学教育。

（1）研究小初高数学衔接的实践可以帮助我们了解不同地区学生在数学学习上的差距。通过收集和分析数据，我们可以总结哪些地区在数学教育方面存在问题，以及这些问题对学生的学习产生了哪些影响。这有助于相关部门制定针对性的改进措施，缩小地区间教育差距。

（2）研究小初高数学衔接的实践可以帮助我们探索如何通过优化教育资源配置来促进教育公平。我们可以研究如何将优质的教育资源向欠发达地区倾斜，例如，通过教师交流、远程教育等方式，欠发达地区的学生能够接触更好的教学资源。同时，我们还可以研究如何提高欠发达地区教育资源的利用效率，使其能够更好地满足学生的学习需求。

（3）研究小初高数学衔接的实践可以帮助我们探索如何通过改进教学方法来促进教育公平。我们可以研究如何根据学生的实际情况，采用适合他们的教学方法，激发他们的学习兴趣和积极性。例如，对于一些基础较差的学生，我们可以采用更基础、更直观的教学方法，帮助他们掌握基本的数学概念和技能；而对于一些基础较好的学生，我们可以采用更高层次、更抽象的教学方法，培养他们的逻辑思维和创新能力。

（4）研究小初高数学衔接的实践还可以帮助我们探索如何通过提供个性化的辅导和支持来促进教育公平。我们可以研究如何根据学生的学习需求，提供个性化的辅导和支持，帮助他们克服学习中的困难，提升学习效果。例如，对于一些在数学学习中遇到困难的学生，我们可以提供额外的辅导和指导，帮助他们克服困难，不断获得进步。

（5）研究小初高数学衔接的实践对于促进学生的全面发展也具有重要意义。数学教育衔接在培养学生的问题解决能力方面发挥着重要作用。数学教育衔接在培养学生的团队合作能力方面具有重要意义。数学教育衔接在培养学生的自我管理能力方面有着十分重要的作用。

1.2　国内外研究现状

1.2.1　国内研究现状

我国关于小初高数学教育衔接的研究始于 20 世纪 80 年代，经过几十年的发展，取得了一系列研究成果。在课程内容、教学方法、学习评价等方面，国内学者和教育工作者提出了许多有针对性的建议和策略。

1. 课程内容

在课程内容方面，国内学者和教育工作者提出了许多有针对性的建议和策略。他们认为，小初高数学教育衔接的关键在于合理布局知识点，避免重复和遗漏，以确保学生能够顺利过渡到下一个学习阶段。

（1）小学阶段应注重基础知识和基本技能的培养。在这个阶段，学生刚刚接触数学，需要逐步掌握基本的数学概念和运算能力。因此，小学数学课程内容应侧重于培养学生的数感、空间观念、几何图形认识等基础能力。同时，小学数学教学应注重培养学生的观察能力、动手能力和创新意识，使学生在学习过程中能够充分体验数学的乐趣。

（2）初中阶段应逐步引入抽象概念和理论。在这个阶段，学生已经具备了一定的数学基础，可以开始学习一些抽象的数学概念，如函数、方程。同时，初中数学课程内容应注重培养学生的逻辑思维能力和问题解决能力，使学生在学习过程中能够更好地理解和运用数学知识。

（3）高中阶段应进一步深化和拓展知识体系。在这个阶段，学生已经具备了一定的数学基础，可以开始学习一些更高层次的数学知识，如微积分、概率论。同时，高中数学课程内容应注重培养学生的创新能力和批判性思维，使学生在学习过程中能够更好地应对复杂的数学问题。

在课程内容的安排方面，教师应根据学生的认知发展特点，合理安排课程内容和难度。小学、初中和高中阶段的数学课程应相互衔接，形成一个完整的知识体系。例如，小学数学课程应为学生打下坚实的基础，初中数学课程应在小学的基础上引入抽象概念和理论，高中数学课程则应在初中基础上进一步深化和拓展知识体系。

在课程内容的设计方面，教师应注重培养学生的思维能力、创新意识和团队合作能力。数学教育不应仅仅局限于知识点的传授，而应关注学生的全面发展。因此，教师在进行课程内容设计时，应充分考虑学生的认知发展特点，采用生动、形象的方式呈现数学知识，激发学生的学习兴趣。

小初高数学教育衔接的关键在于合理布局知识点，避免重复和遗漏，以确保学生能够顺利过渡到下一个学习阶段。同时，教师在进行课程内容设计时，应注重培养学生的思维能力、创新意识和团队合作能力，使学生在学习过程中能够更好地掌握数学知识。

2. 教学方法

在教学方法方面，国内学者和教育工作者提出了多样化的教学策略。他们认为，教师应根据学生的实际情况，采用适合他们的教学方法，激发学生的学习兴趣和积极性。

（1）教师应注重启发式教学。启发式教学是指教师通过提问、讨论、实践等方式，引导学生主动思考、探索和解决问题。这种教学方法能够激发学生的学习兴趣，培养他们的自主学习能力。例如，在教授数学概念时，教师可以设计一些与学生生活经验相关的问题，让学生通过讨论和思考，自主发现和总结数学规律。

（2）教师应注重引导学生进行合作学习。合作学习是指学生在教师的指导下，以小组为单位，共同完成学习任务。这种教学方法能够培养学生的团队合作能力、沟通能力和解决问题的能力。例如，在课堂上，教师可以将学生分成小组，让他们共同讨论和解决数学问题。通过合作学习，学生可以相互学习、相互帮助，共同提高数学能力。

（3）教师应注重引导学生进行探究学习。探究学习是指学生在教师的指导下，通过观察、实验、调查等方式，主动探索和发现数学知识。这种教学方法能够培养学生的创新意识和批判性思维。例如，在教授数学定理时，教师可以设计一些探究性的实验，让学生通过观察和实验，自主发现和验证数学定理。

在教学方法的实施方面，教师应根据学生的实际情况，灵活运用各种教学方法。没有一种教学方法是万能的，教师应根据学生的认知发展特点、学习需求和兴趣爱好，选择合适的教学方法，以提高学生的学习效果。

另外，教师应注重信息技术在教学中的应用。随着信息技术的快速发展，越来越多的教育工作者开始关注信息技术在教学中的应用。信息技术可以提供丰富的教学资源、多样的教学手段和便捷的教学方式。例如，教师可以利用多媒体教学软件，将抽象的数学知识转化为生动、形象的画面，帮助学生更好地理解和掌握数学知识。同时，教师还可以利用网络资源，开展远程教学、在线辅导等活动，为学生提供更多学习机会。

教师应根据学生的实际情况，采用合适的教学方法，激发学生的学习兴趣和积极性。同时，教师应注重信息技术在教学中的应用，以提高学生的学习效果。通过这些教学方法，教师可以帮助学生更好地掌握数学知识，提高他们的数学能力。

3. 学习评价

在学习评价方面，国内学者和教育工作者认为，应建立科学、全面的学习评价体系，准确反映学生的学习进步和能力发展。评价体系应注重过程性评价和结果性评价相结合，既要关注学生的知识掌握情况，也要关注他们的思维能力、创新意识和团队合作能力等的发展。

（1）应注重过程性评价。过程性评价是指在教学过程中，对学生学习态度、学习方法、学习效果等方面进行评价。这种评价方式能够及时发现学生在学习过程中存在的问题，为教师提供教学调整的依据。例如，在数学课堂上，教师可以观察学生的课堂表现，了解他们的学习态度和参与程度；通过观察学生在小组讨论和合作学习时的表现，教师可以对学生的团队合作能力和沟通能力作出评价。

（2）应注重结果性评价。结果性评价是指在学习结束后，对学生学习成果进行评价。这种评价方式能够反映学生对知识的掌握程度和运用能力。例如，通过考试、测验等方式，教师可以评价学生对数学知识的理解程度和运用能力；通过数学竞赛、项目展示等方式，教师可以评价学生的创新意识和问题解决能力。

（3）应注重多元评价。多元评价是指采用多种评价方式，全面评价学生的学习情况。他们认为，单一的评价方式无法全面反映学生的学习情况，因此，教师应采用多种评价方式，如课堂表现评价、作业评价、考试评价、小组合作评价，全面评价学生的学习情况。

在学习评价的实施方面，教师应根据学生的实际情况，灵活运用各种评价方式。评价方式的选择应充分考虑学生的认知发展特点、学习需求和兴趣爱好，以确保评价的公正性和有效性。同时，教师还应注重评价的反馈作用，及时向学生反馈评价结果，帮助他们了解自己的学习情况，明确努力方向。

另外，教师应注重评价与教学的结合。评价不应仅仅是对学生学习成果的总结，更应成为教学过程的有机组成部分。通过评价，教师可以及时了解学生的学习情况，调整教学策略，提高教学效果。例如，在数学教学中，教师可以通过评价了解学生的知识掌握情况，并有针对性地设计教学内容和教学方法，帮助学生提高数学能力。

教师应建立科学、全面的学习评价体系，注重过程性评价和结果性评价相结合，关注学生的知识掌握情况和能力发展。同时，评价方式的选择应充分考虑学生的实际情况，评价与教学的结合，以确保评价的公正性和有效性。通过这些学习评价策略，教师可以帮助学生更好地了解自己的学习情况，明确努力方向，提高数学能力。

1.2.2　国外研究现状

国外关于小初高数学教育衔接的研究起步较早，许多国家在课程设置、教材编写、教学方法等方面进行了相应的改革，以更好地实现数学教育衔接。

1. 课程设置

国外学者和教育工作者认为，数学教育衔接的关键在于确保课程内容的连贯性和递进性，小学、初中和高中阶段的数学课程应相互衔接，形成一个完整的知识体系。此外，教师应根据学生的认知发展特点，合理安排课程内容和难度，以适应不同阶段学生的学习需求。

（1）认知发展理论的应用。国外学者和教育工作者认为，认知发展理论对数学课程设置具有重要指导意义。他们主张，应根据学生的认知发展特点，合理安排课程内容和难度。例如，皮亚杰的认知发展理论指出，儿童在认知发展过程中会经历感知运动阶段、前运算阶段、具体运算阶段和形式运算阶段。根据这一理论，数学课程设置应充分考虑学生的认知发展水平，确保课程内容与学生的认知发展水平相匹配。

（2）课程内容的国际比较。国外学者和教育工作者进行了课程内容的国际比较研究，以借鉴其他国家的数学课程设置经验。例如，国际学生评估项目（PISA）对不同国家的数学课程进行了调查和分析，发现一些国家的数学课程内容较为连贯，能够有效衔接小学、初中和高中阶段的数学知识。这些国家的经验为我国数学课程设置提供了有益的借鉴。

（3）课程内容的跨学科整合。国外学者和教育工作者还关注了数学课程内容的跨学科整合。他们认为，数学与其他学科（如科学、技术、工程和数学，简称STEM）的整合可以提高学生的学习兴趣和应用能力。例如，将数学知识应用于解决实际问题，如环境科学、生物统计，可以使学生更好地理解数学在现实世界中的应用。

（4）课程内容的创新与拓展。国外学者和教育工作者还关注了数学课程内容的创新与拓展。他们认为，应根据学生的兴趣爱好和未来发展需求，增设一些创新性、挑战性的数学课程内容。例如，可以增设一些高级数学课程，如高等代数、微积分，以满足部分学生的学习需求。

（5）课程内容的个性化定制。国外学者和教育工作者还关注了课程内容的个性化定制。他们认为，应根据学生的学习能力和兴趣爱好，提供多样化的数学课程内容。例如，可以设立不同的数学课程路径，如数学基础课程、数学进阶课程、数学竞赛课程，以满足不同学生的学习需求。

数学教育衔接的关键在于确保课程内容的连贯性和递进性，根据学生的认知发展特点，合理安排课程内容和难度。同时，应注重课程内容的跨学科整合、创新与拓展以及个性化定制，以增强学生的学习兴趣，提高应用能力。通过这些课程设置策略，教师可以帮助学生更好地掌握数学知识，提高他们的数学能力。

2. 教材编写

教材是实现数学教育衔接的重要载体。教材应充分考虑学生的认知发展特点，采用生动、形象的方式呈现数学知识，激发学生的学习兴趣。此外，教材的编写应注重培养学生的思维能力、创新意识和团队合作能力，使学生在学习过程中能够更好地掌握数学知识。

（1）教材的全球化视野。随着全球化进程的加速，国外学者和教育工作者越来越重视数学教材的国际化和全球化视野。他们认为，教材应融入国际数学教育标准，反映全球数学教育的发展趋势。例如，一些国际数学教育组织（如国际数学教育委员会）制定的数学教育标准，被许多国家作为教材编写的重要参考。

（2）教材的跨文化适应性。国外学者和教育工作者关注数学教材的跨文化适应性。他们认为，教材应充分考虑不同文化背景下的学生需求，提供多样化的数学教学资源。例如，一些教材推出了多语言版本，以便不同文化背景的学生都能理解和使用。

（3）教材的数字化与网络化。随着信息技术的快速发展，国外学者和教育工作者越来越关注数学教材的数字化和网络化。他们认为，教材应充分利用现代信息技术，提供丰富的数字资源和网络教学平台。例如，一些教材利用在线教学平台，提供视频讲解、在线测试等功能，方便学生随时随地学习数学。

（4）教材的可持续性与环保性。国外学者和教育工作者关注数学教材的可持续性和环保性。他们认为，教材应采用环保材料，减少印刷和运输过程中的资源消耗。同时，教材还应关注可持续发展的相关内容，如环保、节能，培养学生的可持续发展意识。

（5）教材的多元评价与反馈。国外学者和教育工作者还关注数学教材的多元评价和反馈机制。他们认为，教材应提供多样化的评价方式，如自评、互评、教师评价，以全面了解学生的学习情况。同时，教材还应关注学生的学习反馈，及时调整教材内容和教学策略，提高教学效果。

数学教材应具有全球化视野、跨文化适应性、数字化与网络化、可持续性与环保性以及多元评价与反馈机制，从而帮助学生更好地掌握数学知识，提高他们的数学能力。

3. 教学方法

教学方法是实现数学教育衔接的关键。教师应根据学生的实际情况，采用适合他们的教学方法，激发学生的学习兴趣和积极性。

（1）基于问题的教学方法。国外学者和教育工作者认为，基于问题的教学方法有助于培养学生的批判性思维和问题解决能力。他们主张，教师应设计具有挑战性和启发性的数学问题，引导学生通过探究和合作学习，主动寻找问题的答案。例如，在教授数学概念时，教师可以设计一些具有现实意义的问题，让学生通过讨论和思考，自主发现和总结数学规律。

（2）基于项目的教学方法。国外学者和教育工作者还关注基于项目的教学方法。他们认为，项目式教学有助于培养学生的创新意识和团队合作能力。例如，在讲授数学问题时，教师可以将学生分成小组，让他们共同完成一个与数学相关的项目。通过项目式教学，学生可以相互学习、相互帮助，共同提高数学能力。

（3）基于技术的教学方法。随着信息技术的快速发展，国外学者和教育工作者越来越关注基于技术的教学方法。他们认为，信息技术可以为教学提供丰富的教学资源、多样的教学手段和便捷的教学方式。例如，教师可以利用多媒体教学软件，将抽象的数学知识转化为生动、形象的画面，帮助学生更好地理解和掌握数学知识。同时，教师还可以利用网络资源，开展远程教学、在线辅导等活动，为学生提供更多学习机会。

（4）基于讨论的教学方法。国外学者和教育工作者认为，基于讨论的教学方法有助于培养学生的沟通能力、合作能力和批判性思维。他们主张，教师应鼓励学生积极参与课堂讨论，表达自己的观点和见解。例如，在教授数学概念时，教师可以组织学生进行小组讨论，让学生通过交流和辩论，深入理解和掌握数学知识。

（5）基于情境的教学方法。国外学者和教育工作者关注基于情境的教学方法。他们认为，情境式教学有助于培养学生的实际应用能力和创新能力。例如，在教授数学问题时，教师可以设计一些与学生生活经验相关的情境，让学生通过观察、实践和思考，自主发现和解决问题。

（6）基于游戏的教学方法。国外学者和教育工作者关注基于游戏的教学方法。他们认为，游戏式教学有助于激发学生的学习兴趣和积极性。例如，在教授数学概念时，教师可以设计一些与数学相关的游戏，让学生在游戏中学习数学知识，提高数学能力。

（7）基于个性化教学的方法。国外学者和教育工作者关注基于个性化教学的方法。他们认为，个性化教学有助于满足不同学生的学习需求和兴趣爱好。例如，教师可以根据学生的学习能力和兴趣爱好，设计个性化的教学内容和教学方法，帮助学生提高数学能力。

（8）基于合作学习的方法。国外学者和教育工作者还关注基于合作学习的方法。他们认为，合作学习有助于培养学生的团队合作能力和沟通能力。例如，教师可以将学生分成小组，让他们共同完成学习任务，通过合作学习，学生可以相互学习、相互帮助，共同提高数学能力。

教学方法是实现数学教育衔接的关键，教师应根据学生的实际情况，采用适合他们的教学方法，激发学生的学习兴趣和积极性。通过这些教学方法，学生可以在教师的帮助下更扎实地掌握数学知识，实现数学能力的有效提高。

尽管国内外关于小初高数学教育衔接的研究已经取得了一定的成果，这些研究为我国数学教育改革提供了有益的借鉴，然而，在实际教学中，数学教育衔接仍然面临诸多挑战。因此，我们还需要进一步研究小初高数学衔接的实践，探索更加有效的策略，以提高我国数学教育质量，促进学生的全面发展。

首先，我们需要关注数学教育衔接中的学生差异。学生的认知发展水平、学习能力和兴趣爱好存在差异，这使得他们在数学学习过程中面临着不同的困难和挑战。因此，我们需要研究如何根据学生的实际情况，采取针对性的教学策略和方法，以提高他们的数学学习效果。

其次，我们需要关注数学教育衔接中的教师专业发展。教师的专业素养和教学能力对数学教育衔接的实施具有重要影响。因此，我们需要研究如何加强教师的专业培训和教学研究，提高他们的教学水平和素养，以更好地适应学生在不同学习阶段的需求。

再次，我们需要关注数学教育衔接中的课程设置和教材编写。课程内容和教材是数学教育衔接的重要载体，会直接影响学生的学习效果。因此，我们需要研究如何优化课程设置和教材编写，确保课程内容的连贯性和递进性，以及教材的生动性和互动性，以激发学生的学习兴趣和积极性。

复次，我们需要关注数学教育衔接中的教学方法创新。传统的教学方法可能无法满足学生的学习需求，因此，我们需要研究如何采用基于问题的、基于项目的、基于技术的、基于讨论的、基于情境的、基于游戏的、基于个性化教学的、基于合作学习的教学方法，以提高学生的学习效果和能力。

最后，我们需要关注数学教育衔接中的学习评价。学习评价是检验数学教育衔接效果的重要手段，因此，我们需要研究如何建立科学、全面的学习评价体系，注重过程性评价和结果性评价相结合，关注学生的知识掌握情况和能力发展，以提高学生的学习效果和能力。

1.3　研究目的与内容

1.3.1　研究目的

本书旨在探讨小初高数学教育衔接的实践策略，以提高我国数学教育质量，促进学生的全面发展。研究目的主要包括以下几个方面。

1. 分析小初高数学教育衔接的现状和问题

本研究的首要目的在于深入分析我国小初高数学教育衔接的现状和存在的问题。通过收集和分析相关数据，我们将揭示小初高数学教育衔接的现状，包括课程设置、教学方法、学习评价等方面的实际情况。同时，我们将找出存在的问题和挑战，如知识点的跳跃、思维方式的转变、学生学习兴趣和自信心下降。这些问题和挑战对学生的数学学习产生了负面影响，阻碍了他们从小学到初中、初中到高中的顺利过渡。

在分析现状和问题的过程中，我们将关注以下几个方面。

（1）课程设置的连贯性和递进性。分析小学、初中和高中数学课程之间的衔接情况，评估课程设置的连贯性和递进性，以及是否存在重复和遗漏的知识点。

（2）教学方法的适应性和创新性。评估教师在教学过程中采用的教学方法，包括是否能够适应不同阶段学生的学习特点和能力，以及是否采用创新的教学方法。

（3）学习评价的科学性和全面性。分析学习评价体系，评估其是否能够准确反映学生的学习进步和能力发展，以及是否注重过程性评价和结果性评价相结合。

通过深入分析现状和问题，我们将为后续研究提供依据，以便提出针对性的实践策略。

2. 探索小初高数学教育衔接的实践策略

在探索实践策略的过程中，我们将关注以下几个方面。

（1）课程设置的优化。研究如何优化课程设置，确保小学、初中和高中数学课程之间的连贯性和递进性，以及如何合理安排课程内容和难度。

（2）教材编写的改进。研究如何改进教材编写，包括如何采用生动、形象的方式呈现数学知识，以及如何融入跨学科内容和创新性内容。

（3）教学方法的创新。研究如何创新教学方法，包括基于问题的、基于项目的、基于技术的、基于讨论的、基于情境的、基于游戏的、基于个性化教学的、基于合作学习的教学方法。

（4）学习评价体系的构建。研究如何构建科学、全面的学习评价体系，注重过程性评价和结果性评价相结合，关注学生的知识掌握情况和能力发展。

通过探索实践策略，我们将为我国数学教育改革提供有益的借鉴，以提高数学教育质量，促进学生的全面发展。

3. 提出优化小初高数学教育衔接的建议

本研究的第三个目的在于提出优化小初高数学教育衔接的具体建议。基于实践策略研究结果，我们将针对性地提出优化小初高数学教育衔接的建议，以解决存在的问题和挑战。

在提出建议的过程中，我们将关注以下几个方面：课程设置的优化建议，教材编写的改进建议，教学方法的创新建议，学习评价体系的构建建议。

通过提出建议，我们将为我国数学教育改革提供具体的实施路径。

1.3.2 研究内容

我们将通过查阅相关文献、政策文件和教学大纲，以及访谈一线教师和学生的方法，对以下几个方面进行研究。

1. 小初高数学教育衔接的现状分析

（1）课程设置的连贯性和递进性分析。我们将对小学、初中和高中数学课程设置进行详细分析，评估课程设置的连贯性和递进性，以及是否存在重复和遗漏的知识点。

（2）教学方法的适应性和创新性分析。我们将评估教师在教学过程中采用的教学方法，包括是否能够适应不同阶段学生的学习特点和能力，以及是否采用创新的教学方法。我们将通过课堂观察、教师访谈和学生问卷调查等方法，对教学方法的现状进行深入分析。

（3）学习评价的科学性和全面性分析。我们将分析学习评价体系，评估其是否能够准确反映学生的学习进步和能力发展，以及是否注重过程性评价和结果性评价相结合。

通过现状分析，我们将揭示小初高数学教育衔接的现状，找出存在的问题，为后续研究提供依据。

2. 课程设置与教材编写研究

（1）课程设置的优化研究。我们将研究如何优化课程设置，确保小学、初中和高中数学课程之间的连贯性和递进性，以及如何合理安排课程内容和难度。

（2）教材编写的改进研究。我们将研究如何改进教材编写，包括如何采用生动、形象的方式呈现数学知识，以及如何融入跨学科内容和创新性内容。

通过课程设置与教材编写研究，我们将提出优化小初高数学教育衔接的具体建议，以提高学生的学习效果和能力。

3. 教学方法创新研究

（1）基于问题的教学方法研究。我们将研究基于问题的教学方法，探讨如何设计具有挑战性和启发性的数学问题，引导学生通过探究和合作学习，主动寻找问题的答案。

（2）基于项目的教学方法研究。我们将研究基于项目的教学方法，探讨如何设计具有现实意义和挑战性的数学项目，引导学生通过合作学习，共同完成项目任务。

（3）基于技术的教学方法研究。我们将研究基于技术的教学方法，探讨如何利用多媒体教学软件、网络资源等信息技术，为教学提供丰富的教学资源、多样的教学手段和便捷的教学方式。

通过教学方法创新研究，我们将提出创新教学方法的具体建议，以提高学生的学习效果和能力。

4. 学习评价体系构建研究

（1）学习评价体系构建的理论和实践研究。我们将深入研究学习评价体系构建的理论基础和实践应用，探讨学习评价体系构建的原则、方法、策略和模型，以及如何在实际教学中应用学习评价体系。

（2）学习评价体系构建的科学性和全面性研究。我们将研究学习评价体系构建的科学性和全面性。我们将评估学习评价体系是否能够准确反映学生的学习进步和能力发展，以及是否注重过程性评价和结果性评价相结合。

（3）学习评价体系构建的实证研究。我们将通过实证研究，验证学习评价体系构建的有效性。我们将选择一定数量的学校和班级，实施学习评价体系构建，并通过对比实验组和对照组学生的学习效果，评估学习评价体系构建的有效性。

（4）学习评价体系构建的案例分析。我们将选取典型案例，分析学习评价体系构建在实际教学中的应用效果。我们将通过访谈一线教师和学生的方法，对学习评价体系构建的应用效果进行深入分析。我们将研究学习评价体系构建在实际教学中的应用策略、方法和效果，以及学习评价体系构建对学生的学习进步和能力发展的影响。

（5）学习评价体系构建的政策建议。基于学习评价体系构建的研究结果，我们将提出学习评价体系构建的政策建议。我们将向政府部门提出建议，以推动我国数学教育改革，优化学习评价体系构建。我们将研究学习评价体系构建的政策背景、政策需求和政策建议，以及如何将学习评价体系构建的政策建议转化为实际政策。

通过学习评价体系构建的研究，我们将提出科学、全面的学习评价体系构建的具体建议，以提高学生的学习效果和能力，促进学生的全面发展。

5. 实证研究

（1）实证研究的设计与实施。我们将通过实证研究，验证小初高数学教育衔接实践策略的有效性。我们将选择一定数量的学校和班级，实施小初高数学教育衔接实践策略，并通过对比实验组和对照组学生的学习效果，评估实践策略的有效性。我们将设计科学的实证研究方案，包括研究目的、研究对象、研究方法、研究过程和数据分析等。

（2）实验组和对照组的建立。我们将根据研究目的和设计，建立实验组和对照组。实验组将实施小初高数学教育衔接实践策略，而对照组将采用传统的教学方法。我们将确保实验组和对照组在学生背景、教学资源、教师水平等方面尽量保持一致，以减少其他因素对研究结果的影响。

（3）数据收集与分析。我们将通过多种方法收集数据，包括课堂观察、教师访谈、学生问卷调查、学生考试成绩等。我们将使用定量和定性相结合的方法，对数据进行深入分析。我们将评估实验组和对照组学生在学习效果、学习兴趣、学习自信心等方面的差异，以及实践策略对学生的具体影响。

（4）结果与讨论。我们将对实证研究的结果进行深入分析和讨论。我们将探讨小初高数学教育衔接实践策略的有效性，以及实践策略对学生学习效果、学习兴趣、学习自信心等方面的具体影响。我们将比较实验组和对照组在各项指标上的差异，以及实践策略对不同背景学生的适用性。

（5）结论与建议。基于实证研究的结果，我们将得出结论，并针对我国数学教育改革提出建议。我们将提出优化小初高数学教育衔接实践策略的具体建议，以提高学生的学习效果和能力，促进学生的全面发展。我们将建议政府部门、学校和教师在实际教学中采用这些实践策略，以推动我国数学教育改革。

通过实证研究，我们将为我国数学教育改革提供实证支持，提高数学教育质量，促进学生的全面发展。

6. 案例分析

（1）案例选择与研究对象。我们将选取典型案例，进行深入的案例分析。我们将选择具有代表性的学校和班级，作为案例分析的研究对象。这些学校和班级将实施小初高数学教育衔接实践策略。我们将通过访谈一线教师和学生的方法，对案例进行分析。

（2）案例背景与实施策略。我们将研究案例的背景，包括学校的教育理念、教学资源、教师水平等。我们将探讨案例实施小初高数学教育衔接实践策略的具体策略，包括课程设置、教材编写、教学方法、学习评价等方面。我们将分析实践策略在案例中的具体应用，以及实践策略对学生的具体影响。

（3）案例效果与学生发展。我们将评估案例实施小初高数学教育衔接实践策略的效果，包括学生的学习效果、学习兴趣、学习自信心等方面。我们将探讨实践策略对学生的具体影响，以及实践策略对学生发展的具体贡献。我们将分析实践策略在案例中的具体应用，以及实践策略对学生的具体影响。

（4）案例经验与启示。我们将总结案例的经验和启示，为其他学校和教师提供借鉴。我们将探讨案例实施小初高数学教育衔接实践策略的成功因素，以及实践策略在实际教学中的应用策略。我们将分析实践策略在案例中的具体应用，以及实践策略对学生的具体影响。

（5）案例分析的政策建议。基于案例分析的研究结果，我们将提出案例分析的政策建议。我们将向政府部门提出建议，以推动我国数学教育改革，优化小初高数学教育衔接实践策略。我们将研究案例的政策背景、政策需求和政策建议，以及如何将案例分析的政策建议转化为实际政策。

通过案例分析，我们将为其他学校和教师提供借鉴，以便更好地实施小初高数学教育衔接实践策略，提高学生的学习效果和能力，促进学生的全面发展。

7. 政策建议

（1）政策建议的背景与需求分析。我们将分析政策建议的背景与需求，包括我国数学教育改革的现状、问题与挑战，以及政策建议对我国数学教育改革的重要性和必要性。我们将通过查阅相关文献、政策文件和教学大纲，以及访谈一线教师和学生的方法，对政策建议的背景与需求进行深入分析。

（2）政策建议的具体内容。我们将提出政策建议的具体内容，包括如何优化课程设置、教材编写、教学方法、学习评价等方面。我们将基于实证研究和案例分析的研究结果，提出具体的政策建议。我们将探讨政策建议在实际教学中的应用策略、方法和效果，以及政策建议对学生的学习进步和能力发展的影响。

（3）政策建议的实施与推广。我们将研究政策建议的实施与推广，包括如何将政策建议转化为实际政策，以及如何推动政策建议在各级教育部门的实施。我们将探讨政策建议的实施策略、方法和效果，以及政策建议对教育改革的影响。

（4）政策建议的评估与调整。我们将对政策建议的实施效果进行评估与调整，以确保政策建议的有效性和可持续性。我们将通过教师访谈、问卷调查、家访等方法，对政策建议的实施效果进行深入评估。我们将探讨政策建议的实施效果，以及政策建议对学生的学习进步和能力发展的影响。

（5）政策建议的反馈与改进。我们将对政策建议的反馈进行收集与分析，以便对政策建议进行改进。我们将通过问卷调查、访谈教师和家长、评估学生考试成绩等方法，对政策建议的反馈进行深入分析。我们将探讨政策建议的反馈，以及政策建议对学生的学习进步和能力发展的影响。

通过政策建议的研究，我们将提出优化小初高数学教育衔接的政策建议，以提高学生的学习效果和能力，促进学生的全面发展。我们将向政府部门提出建议，以推动我国数学教育改革，优化小初高数学教育衔接实践策略。

小初高数学教育阶段的特点分析 | 2

2.1 小学数学教育阶段的特点

2.1.1 教学内容与目标

1. 基础数学知识的掌握

在小学阶段，《义务教育数学课程标准（2022年版）》（以下简称新课标）对学生需要学习的数学课程内容进行了明确划分，具体包括数与代数、图形与几何、统计与概率、综合与实践四个学习领域。不同领域在不同学段的内容要求、学业要求也各不相同。

在数与代数领域，学生会接触"数与运算"和"数量关系"两个主题，且学段之间的内容紧密关联、层层递进，有助于学生构建完善的知识结构。在图形与几何领域，学生会接触"图形的认识与测量""图形的位置与运动"两个主题，且各学段之间的知识有紧密关联。通过本部分学习，学生可以强化自身的几何直观意识与空间观念，能够对数学美产生深入的体会与了解。在统计与概率部分，学生会接触"数据分类""数据收集、整理与表达""随机现象发生的可能性"三个主题，三个主题相互关联、由浅入深，有助于学生数据意识的养成。而在综合与实践部分，学生可以合理运用数学知识，在发现问题—提出问题—分析问题—解决问题的过程中，体会数学与生活、数学与科技、数学与其他学科之间的关联，有助于学生模型意识、创新意识的形成和发展，以及核心素养的顺利养成。

2. 逻辑思维与空间想象力的初步培养

（1）培养学生的逻辑思维能力是小学阶段数学教学的重要目标。在划定数学学科核心素养的过程中，新课标创新化地融合了逻辑推理要素，而发展学生逻辑推理素养的前提则在于教师要强化学生的逻辑推理能力。通过这一方式，既能够保留学生的敏锐直觉，同时也能够促进学生推理能力、分析能力以及观察能力的积极发展，促使其在数学学习过程中，能够正确地解决学习问题。客观来看，逻辑思维能力可以被理解为能够正确、合理地进行思考的技能。在小学阶段的数学教育工作中，强化学生的逻辑思维能力，是教师需要关注的一大重点，也是实现新课标教学要求的重要举措。逻辑思维能力共包含四个要素，分别为思维形式、思维对象、思维工具以及思维特征。其中，思维形式指的是学生在思考过程中所遵循的具体模式，如分析、归纳、类比、抽象、概括；思维对象指的是学生逻辑思维形成的基本载体，如实体对象、表象对象、符号对象；思维工具指的是学生逻辑思维形成的必要手段，如形象素材、行为动作、符号系统；而思维特征指的是学生逻辑思维的具体呈现，具备较明显的主观特征，且严谨性、独特性、灵活性特点较为明显。

小学阶段，培养学生的逻辑思维能力至关重要，教师需要把握以下三个教学重点。

一是面向学生进行启发引导，促使学生正确辨认思维对象。小学阶段学生还并未积累丰富的数学学习经验，且学习基础并不扎实。所以，在数学学习过程中，经常会出现经验匮乏、知识掌握理解程度不深的问题，而这也会影响学生对逻辑思维对象的认识。为促进学生逻辑思维能力的发展，教师应注重启发式教学，使学生能够客观地辨认思维对象，以合适的教学手段增强学生的理解能力。除此之外，在日常教学中，教师还可适当地融合数学符号语言，指导学生在训练转化过程中能够以数学符号转化数学元素，以促进学生转化思维的灵活发展。

二是引导学生尝试一题多解，辅助学生积累丰富思维工具。小学数学教育工作中，学生会随着学习时间的不断延长而积累越来越丰富的数学概念知识和数学学习经验，而这些知识和经验最终会逐步转化成为思维工具，帮助学生知识体系的自我建构。日常教育工作中，教师要引导学生积累丰富的思维工具，帮助学生掌握更多的解题思路，在求异的过程中促进其逻辑思维能力的积极发展。以小学阶段较常见的鸡兔同笼类问题为例，类似问题的解答方法并不单一。教师可以引导学生尝试运用假设法、抬脚法以及列表法解答，帮助学生对比不同解题方法的优缺点。甚至教师可适当地进行教学拓展，引入方程法，在多种不同解法的支持下，促进学生思维有效发展，为其逻辑思维能力的养成提供必要支撑。

三是引导学生培养反思习惯，促进学生改善自身思维特征。小学数学教学过程中，学生的逻辑思维能力会随着学习经验的逐步丰富而有所增强，在此期间其整体的思维特征也会越来越明显。在以培养学生逻辑思维能力为目标的小学数学课堂上，教师要侧重培养学生良好的反思习惯，指导学生频频反思、回顾，形成正确的思维导向。教师要对学生进行正向评价，使学生养成严谨思考的习惯，强化其思维逻辑的严谨性。必要时，教师也可引入变式教学法，以变形经典题目的方式促进其思维灵活性发展。

（2）培养学生的空间想象能力是小学阶段数学教学的另一重要目标。基于新课标对核心素养的概念、表现以及内涵的解读分析来看，培养学生的空间想象能力是促进其空间观念形成的重要举措。新课标对空间观念的内涵进行了解读，认为学生需要通过数学学习，正确认识空间物体或图形的形状、大小以及位置关系，能够基于物体特征抽象出几何图形，并能够根据几何图形想象所描述的实际物体。空间观念与空间想象能力的发展有紧密关联。这一目标的实现有助于学生更好地理解空间物体的结构与形态，是促进其空间想象素养发展的重要经验基础。

为促进学生空间想象能力的积极发展，在小学数学课堂上，教师需要把握以下四个教学重点。

一是结合生活实际，培养学生空间想象意识。在小学阶段，学生接触的绝大部分数学知识与其生活具有紧密关联，秉承着从生活中来，到生活中去的理念，具有较高的应用价值。所以，教师要落实生活化原则，适当地引入生活实际素材，激发学生的空间想象意识。课堂教学中，教师可以为学生直观呈现实际物体，并引导学生展开联想，在脑海中形成轮廓。在此基础上，教师可以引入较常见的生活类几何物品，引导学生基于对几何图形的了解，尝试分析几何图形的特点，在丰富经验的积累下，促进学生空间观念的发展。

二是开展实践操作，丰富学生空间想象体验。动手实践是小学阶段应用价值相对较高的教学举措，也是小学生较喜欢的一种学习手段。处在小学阶段的学生年龄偏低且活泼好动，若教师习惯性采用灌输式教学方法，难以激发学生的学习兴趣，甚至会导致其对数学学习产生抗拒心理。因此，教师可适当引入实践操作技术手段，基于教学内容，引导学生展开动手实践、独立思考，在促进其丰富空间想象体验的基础上，也可促进其空间想象能力及动手操作能力的有效提高。

三是运用信息技术，加强学生空间想象理解。空间想象能力可以被理解为在脑海中形成几何图形的样子以及特征，并将其转化成数学符号用于计算。所以，在新课标教学理念的指导下，小学数学教师需要适当地引入信息化技术手段，利用信息软件将抽象静态的数学知识转化为直观动态的教学内容，便于学生理解，加强学生的空间想象体验。以圆柱的体积知识点为例，教师可以利用多媒体设备直观呈现圆柱的几何模型，并为学生呈现圆柱体的平面展开图，使学生在直观的视觉冲击下了解圆柱体表面积与体积之间的关系，以促进其空间想象理解。

四是落实数形结合，发展学生空间想象能力。想象能力是推动世界创新发展的重要源泉，对于学生而言，想象力是促进其成长进步的重要动力。数学教育工作中，数形结合思想逐渐受到了越来越多教师的广泛关注，而数形结合在一定程度上也有助于学生空间想象能力的发展。教师可基于数形结合理念，将抽象的数字符号转化为直观图象，在数字与图象的有效整合下，帮助学生理解数学知识并辅助其建构更加完善的想象空间。在讲解长方体和正方体时，教师便可基于数形结合视角指导学生绘画平面图形，根据图形的透视效果，使之深入理解学科知识，在提高其空间想象能力的基础上，促进其作图能力、知识理解能力的进一步提高。

2.1.2 教学方法与手段

1.直观性与趣味性教学方法的运用

新课标指出，在现代化数学教育工作中，教师要全面落实创新导向的工作原则，既要注重继承课程建设的成功经验，也要充分借鉴国际先进的教育理念，促进教育改革的逐步深化，着力培养学生的核心素养。小学阶段学生年纪较小，学习基础比较薄弱，学习动力相对较低。所以，教育工作中，采取直观性、趣味性较强的教学方法，具有较高的可行性及必要性。两类教学手段的合理运用，可以充分激发学生的学习兴趣，提高学生的学习动力，使其在自主参与学习活动的过程中逐步积累丰富学习经验，并提高自身学习能力。

（1）在利用直观性教学方法开展教育工作时，教师需要把握以下三个重点。

一是为学生提供直观图象，推动学生理解问题。解决问题的第一步是要理解题意，尤其是对于学习经验、学习基础比较匮乏和薄弱的小学生来说，他们遇到一些文字类数学习题时，极容易产生理解障碍，所以教师要尽可能多地为学生提供直观图象，利用图象帮助学生了解问题内容与含义，展开问题思考与问题探索，降低学生的理解负担，并培养其积极的数学学习情感。

二是指导学生进行直观实践，强化学生数学认识。数学教学过程中，学生所形成的学习经历、学习体验是不可多得的宝贵财富。日常教育工作中，教师应秉承着人本化的教学思想，尽可能多地指导学生参与学习活动，提高学生的课堂主体体验，使其在丰富经历中有所发现、思考与创新，在直观实践中强化学生的数学认识，促进其知识内化，以达到较好的学习成效。除此之外，教师还可以为学生提供适当的学习任务，要求学生以小组为单位开展动手操作活动，在直观的实践中验证个人猜想，以形成更加强大的教学冲击力，提高教学说服力。

三是加强课堂直观演示，引导学生进行数学建模。新课标教学视角下，数学建模成为数学教师需掌握的一大教学技术。基于数学模型视角归纳学生的各类学习问题，有助于其深化数学学习理解。而在数学建模中，提供直观演示是重要的策略。教师可以通过直观的演示帮助学生深化对数学知识的理解，使其在自主建构数学模型的过程中合理调用学习经验，进一步实现知识内化。例如，在讲解长方体、正方体的体积一类的数学知识时，教师便可根据长方体、正方体体积的关系，设计开放性问题，引导学生尝试利用橡皮泥制作数学模型，在实践中思考不同的问题解答思路，在明确模型的指引下加强教学直观性，充分满足学生的认知发展需求。

（2）在利用趣味性教学方法开展教育工作时，教师需要把握以下几个重点。

一是进行趣味导入，奠定教学基础。教学导入是一堂课开展的起始环节，也是会对教学质量造成影响的关键环节。有效的教学导入可以使得学生快速进入学习状态，更加主动地参与接下来的学习活动。所以，在趣味性教学中，教师要使导入更有趣味性，以此营造和谐有趣的教学氛围，激发学生的学习欲望。教师可以运用故事进行教学导入。在课前阶段，为学生讲述与教学内容有关的小故事，帮助学生初步了解教学内容；教师可以运用直观操作进行教学导入，在导入阶段直观地为学生呈现生活中与本课知识有关的实际物体。例如，在讲解长方体时可以为学生展示牙膏盒，以此做好教学铺垫；教师还可利用游戏进行教学导入，在教学与游戏的有效整合下，达到寓教于乐的教学目标。

二是开展操作活动，强化教学趣味。正所谓，实践出真知。操作是引导学生展开数学探究的重要策略，也是体现数学教学趣味的重要一环。教学期间，教师可以根据教学要求指导学生测一测、量一量、折一折，在丰富的操作活动中，直观呈现数学教学内容，帮助学生感知数学知识的性质与特点，使学生体会到数学学习乐趣。例如，在讲解可能性的知识内容时，教师便可引导学生开展抽奖小游戏，在实践中体会可能性的内涵，深化对可能性的理解。

三是实施信息教学，丰富学生感知。信息技术在当前的教育工作中产生的教学影响有目共睹。在信息技术的辅助下，学生可以接触图文并茂的数学知识，进而实现趣味学习目标。教学期间，教师可以运用信息技术指导学生进行课前预习，利用信息技术提前制作微视频，引导学生展开自主预习，做好教学铺垫。而在课堂教学中，教师也可运用信息技术呈现教学内容，直观展示各类复杂抽象的数学知识，动态化呈现知识的形成规律，让学生在直观图象的辅助下深化理解、丰富感知。

四是进行趣味评价，激发学习动力。科学有效的教学评价有助于教师提高教学质量。而在趣味化教学理念的指导下，教师可以创新教学评价模式，应用趣味性、幽默性的语言对学生进行点评，通过这一方式增强学生的数学学习信心与数学学习动力。此外，在作业书面评价中，教师也可适当地采取趣味性的方式，除为学生写下评语外，可以张贴一些表情包贴纸，印上一些不同颜色的小印章，以此对学生加以激励，让学生对教师的评价充满期待。

2. 寓教于乐，激发学生兴趣

小学阶段数学教育工作的复杂性及抽象性特征较为明显，侧重于培养学生的理解能力、空间想象能力以及逻辑思维能力。调查显示，当前多数学生对于数学学习持有一定的畏惧心理，对于数学原理难以达到深层次的理解状态。为了有效激发学生学习的主观能动性，培养学生的学习信心，在小学数学教育工作中，教师需要秉承寓教于乐的教学原则，按照新课标中提出的诸多要求，培养学生的学习兴趣。

客观来看，寓教于乐是一种以现代教育思想为依托的衍生性教育理念。在这一教育理念的指导下，学生的快乐并不单指其在学习中所产生的好的体验，也包括其在解决问题、掌握知识过程中所形成的愉悦感。在该思想的有效指导下，学生可以激活其自身学习动力，提高自主意识，也可促进其自身综合素养的发展。更重要的是，寓教于乐理念贴合小学核心素养的教育目标。在小学阶段，核心素养更侧重于学生对经验的感悟，主要表现为数感、量感、符号意识、运算能力、空间观念、几何直观、推理意识、模型意识、应用意识、创新意识等几大要素。这些要素的发展需要以学生主体为依托。而寓教于乐理念恰好强调尊重学生的主体地位，推动学生自主学习，逐步实现各类学习目标。教育工作中，教师要秉承因材施教的教学思想，以此才可切实提高教学效果。具体来说，在寓教于乐原则的指导下，教师在小学数学教学中需要把握以下两个重点。

一是融入教学游戏，激发学生主动意识。教师可以创建实践性的游戏情境，以发散学生的数学思维。在寓教于乐的教学理念下，实践是游戏化教学的鲜明特征之一。教育工作中，教师需要创新教学认识与教学思路，脱离以往讲授式教学方法的局限，引导学生在实践类游戏中营造和谐的学习氛围，并在此环境中加强对知识的深入理解。相比于传统的理论灌输，实践类游戏也是学生获取知识的高效手段之一，有助于学生透彻理解知识，而不再是一味地死记硬背。小学阶段学生思维意识相对较薄弱，以游戏化教学带领学生开展实践活动，有助于其紧密关联抽象逻辑与具体形象，养成良好的思维习惯，数学理解水平稳步提高。除实践类游戏外，教师还可创建竞争类游戏，激发学生的学习动力与学习热情。虽然小学阶段学生年龄偏低，但胜负欲极强，并且处在这一年龄段的学生往往会对外界的正面评价产生渴望。所以，在游戏化教学中，教师可以引入具有竞争色彩的游戏活动，以吸引学生的注意力，增强学生的主动学习意识。

二是创建问题情境，激发学生探究兴趣。教师要设计合适的问题空间。教学过程中，教师可以基于教学内容设置合适的教学问题，以引导学生进行思考；而在此期间，教师也应充分体现自身的引导者功能，为学生提供必要的策划服务、激励辅助以及引导推动，辅助学生展开合作探究、共同学习，在思维交涉下实现知识重构并强化自身的思维能力。在此基础上，教师要教给学生正确且合适的提问方法。从现代教学论角度来看，教学是师生互动的过程，也是师生共同发展的过程。并且，新课标中也着重指出，教师要注重与学生构建良好的师生关系，构建平等的师生地位。教学期间，教师可以引导学生掌握正确的提问方法，在教师提问－学生回答、学生提问－学生回答的过程中，逐步促进学生思维的发散。除此之外，教师要充分考虑学生的学习基础与学习差异，设置分层性的问题。在设置类似问题时，教师要把握教学内容，也要把握学生的最近发展区，以不同难度的问题面对学生进行驱动引导，弱化学生间的差异，减轻学生的学习负担，从而激发学生强大的学习动力。

2.1.3 学生特点与需求

1. 学生的认知发展阶段与心理特征

小学阶段（7～12岁）学生处于皮亚杰认知发展理论的具体运算阶段，具备可逆思维与守恒概念（如数目守恒、体积守恒），但仍需具体事物支持逻辑推理，具体表现如下。

一是思维具有明显的可逆性，会获得守恒性。在小学阶段，学生会逐步产生反向思考意识，会根据自己的生活经验及所见所闻进行前后比较，并根据对比下的变化，探索变化产生的原因。守恒主要体现在学生能够客观认识物体固有的属性，也能够逐步了解其不会因外在形态变化而发生改变。此外，小学阶段的儿童首先掌握的守恒便是数目守恒，其次是物质守恒、几何重量守恒、长度守恒以及体积守恒，而这些内容均与小学阶段的数学教学有紧密关联。

二是群体结构会逐渐形成。在具体运算阶段，儿童所形成的群体结构共包括两种，分别为类群集运算和系列化群集运算。相较于幼儿阶段，小学阶段的儿童不论是分类能力还是理解能力，都会有明显的提升，且能够根据物体的特性及分类规则进行精准分类，但这一阶段的儿童在进行运算时仍旧需要特定的事物支持，若部分事物不存在或事情并未发生，学生仍旧难以思考。

2. 培养学生的数学学习习惯与兴趣

新课标指出，在小学数学教育工作中，教师要达到有效教学的目标，要实现教师的教与学生的学的统一，要充分体现教师的组织者、引导者、合作者特征，要使学生真正成为课堂的主体。对于学生而言，学习应是主动探索的过程。所以，培养学生正确的学习习惯与学习兴趣便显得尤为重要。然而，促进学生习惯的养成并非一项简单的工作，教师需要根据学科性质找准学生习惯养成重点，侧重培养学生的数学阅读习惯、讨论习惯以及质疑习惯，以此逐步推动学生产生数学学习自信与数学学习兴趣，进而逐步实现新课标教学要求，促进学生核心素养的养成。

2.2 初中数学教育阶段的特点

2.2.1 教学内容与目标

1. 数学知识的深化与拓展

基于新课标教学要求分析来看，在初中阶段，学生需要达成以下三点目标。一是能够获得适应未来和进一步发展所需的数学基础知识、基本技能、基本思想以及基本活动经验；二是能够深入体会数学知识之间、数学知识与其他学科之间、数学知识与生活之间所形成的紧密关联，具有较强的问题提出、分析与解决能力；三是具有较强的数学学习动力与求知欲，能够体会到数学学习的美与价值，培养勇于探索、自我反思的数学科学精神。

在初中阶段，数学课程内容也是由"数与代数""图形与几何""统计与概率"以及"综合与实践"四大领域构成的。

数与代数领域主要涉及"数与式""方程与不等式""函数"三个主题，

教师要注重引导学生了解有理数、实数、代数式，能够正确掌握方程与不等式知识、函数知识，帮助学生形成模型观念、应用意识，能用数学思维思考现实世界。图形与几何领域主要涉及"图形的性质""图形的变化""图形与坐标"三个主题，教师要着重引导学生学习点、线、面、角，相交线与平行线，三角形、四边形、圆的概念，能从共性和差异性方面认识和理解图形；要引导学生理解轴对称、旋转、平移三类基本的图形运动；同时要理解平面上的点与坐标之间的一一对应关系，注重发展学生的空间观念及空间想象能力，促进学生逻辑推理能力、抽象能力的提高。在统计与概率部分，教师要着重引导学生了解抽样与数据分析、随机事件的概率，侧重培养学生的数据观念以及模型观念，使其能够运用统计与概率的思维方法，解决实际问题。在综合与实践部分，教师要设计真实的社会生活情景与科学技术情景，有效整合方程不等式、函数、图形、抽样数据分析等模块的内容，引导学生自主探索知识的性质与规律，把握数学关系，体会数学思想，培养其良好的核心素养。

2. 推理能力与问题解决能力的培养

（1）新课标教学要求指出，在 7 ~ 9 年级阶段的教育工作中，教师要注重培养学生的数据观念、模型观念与推理能力。发展学生的推理能力，有助于培养其逻辑思维习惯，促进其逻辑思维素养的发展。初中阶段数学教育工作中所提及的推理能力，主要是指从事实并提角度出发，以原则规则为根本限定，推出结论或其他命题的能力。初中阶段学生已经积累了一定的学习经验，对于数学知识也大多能够形成初步了解。所以，在此阶段培养学生的推理能力，具有较高的必要性及可行性。为促进学生推理能力的积极发展，教师需把握以下几个重点。

一是夯实基础，巩固学生推理能力发展前提。在初中数学教育工作中，学生的推理能力发展会受到其"四基"发展的影响。"四基"分别指的是基础知识、基本技能、基本思想以及基本活动经验。学生的"四基"越稳定扎实，其所具备的推理能力也就越强。所以，教师要侧重夯实学生的"四基"，引导学生在数学学习中实现知识的有效迁移转化，逐步深化对知识的理解。

二是知识提取，奠定学生推理能力发展保障。知识提取主要是指学生对知识的自动化理解与顺畅化掌握。新课标中指出，教师要适当运用项目式教学、大单元教学与主题式教学，而这些教学方法均有助于学生提取知识，辅助学生围绕数学核心概念展开认知加工，使其将新知与已掌握的知识有效提取整合，建构更加完善的知识网络，以促进其推理能力的积极发展。

三是掌握原则，促进学生推理能力稳步发展。新课标中强调，教师可以从命题角度及事实角度出发，以命题规则、命题归纳、命题类比等方式，促进学生发展推理思维，强化学生推理能力。在命题规则视角下，教师可以合理运用数学逻辑语言，以原命题、逆命题、逆否命题、否命题等多种不同方式引导学生展开推理论证，使学生能够充分理解各类命题之间的逻辑关系，以构建清晰的知识转化方向；在归纳推理视角下，教师可以引导学生通过观察与思考特例，探索其中存在的内涵特征。在以学生推理能力发展为目标的前提下，引导学生进行归纳推理时，教师可以先指导学生了解数学对象所存在的相似性特征，并基于这一特征建构一般命题，引导学生以推理论证的形式验证这一命题。归纳推理可被划分为两类，分别为完全归纳推理与不完全归纳推理，其中前者指的是严格的推理，而后者则会融合一定的学生个体思考。虽然后者结论并不一定正确，但可以开拓学生的思维视野，为其推理能力的形成提供支撑。在类比推理视角下，教师可以为学生提供两个及以上的推理对象，引导学生分析两者的部分属性，判断两者的其他属性是否存在相同或相似的情况。类比推理的重点体现在对象与对象的属性比较方面。新课标中要求教师要侧重培养学生的类比推理能力，使之能够根据实例展开类比推理，了解数学关系及规律，提出正确的数学命题或数学猜想并加以验证。为了实现这一目标，教师可以适当引入大单元教学法，基于核心方法及核心概念，引导学生展开类比推理，使之掌握丰富的思想方法，进而积累丰富的推理经验，强化自身推理能力。

（2）新课标对学生问题解决能力的发展也提出了明确规定，指出初中数学教育工作中，教师应注重培养学生综合运用数学知识的能力及问题解决能力，以促进学生核心素养的发展。客观来看，培养学生的问题解决能力能够充分满足新课标教学要求，且与学生核心素养的发展息息相关。问题解决能力的养成有助于学生更深层次地理解数量关系，更加灵活地开展数形转换与数形结合等各类高层次学习活动，使之达到深度学习的目标。所以，在某种程度上，问题解决能力会关联学生深度思维、深度理解的发展状态，是促进其对数学知识形成深度感知与合理运用数学知识的关键要点。初中阶段数学教育工作中，为推动学生问题解决能力的稳步提高，教师需关注以下三大重点。

一是引导学生发现问题。初中阶段学生逐渐进入青春期，在逻辑思维、数学思维及认知能力方面呈现出明显的进步状态，所以这一阶段学生对于教师的依赖性明显降低。为此，教师的首要目标是驱动学生自主地发现问题，使之能够基于自己的学习需要向教师提出问题。但值得注意的是，在引导学生学习发现问题时，教师要侧重于问题的价值与深度，避免学生盲目发问。

二是引导学生分析问题。引导学生学习分析问题是促进其问题解决能力发展的第二大重点。在发现问题后，学生需要对问题进行深度思考，实现思维的深度扩散。教师可以基于问题联系实际引导学生探究，组织学生开展合作活动，辅助学生展开思维碰撞，并逐步建构学生的数形结合意识、数感意识与数学思维，在自主思考引导、问题分析引导与交流沟通引导中，使学生逐步掌握分析问题的方法。

三是引导学生解决问题。数学是对部分事物及抽象现象进行规律总结的抽象性学科，教师不仅要引导学生发现问题、分析问题，更要引导学生解决问题，以问题联系实际，促进学生问题解决水平的提高。教师可以适当地将数学问题与学生的生活经验相联系，引导学生探索问题的解决思路，逐步发展问题解决思维，在加快其知识内化与迁移的基础上，逐步提高其问题解决能力。

2.2.2 教学方法与手段

1. 抽象思维与逻辑推理的引导

（1）培养学生的抽象思维是促进其核心素养积极发展的重要路径，也是践行新课标教学要求的重要举措。进入初中阶段，学生接触的数学知识不再是零散或单一的，具有较为明显的连贯性特征。在学习数学概念、公式、定理等类型知识时，学生若想达到深入理解、灵活运用的目标，便需要激活自身的抽象思维。因此，初中数学教育工作中，教师需要积极主动地转化教育观念，改进教学方法，以培养学生的抽象思维为主要目标，重构教学框架，为学生核心素养的养成提供稳定基础。在此期间，教师需要关注课前阶段、课中阶段、课后阶段的不同要求。

在课前阶段，教师要巩固基础，促进学生思维转变。数学抽象包含两大重要阶段，分别为感知识别阶段与分类概括阶段。其中前一阶段指的是经验性抽象，而后一阶段指的是反思性抽象。为促进学生抽象思维的发散，教师要做好充分的教学准备，基于教学内容及学生需要选择合适的教学案例，找出案例中研究对象的相似性，引导学生尝试抽象出与之相关的数学知识及生活实践素材，在数学层面引导学生体会抽象对象的逻辑相关性。此外，教师要布置合适的教学任务，使学生初步感受数学抽象，在自主思考与查找中实现知识的架构。

在课中阶段，教师要引入概念，紧密联系生活实际。数学概念是数学学科的逻辑起点，在培养学生数学抽象思维的过程中，教师要考虑到这一点，并能够以数学概念为根本载体。教师可以为学生提供丰富的典型素材，引导学生展开分析比较与综合思考，使之在丰富素材的辅助下体会数学概念的本质，而这一过程也是促进其抽象思维形成的过程。此外，教师要侧重在课堂阶段引导学生展开变式训练。基于不同的角度、高度以及理解层次，变换数学的定义、性质及定理公式，引导学生在举一反三中真正体会何为万变不离其宗，通过训练促进其数学抽象思维的灵活发展。

在课后阶段，教师要做好归纳，引导学生迁移知识。教学活动结束后，教师要做好教学归纳，以拓展性教学实践，引导学生进行知识迁移。一方面，教师要采取向上归纳法，引导学生基于数学概念，不断地探索本源，建构完善的知识逻辑框架，体会到数学对象的最本质特征；另一方面，教师可采取反向归纳法，基于教学内容提出否定性问题，并引导学生围绕逆命题及否命题展开思考，深化学生对于数学概念的理解与运用，并为其抽象思维能力及创新能力的发展提供有效支撑。教师还可以引入共性总结法，基于数学概念整理归纳与之相关的其他数学概念及定理，引导学生探索彼此之间的共性条件及性质，帮助学生建构完整知识框架，在开拓其眼界的同时，发展数学抽象思维。

（2）培养学生的逻辑推理能力也是初中阶段数学教育工作中发展学生核心素养的重要措施，对于实现新课标教学要求、促进学生未来发展有至关重要的影响。更重要的是，逻辑推理能力的发展，有助于学生更好地解决学习问题及生活问题，使之正确认识世界，提高自身的数学学习质量与数学学习品质。因此，在新课标教学视域下，初中数学教师需要把握学生的实际需求，带领学生开展多元化逻辑推理活动，以助力学生逻辑推理能力的积极发展。在此环节，教师需要把握以下三个重点。

一是明确教学目标，找准能力培养方向。明确教学目标有助于教师找准教学方向。教师在培养学生的逻辑推理能力时，要考虑到学生的学习基础以及逻辑推理能力水平，合理建构教学目标。而在对学生进行分析时，要考虑三大要点。第一，学生是否掌握了充足的逻辑推理基础知识；第二，学生是否能够在数学学习过程中合理运用逻辑推理；第三，学生在逻辑推理时是否能够形成清晰准确的推理过程与合理的结论。基于以上三大要点，设定合适的教学目标，打造完善的目标体系。

二是联系实际生活，深挖逻辑推理素材。在初中数学教学中引入实际生活案例，可以加强数学教学的生动性与直观性，有助于提高学生的逻辑推理能力。教师可以指导学生分析生活中的逻辑推理情境或逻辑推理案例，引导学生发现逻辑推理在数学以及生活中具有的应用价值，激发学生的学习兴趣。教师还可以鼓励学生基于逻辑推理，深入挖掘合适的学习素材，在解决生活问题的基础上促进其问题解决能力及逻辑推理能力的发展。教师可将教学内容与生活紧密关联，设置生活问题，提炼数学知识，引导学生在逻辑推理中解决问题与困惑。

三是实施案例分析，引导掌握推理技巧。教师要指导学生展开案例分析，使之在分析案例的过程中，掌握逻辑推理的技巧与基本步骤，进而形成正确的逻辑推理思维。在此基础上，教师还可以指导学生展开合作探究，在合作中实现经验共享，提高其逻辑推理能力。一方面，教师要设置合适的探究任务，基于任务引导学生展开合作分工，在组内交流与互相帮助中形成清晰的推理思路；另一方面，教师要指导学生共享经验，在思维碰撞中增强学生逻辑推理的深度及准确性。小组推理结束后，教师可以组织学生展开组间汇报，并由教师进行点评与总结，解答学生困惑。

2. 启发式、探究式教学方法的应用

（1）初中阶段数学学科的逻辑性特征逐渐明显，且学生之间的差异也越来越大，为促进学生数学学习能力的稳步提高，使学生深入掌握数学知识并养成数学意识和数学核心素养，教师可以采用启发式教学方法，促进学生深入思考。具体来看，在启发式教育工作中，教师需要注重建构启发式教学情境。教学期间，教师要以教学内容为根本依据，基于对学生思维特征、认知特征的考量，创建合适的教学情境，以情境引发学生的思考，启发学生对问题展开深入探究。教师要综合评判学生的认知水平与智力水平，以此循序渐进地构建启发式问题，打造完善的教学情境，巩固教学基础。教师要注重建构启发式师生关系。启发式教学中，教师要充分落实以学生为主体的教学理念，重点关注师生间及生生间的合作，以启发式师生关系推进教学活动的设计，充分融合教学引导、学生合作与师生启发。除此之外，在启发式课堂上，教师要注重激活学生的内在动力，引导学生主动参与课堂活动。

（2）在初中数学教学活动中，为充分贴合学科的抽象性、逻辑性特征，促进学生探究能力及思维能力的发展，教师还需要合理运用探究式教学法，带领学生开展多元化探究活动，逐步提高学生的灵活运用能力、思维能力及分析验证能力，以做中学的教学模式，指导学生展开循序渐进的数学阅读、数学观察、数学思考与数学讨论。在以学生为主体、促进学生能力发展的教学环境中，满足新课标教学要求，充分贴合数学学科的探究性特征。以探究式课堂，促进学生积极发展。在初中数学探究式教育工作中，教师需要关注以下三个重点，以充分体现探究式教学手段的积极作用。

一是实施问题驱动，强化学生的探究意识。问题在学生探究的过程中起到十分重要的作用，有助于激发学生的内驱力。在初中阶段学生更渴望趣味性、创造性及挑战性的学习，而问题驱动便是一种具有代表性的举措。所以，教师要根据教学内容合理地设置问题，以问题对学生加以引导和启发，促进学生产生强烈的探究意识，逐步推动其探究步伐。

二是实施情景驱动，提供丰富的探究契机。依据真实的问题展开探索是数学探究的一大必要条件，也是新课标所提出的关键要求。新课标中指出，教师要创建合适的教学情境，以情境引导学生发现并提出问题，在此基础上展开问题探究。由此可见，实施情景驱动是十分有必要的。教师需要根据教学内容创建合适的情境，引发学生自主思考与探究，使之在实践中不断总结，整合数学知识与真实场景，培养探究思维。

三是实施分享驱动，培养学生的探究习惯。探究是初中阶段学生比较喜爱的自主性学习活动，且其系统性和挑战性特征较强，但教师一定要落实持续性原则，在长期的坚持与保障下培养学生良好的探究习惯，逐步提高其探究能力。此外，教师还要为学生提供必要的成果展示平台，引导学生在完成探究活动后可以相互交流探究经验、探究体会，呈现探究成果，以培养学生稳定持续的探究动力，使之保持探究行为，进一步巩固教学成效。

2.2.3　学生特点与需求

1. 学生心理与认知发展的变化

基于皮亚杰的认知发展阶段的分析来看，处在初中阶段的学生逐渐进入形式运算阶段。这一阶段的学生已逐步摆脱了具体事物的束缚，能够基于语言文字在脑海中重构事物过程，进而逐步解决问题，甚至可以以假设概念为前提，展开假设演绎、假设推理并形成具体的结论。另外，处在这一阶段的学生还能够熟练运用基本运算技巧，对变量进行分离控制，把握函数关系。总而言之，相比于具体运算阶段，形式运算阶段学生的认知发展与心理发展更为成熟。

2. 培养学生对数学学科的学习兴趣与自主学习能力

（1）初中阶段数学教育工作中，教师若想提高教学质量，满足新课标教学要求，就必须把握学科特点和学生特征，基于学生的心理发展变化和认知发展变化，找准学生兴趣形成的切入点，以增强学生的数学学习兴趣为前提，实现有方向的教学创新。而在培养学生数学学习兴趣的过程中，教师可采取以下三种教学举措。

一是引入微课，强化教学直观特征。初中数学的抽象性相比于小学数学更加明显，很多学生在此阶段都会产生学习障碍，为此教师可以适当运用信息化教学手段引入微课，以微课技术直观呈现数学知识，进而缓解学生学习负担，使之产生学习兴趣。此外，直观性教学举措可以将知识更加形象且具体地呈现出来，便于学生感知、理解并记忆。当然教师也可以基于微课给学生提供更加丰富的教学素材，如视频、音频，以支撑学生产生强大的学习动力与兴趣，增强数学教学的趣味性、多元性。

二是加强讨论，完善教学课堂结构。课堂讨论有助于学生更好地体会数学学科的逻辑性特征。数学教学中，学生间的交流可以推动其形成思维碰撞，可以通过讨论更加顺利地解决问题，产生学习信心与兴趣。在此期间，教师要辅助学生明确讨论的目的、问题和范围，并营造合适的讨论情境，指导学生建构明确的讨论主题与计划，分步骤进行讨论。此外，教师要帮助学生控制讨论的节奏，在张弛有度的状态下，稳定学生的讨论心态。

三是注重实践，激活学生学习欲望。正所谓，兴趣是最好的老师。基于心理特征角度来看，初中阶段学生动手能力较强，且操作欲望比较强烈。教学期间，教师可以根据教学内容，建构数学模型，指导学生展开新颖、开放且充满挑战的实践活动，在实践中激活学生的学习欲望，培养其动手能力，使之能够基于数学角度对数学新知识展开深层次的探索与思考。

（2）新课标背景下，初中数学教师要主动创新教学观念与教学方法，也要重新处理自身与学生之间的关系，以充分体现自身的引导作用，推动学生自主学习、主动学习，而这一定程度上也为学生自主学习能力的发展提供了有效支持。相比于传统的被动式接收学习，自主学习有助于学生深化对知识的理解，达到深度学习的目标，且有助于其数学分析能力、探究能力、质疑能力及实践能力的发展。因此，在初中数学教育工作中，教师要践行以人为本的教学理念，以培养学生的自主学习能力为重点，找准教学创新方向。具体来看，在教育工作中，教师可采取以下四种教学策略。

一是把握教学要点，巩固教学基础。第一，教师要注重转变师生的定位，能够立足于新课标要求，提高学生的课堂主体地位；第二，教师要改变学生的学习习惯，使之弱化对教师形成的过度依赖，能够根据自身的学习需要建构明确的学习目标与学习计划；第三，教师要秉承因材施教的理念将学生划分为多个小组，引导学生分配任务、相互合作，共同解决学习问题。

二是重视课前预习，培养自学意识。学生的自学效率会对其整体的课堂表现产生影响，所以教师要注重引导学生进行课前预习，增强其自学意识。一方面，要考虑到学生的实际学习情况，合理架设课前任务，培养其预习习惯；另一方面，教师要基于学生现有的知识水平，设置趣味性学习单，在课前实践中引导学生做好充分准备，形成自主学习思维。

三是创建问题链条，建构翻转课堂。为促进学生探究欲望及自主学习欲望的有效形成，教师要利用学生的好奇心理，基于教学内容建构合适的问题链条，以问题驱动学生思考，深化知识理解。在此基础上，教师还应适当建构翻转课堂，以翻转形式教学转化师生的课堂角色，使学生由被动接受转化为主动学习，进而为其自主学习能力的发展提供必要支撑。

四是设计自主任务，发展自主思维。初中数学课堂上，教师可以建构自主性的探究任务，以促进学生思维发散，使之基于自主思考，针对同一问题提出不同的解决思路与解决方案。并且，这一方式也可转化学生的学习思维，使之体会到数学学习并不是单纯的死记硬背，追求结果，而是要专注于过程。自主探究任务结束后，教师还要引导学生进行适当的归纳与总结，以此辅助学生积累丰富的知识迁移经验与应用经验，提高其自主学习能力，发展自主思维。

2.3 高中数学教育阶段的特点

2.3.1 教学内容与目标

1.高中数学知识的系统学习与掌握

基于新课标解读，在高中阶段数学教育工作中教师要注重培养学生的核心素养，共包括六点要素，分别为数学抽象、逻辑推理、数学建模、直观想象、数学运算以及数据分析。教师要注重发展学生的"四基"能力，也要培养学生的数学学习兴趣与数学学习自信，使之能够养成敢于质疑、善于思考、严谨求实的科学精神。基于课程结构角度来看，在高中阶段，学生会接触函数知识、几何与代数知识、概率与统计知识以及数学建模数学探究活动。在这一流程体系下，教师还需要适当渗透数学文化，引导学生了解数学思想、精神、语言、方法以及观点，以此充分响应新课标所提出的素质教育要求。

2. 数学思维与创新能力的培养

结合新课标的课程目标解读分析来看，在高中数学教育工作中，教师要注重落实"四基"理念，促进学生掌握数学基础知识、基本技能、基本思想以及基本活动经验；要发展学生的"四能"，注重强化学生的问题发现能力、提出能力、分析能力以及解决能力。除此之外，教师要注重培养学生的核心素养。而基于高中数学核心素养组成框架分析来看，培养学生的数学思维与创新能力至关重要。

（1）高中阶段数学知识的抽象性相对较强，学生的思维能力强弱会直接影响其数学学习效果。新课标中明确要求，教师要培养学生的学科素养与综合能力，而数学思维则是这两大系统中的重要组成要素。所以，在高中数学课堂上，教师要注重创新教学举措，以多元化教学手段支撑学生数学思维的积极发展。在此期间，教师要把握以下三个重点。

一是引入先猜后学，激活学生逻辑思维。高中阶段学生的思维意识越来越活跃，且其自身的数学思维能力会在一次次的锻炼与积累中不断成长和进步。所以，教师应更进一步地落实新课标教育要求，为学生提供独立思考的机会，以促进学生思维能力的积极发展。教师可以引入先猜后学的教学模式，在讲解知识点时适当地预留线索，引导学生基于线索展开思考、猜想，而后由教师进行适当补充，以此锻炼学生的独立思考能力，在更加广阔的自主思考空间内发展逻辑思维。

二是抛砖引玉，激活学生创新思维。相比于初中阶段，高中阶段的数学知识复杂程度更高。在培养学生逻辑思维时，教师需要从多角度进行教学创新，脱离以往先讲解、再提问教学模式的局限，以抛砖引玉的形式引导学生了解某一知识点，在学生掌握了知识点的内涵与原理后，再逐步增加教学难度，转移学生的注意力，实现问题的迁移调整，引导学生在更多的思考维度下探索解决问题的方法，进而激活其创新思维。

三是营造和谐氛围，发展学生综合思维。自新课改以来，素质教育便成为我国教育工作者需要关注的一大重点，而在这一理念的熏陶下，教师要主动创新教学策略，营造和谐的教学氛围。一方面，和谐的教学氛围可以缓解师生间的矛盾冲突；另一方面，和谐的教学氛围可以调动学生的学习兴趣。在这种环境中，学生会主动地进行学习探索，并与教师展开师生交流。而类似条件的存在均有助于学生的思维发展，促进其数学思维能力稳步提高。

（2）在高中数学教学中，发展学生的创新能力也至关重要。在某种程度上，学生创新能力的发展，有助于新课标教学要求的实现，对于社会及国家的发展产生了不容忽视的影响。对于个人而言，创新能力的提高可以强化自身的竞争优势。而高中数学作为高中阶段教育工作中的三大主科之一，对其进行有效改革和创新具有较强的紧迫性。教师需要以培养学生的创新能力为出发点，突破学生固有的学习思维定势，充分满足新课标教学要求。在此期间，教师要把握以下两个重点。

一是强化更新自身教学观念。教师要强化自身的专业素养。虽然，新课改倡导教师要落实人本化思想，提高学生的课堂参与感，但这并不代表教师可以脱离学生群体，教师对于学生产生的影响仍旧存在。教师需要落实素质教育理念，摆脱传统教学理念形成的束缚。同时，要加强与同行的交流，积累更加丰富的教学经验、思想。在此基础上，教师还应注重改善教学模式，以多样化的教学举措为学生提供教学指导与服务，充分考虑学生的兴趣特征与发展基础，调整教学模式，指导学生展开数学探究，提高数学认知，以巩固学生创新能力发展基础。

二是优化创新能力训练方法。首先，教师要注重培养学生的逆向思维能力，提高学生的问题分析及解决水平。逆向思维指的是学生所产生的与正常思维方向相反的思维活动，是其思维灵活的直观呈现。高中数学教学中，教师要合理创新教学内容，以支撑学生发展逆向思维，突破常规束缚。此外，教师可适当地在课堂上引入相反概念、相反性质，辅助学生在反向学习过程中建构稳定的知识双向联系，在由此及彼的状态下，不断地展开知识拓展与延伸，进而强化创新能力。其次，教师要注重培养学生的侧向思维能力，以旁敲侧击的方式，从侧向角度扩散学生的思维意识。侧向思维与逆向思维不同，其是平行同向的思维，而并非逆向思考的思维。教师可以基于数学知识，引入数学文化故事或生活案例，引导学生立足于更加广阔的空间或者数学学习启示，打开思维缺口，进而产生新的学习想法，提高数学创新能力。

2.3.2 教学方法与手段

1. 深度思考与问题解决策略的引导

（1）高中阶段数学教育工作中，数学教师需要从培养学生核心素养的角度出发，以创新性教学措施激发学生学习潜能，逐步引导学生展开深度思考。

一是精心设计教学方案。深度学习作为一种具有指向性的教学模式，有助于学生核心素养的积极发展。为促进学生达到深入思考、深入学习的标准，教师需要做好充分的教学准备，精心设计教学方案，立足于宏观角度，展开教材解读，充分且深入地把握教学模块、单元主题、核心知识，以此巩固教学基础，为学生的深度学习提供契机。此外，教师还要充分考虑本学科的新课程教学改革要求，合理创新教学思路，逐步引导学生深入学习，使之在丰富的学习素材中，收集整理数据，巩固教学有效性。

二是把握思想渗透时机。在高中阶段，数学思想起到了至关重要的作用，如类比思想、划归思想、数形结合思想。合理渗透数学思想既有助于提高学生解题能力，也有助于深化学生对数学理论的理解，进而达到深度思考、深度学习的目标。为此，教师要立足于核心素养，根据教学内容及学生的学习需要，合理导入数学思想，并引导学生对思想内涵展开探究，使之形成正确的思想认识并掌握运用方法，运用数学思想解决数学问题。

三是设计错题分析教学。高中数学教学中引导学生进行错题积累与错题分析，有助于其发展数学运算能力，并逐步深化数学学习深度。高中阶段，数学运算仍旧是学生需着重关注的一大学习重点。教师需要基于深度思考，调整教学结构，适当扩充练习容量，并辅助学生积累分析错题，不断查漏补缺，积累丰富经验，提高深度学习成效。

（2）在新课标教学理念的指引下，教师要以培养学生的问题解决能力为主要目标，激活学生的数学逻辑思维，促进其实践能力及学科素养的养成。而在此期间，教师则需要把握以下三个重点。

一是强化学生的创新探索意识。一方面，教师需要在课堂上适当融入问题解决思路，鼓励学生自主学习，激发其主体意识，进而促进其创新精神及能力的发展；另一方面，教师需要基于多元教学思维及创新教学方法，营造良好的教学氛围与教学环境，指导学生在课堂上展开交流互动，促进学生的综合素养的提升，并强化学生的创新探索意识。

二是营造和谐良好的课堂环境。高中数学教学中，教师应注重拉近与学生的距离，营造和谐教学范围。一方面，教师要秉承以生为本的教学思想，重新架构课堂体系，加强数学教学的秩序性，以和谐师生关系巩固教学基础；另一方面，教师要在数学课堂中有效融合问题解决思路及模式，充分考虑不同学生的差异，采取不同的教学举措，安排不同难度的教学任务，公正、客观地对待学生，达到因材施教的教育目的。

三是培养学生的问题质疑能力。教学期间，教师要以发展学生的问题解决能力为根本目标，培养学生的问题质疑能力。一方面，教师要注重教学环境的营造，能够及时给予学生肯定与鼓励，增强学生的学习信心；另一方面，教师要与学生保持平等关系，鼓励学生表达想法与见解。除此之外，教师还要创新教学模式，以拓展学生的知识认知范围，强化教学实效性，使学生掌握丰富的问题解决措施，进而提高问题解决能力。

2. 综合运用多种教学方法与手段

高中阶段的数学教学不同于小学与初中阶段，其整体难度及复杂程度明显提高，所以传统单一的教学手段不再适用。教师需要充分践行多元化教学思想，以多样性教学手段为学生提供教育指导，以此打造高质量数学课堂，充分满足学生的学习需求。综合来看，在学科教学期间，教师要积极主动地改变教学思维，以培养学生的数学学习意识、学习能力及学科素养为根本目标，将其融入学科教学的各个环节，有效扩充并丰富教学手段与教学内容，以多样化的教学方法，促进高中数学教育工作高效开展。

（1）教师要改变教学思想，培养学生数学意识。教师要脱离以往教师教、学生学的思想习惯，侧重于采用多元教学方法，以多样化教学举措深入落实并贯彻新课标教学理念，以发展学生数学综合运用能力为根本目标，培养学生的数学意识。

（2）教师要丰富教学手段，激发学生学习兴趣。在高中数学教学中为激发学生的学习主动性与热情，教师既要培养学生的数学意识，也要创新并改进教学方法，以多样化教学举措，丰富学生的学习体验。例如，教师可以采取游戏式教学方法，激发学生学习兴趣；可以采取问题式教学方法，调动学生思维；可以采取项目式教学方法，增强学生课堂体验。在多元教学手段的指导下，教师可以带给学生多元学习感受。

（3）教师要强调课后反思，发挥教学方法的作用。为切实提高教学质量，教师还需要在教学活动结束后引导学生展开全面性的学习反思与回顾，以此帮助学生找准学习缺陷并及时改良、优化学习方式。教师要不断调整教学方法，充分体现多元教学法的作用，促进学生学习能力的不断提高，促进学生学习效果的有效增强。

2.3.3 学生特点与需求

1. 学生个性差异与学术志向的分化

进入高中阶段，因数学思维要求、知识内容数量的不同，学生之间的个性化差异更加明显，很多学生会在学习中呈现出不同的学习压力与学习状态，久而久之甚至会形成两极分化。除此之外，在高中阶段越来越多的学生开始产生职业意识，对于自己的未来成长与发展会产生一定的看法，在学术志向分化的状态下，其对于数学学习产生的需求也会出现转变。

2.为学生未来的学术或职业道路提供数学支持

新课标教学理念的持续深入在一定程度上为素质教育提供了新的契机。所以，在高中阶段的数学教育工作中，教师要立足于统筹角度，充分考虑学生的未来学术发展与职业发展，升级教学模式，创新教学措施，为学生的成长发展提供稳定的支持，充分满足学生的成长需要。

首先，教师要结合教学实际情况，分析现有教学问题。教学期间，教师要综合考虑学生的学习基础、学习情况，判断学生是否在数学学习方面存在短板、偏科问题，进而有针对性地改进教学方法与教学模式，找准数学教学方向，并落实教学计划，开辟全新数学教学空间。其次，教师要考虑学生学习需求，规划教学基本原则。一方面，教师要落实因材施教思想理念，设定不同的学习计划与方案，让学生各取所需。另一方面，教师要善于诱导，培养学生对数学学习的信心，展现数学学科的包容性特征。最后，教师要关注教学阶段衔接，探索高效教学路径。以初高衔接、高职衔接、高等教育衔接，构建完善的数学知识框架，避免学生产生认知脱轨问题，为其专业化成长发展提供有力支持。

3 小初高数学教育衔接的重要性

3.1 数学教育衔接的理论基础

不同学段学生的认知规律和身心发展规律不同,因此加强各个学段数学教育的衔接性具有重要的意义。新课标更加注重数学教育在不同学段的衔接性,更加注重学生身心发展规律以及课程的一体化设置,旨在促进学段衔接,提升课程的科学性和系统性。《义务教育数学课程标准(2022 版)》中明确指出,"加强了学段衔接。注重幼小衔接,基于对学生在健康、语文、社会、科学、艺术领域发展水平的评估,合理设计小学一至二年级课程,注重活动化、游戏化、生活化的学习设计。依据学生从小学到初中在认知、情感、社会性等方面的发展,合理安排不同学段内容,体现学习目标的连续性和进阶性。了解高中阶段学生特点和学科特点,为学生进一步学习做好准备"。在课程理念上,新课标指出,"要注重数学知识与方法的层次性和多样性,适当考虑跨学科主题学习;根据学生的年龄特征和认知规律,适当采取螺旋式的方式,适当体现选择性,逐渐拓展和加深课程内容,适应学生的发展需求"。

数学教育旨在加强中小学生的数学核心素养,新课标指出"核心素养具有整体性、一致性和阶段性,在不同阶段具有不同的表现"。数学核心素养是在数学学习的过程中逐渐形成和发展的。因此,数学教育的衔接性对于发展学生的数学核心素养至关重要。

中小学数学教师要以新课标教学理念为引导,以数学核心素养为导向,深入学习其内涵和外延,将学生数学核心素养的培养渗透到各个学段的数学教学中,有效开展中小学数学课程衔接教学。

3.1.1 小初高数学教育衔接的相关理论概述

小初高数学教育的衔接是数学教育领域中的一个重要课题。随着教育改革的不断推进,如何实现小学、初中和高中数学教育的无缝衔接,促进学生数学素养的持续发展,成为广大教育工作者关注的焦点。在这一过程中,相关的教育理论为我们提供了重要的指导和支持。

1. 认知发展理论

（1）皮亚杰的认知发展阶段理论。瑞士心理学家皮亚杰提出的认知发展阶段理论，将儿童的认知发展分为 4 个阶段：感知运动阶段（0～2 岁）、前运算阶段（2～7 岁）、具体运算阶段（7～11 岁）和形式运算阶段（11 岁及以上）。

在小学阶段，学生主要处于具体运算阶段，他们开始能够进行逻辑思维，但仍需要具体事物的支持。在初中阶段，学生逐渐从具体运算阶段向形式运算阶段过渡，能够进行抽象思维和假设推理。到了高中，学生的形式运算能力进一步发展，能够处理更为复杂的数学概念和问题。

（2）对小初高数学教育衔接的启示。认知发展阶段理论启示我们，在小初高数学教育衔接中，教学内容和方法应与学生的认知发展水平相适应。小学阶段的数学教学应注重通过直观形象的方式引入概念，培养学生的基本运算能力和初步的逻辑思维。初中阶段则要逐步引导学生从具体思维向抽象思维转变，加强对数学定理和公式的推导理解。高中阶段应着重培养学生的抽象逻辑思维和创新能力，鼓励学生自主探究和解决复杂的数学问题。

例如，在教授函数概念时，小学阶段可以通过具体的例子，如购物中的数量与价格关系，让学生初步感受变量之间的关系；初中阶段则正式引入函数的定义，通过图象和简单的解析式让学生理解函数的本质；高中阶段进一步深入研究函数的性质、类型和应用，培养学生运用函数思想解决实际问题的能力。

2. 建构主义学习理论

（1）基本观点。建构主义学习理论认为，知识不是通过教师传授得到的，而是学习者在一定的情境即社会文化背景下，借助他人（包括教师和同学）的帮助，利用必要的学习资料，通过意义建构的方式而获得。学习者不是被动的信息吸收者，而是主动的意义建构者。他们在原有知识经验的基础上，通过与环境的交互作用，不断调整和丰富自己的知识结构。

（2）在小初高数学教育衔接中的应用。建构主义学习理论强调学习的情境性和主动性。在小初高数学教育衔接中，教师应创设丰富多样的数学情境，激发学生的学习兴趣和主动性。

例如，教师在讲解几何图形的面积和体积计算时，可以让学生通过实际测量、裁剪和拼接等活动，自己探索和发现计算公式的推导过程。在初中和高中的数学教学中，可以引导学生通过小组合作、项目学习等方式，解决具有挑战性的数学问题，构建新的数学知识体系。

同时，教师要关注学生已有的数学知识和经验，引导他们在原有基础上进行知识的拓展和深化。例如，从小学的整数运算过渡到初中的有理数和实数运算，教师可以引导学生回顾整数运算的规则和方法，类比迁移到新的数域中，帮助学生建构更加完整的数系概念。

3. 最近发展区理论

（1）理论内涵。苏联心理学家维果斯基提出的最近发展区理论认为，学生的发展有两种水平：一种是学生的现有水平，指独立活动时所能达到的解决问题的水平；另一种是学生可能的发展水平，也就是通过教学所获得的潜力。两者之间的差异就是最近发展区。

（2）对小初高数学教学衔接的指导意义。最近发展区理论为小初高数学教育衔接提供了明确的目标和方向。教师要准确把握学生的现有水平和潜在发展水平，为学生提供略高于其现有水平、经过努力能够达到的学习任务。

在小初高数学教育衔接中，教师需要通过诊断性评价了解学生的知识基础和能力水平，设计具有梯度的教学内容和练习，帮助学生逐步跨越最近发展区。例如，在从小学的简易方程过渡到初中的一元一次方程、二元一次方程组的教学中，教师可以根据学生对方程的初步认识，逐步增加方程的难度和复杂度，引导学生不断拓展思维，提升解决问题的能力。

同时，最近发展区理论也强调合作学习和互动交流的重要性。在小组合作中，能力较强的学生可以帮助能力较弱的学生跨越最近发展区，实现共同发展。

4. 信息加工理论

（1）信息的输入、加工与输出。信息加工理论把学习看作信息的输入、编码、存储、提取和应用的过程。学习者通过感知觉器官接收外界信息，经过大脑的加工处理，将信息存储在记忆中，并在需要时提取出来用于解决问题或完成任务。

（2）优化小初高数学学习中的信息处理。在小初高数学教育衔接中，教师可以根据信息加工理论，优化教学过程，提高学生的学习效果。

首先，在信息输入阶段，教师要确保教学内容清晰、准确、有吸引力，帮助学生有效地获取信息。例如，运用多媒体教学手段、生动的实例等，引起学生的注意，激发学习兴趣。其次，在信息加工阶段，教师要引导学生对所学知识进行组织和整合，建立知识之间的联系。教师可以通过归纳总结、类比推理等方法，帮助学生构建数学知识体系。最后，在信息输出阶段，教师要提供多样化的练习和实践机会，让学生运用所学知识解决实际问题，提高知识的迁移和应用能力。

小初高数学教育衔接是一个系统工程，需要以科学的教育理论为指导。认知发展理论、建构主义学习理论、最近发展区理论和信息加工理论等为教师提供了重要的视角和方法。

在实际教学中，教师应综合运用这些理论，关注学生的认知发展规律和个体差异，创设适宜的学习情境，激发学生的学习主动性，为学生搭建合理的学习支架，帮助他们顺利实现小初高数学学习的过渡，不断提升数学素养，为未来的学习和发展奠定坚实的基础。

然而，这些理论在实际应用中仍面临着诸多挑战和问题，需要教师在教学实践中不断探索和创新，以找到更加有效的衔接策略和方法。同时，未来的研究还可以进一步深入挖掘其他相关教育理论在小初高数学教育衔接中的应用，为推动数学教育的发展提供更多的理论支持和实践指导。

3.1.2 小初高数学课程标准与教材分析

1. 课程目标

（1）小学阶段。注重培养学生对数学的兴趣和初步的数感、符号意识，发展基本的运算能力和简单的几何直观能力，培养学生发现问题和提出问题的意识。

（2）初中阶段。在小学基础上，进一步提高学生的运算能力、推理能力和空间观念，使学生初步学会运用数学的思维方式去观察、分析和解决问题。

（3）高中阶段。强调提升学生的数学抽象、逻辑推理、数学建模、直观想象、数学运算和数据分析等核心素养，使学生能够运用数学知识和方法解决复杂的实际问题。

2. 课程内容

（1）数与代数。小学阶段主要学习整数、分数、小数的运算和简单的方程；初中阶段拓展到有理数、实数、代数式、方程和不等式等；高中阶段则深入研究函数、数列、不等式等更为复杂的内容。

（2）图形与几何。小学侧重于认识简单的图形和测量；初中涉及三角形、四边形、圆等的性质和证明以及图形的变换；高中则包括空间向量、立体几何、解析几何等内容，对学生空间想象和逻辑推理的要求更高。

（3）统计与概率。小学初步感受数据的收集、整理和分析；初中学习数据的代表值、概率的初步知识；高中则深入研究统计推断、随机变量等。

3. 小初高数学教材的分析

（1）教材结构。

一是小学教材。通常采用生动有趣的情境引入，图文并茂，注重直观性和趣味性，以激发学生的学习兴趣。例如，通过故事、游戏等形式呈现数学知识，让学生在轻松愉快的氛围中学习。

二是初中教材。结构更加系统，逻辑更加清晰，章节之间的联系更为紧密。知识的呈现由浅入深，逐步引导学生建立较为完整的数学知识体系。

三是高中教材。知识的深度和广度大幅增加，章节划分更加细致，注重知识的系统性和综合性。同时，教材中会引入更多的拓展性内容和研究性课题，以培养学生的自主探究能力。

（2）教材内容的递进与拓展。

一是知识点的螺旋上升。例如，"数"的概念从小学的整数、分数、小数，到初中的有理数、无理数，再到高中的复数，呈现出螺旋上升的趋势。这种安排有助于学生逐步深化对数学概念的理解。

二是数学思想方法的渗透。小学教材中已经初步渗透了分类、归纳等思想方法；初中教材进一步强化了方程、函数等思想；高中教材则更加注重数学建模、化归与转化等思想方法的应用。

4. 小初高数学课程标准与教材的衔接

（1）课程目标的衔接。课程目标在小初高阶段逐步递进，既保持了连续性，又体现了阶段性。例如，运算能力的培养从小学的基本四则运算，到初中的混合运算和代数式运算，再到高中的函数运算，是一个逐步提升的过程。

（2）课程内容的衔接。教材内容的编排遵循学生的认知规律，实现了由易到难、由浅入深的过渡。比如，几何图形的学习从小学阶段认识简单图形，到初中阶段研究图形性质和证明，再到高中阶段探索空间几何，形成了连贯的知识体系。

小初高数学课程标准与教材相互关联、相互支撑，共同构成了数学教育的有机整体。深入分析它们的特点和衔接关系，有助于提高教学质量，促进学生数学素养的全面提升。在今后的教学实践中，教师应不断探索创新，使课程标准和教材更好地服务于数学教育的发展。

3.1.3 小初高学生数学学习心理特点

1. 小学生数学学习心理特点

（1）思维特点。小学生的思维主要以具体形象思维为主，他们对直观、生动的事物更容易理解和接受。在数学学习中，小学生往往需要借助具体的实物或图形来辅助理解抽象的数学概念和运算规则。

（2）学习兴趣与动机。小学生的学习兴趣通常较高，但这种兴趣更多地源于外在因素，如教师的教学方式、课堂氛围、奖励机制。他们的学习动机较为简单，往往是为了获得教师和家长的表扬，或者是为了完成任务。

2. 初中生数学学习心理特点

（1）思维发展。初中生的抽象逻辑思维开始逐渐占主导地位，但在很大程度上仍需要具体经验的支持。他们能够进行一定程度的逻辑推理和分析，但思维的严谨性和批判性还不够成熟。

（2）学习态度与方法。初中生的自主学习意识开始觉醒，他们不再完全依赖教师的指导，而是尝试自己去探索和解决问题。然而，他们在学习方法的选择和运用上还不够熟练，需要教师的引导和培养。

3. 高中生数学学习心理特点

（1）思维能力。高中生的抽象逻辑思维更加成熟，能够进行较为复杂的逻辑推理和抽象思考。他们能够理解和运用抽象的数学概念和定理，具备较强的分析问题和解决问题的能力。

（2）学习压力与应对策略。高中生面临着高考的压力，对数学学习的重视程度较高。但同时，学习压力也可能导致焦虑和挫折感，他们需要学会有效地应对压力，调整学习策略。

3.1.4 小初高数学教学方法的衔接

1. 小学阶段的教学方法

（1）直观教学法。在小学阶段，由于学生的思维以具体形象思维为主，直观教学法是非常有效的。教师可以通过实物演示、图形展示、多媒体动画等方式，让学生直观地感受数学知识。例如，在教授加减法时，教师可以使用小棒、计数器等教具，帮助学生理解运算的过程。

（2）游戏教学法。小学生对游戏充满兴趣，游戏教学法能够激发他们的学习积极性。教师可以设计一些与数学知识相关的游戏，如数学竞赛、数学谜题，让学生在游戏中学习数学。

2. 初中阶段的教学方法

（1）启发式教学法。随着学生思维的发展，启发式教学法能够引导学生进行思考和探究。教师可以通过设置问题情境，引导学生观察和分析，启发学生自己发现问题、解决问题。例如，在讲解几何证明题时，教师可以逐步引导学生分析条件和结论，启发学生找到证明的思路。

（2）合作探究教学法。初中阶段，学生的自主意识增强，合作探究教学法能够培养学生的团队合作能力和交流能力。教师可以将学生分成小组，让他们共同完成数学任务，如探究数学实验、解决数学难题。

3. 高中阶段的教学方法

（1）讲授法的优化。高中阶段的知识量增大、难度加深，讲授法仍然是重要的教学方法之一。但讲授法需要优化，教师要突出重点、突破难点，讲解清晰、透彻。同时，要留给学生足够的思考时间，引导学生进行深入思考。

（2）探究式教学法。高中生具备较强的思维能力，探究式教学法能够培养学生的创新思维和研究能力。教师可以提出一些具有挑战性的数学问题，让学生通过自主探究、合作交流等方式来解决问题。例如，在研究函数的性质时，教师可以引导学生通过观察函数图象、进行数据分析等方式，自主探究函数的单调性、奇偶性等性质。

3.1.5 教学方法衔接的注意事项

1. 逐步过渡

教学方法的衔接应该是逐步进行的，不能一蹴而就。在小学到初中、初中到高中的过渡阶段，教师应该适当保留原阶段的有效教学方法，并逐渐引入新的教学方法，让学生有一个适应的过程。

2. 关注个体差异

每个学生的学习心理和学习能力都存在差异，教师在教学方法的选择和运用上要充分考虑学生的个体差异，做到因材施教，满足不同学生的学习需求。

3. 培养学习习惯和学习方法

在教学方法衔接的过程中，教师不仅要关注知识的传授，还要注重培养学生良好的学习习惯和学习方法，如预习、复习、总结归纳，让学生学会自主学习，提高学习效率。

小初高学生的数学学习心理特点不断变化，教学方法也应相应地进行衔接和调整。教师要深入了解学生的心理特点，根据不同阶段选择合适的教学方法，实现教学方法的有机衔接，激发学生的学习兴趣，提高数学教学质量，促进学生数学素养的全面提升。

3.2　数学教育衔接的实践价值

小初高数学教育衔接的研究不仅在理论上具有重要的意义，同时具有重要的实践价值。

小学、初中、高中数学在学习方式、教材内容与难度、教学方式、教学节奏、思维方式、学习环境等方面都存在很大差异。小学数学侧重于经验的感悟、直观的数学表达。初中数学侧重于概念的理解、相对抽象的数学表达，数学知识内容难度螺旋式上升。高中数学的解题方法和思想更加注重推理和论证，抽象程度更高。学生学习的难度也会随之增加。因此，数学教育衔接性的研究对于数学教学的实践至关重要。

新课标强调培养学生的数学核心素养，而不同学段数学核心素养的体现有所不同。研究数学教育衔接可以更好地落实新课标对于学生数学核心素养的培养。

对于数学教育衔接的研究，可以指导教师的日常教学实际，增强教师的教育教学专业能力，通过创新的教学方式，小学教师能够明确初中的部分知识，做到不过度"超前教、超前学"。中学教师也可以了解小学数学的教学内容及教学程度，更好地促进中小学数学教学的衔接，尽量减少实际教学中的脱节问题，更好地发挥教师在教学中的主导作用。

小初高数学教育的合理衔接，不仅能够指导教师的日常数学教学活动，落实新课标的教学理念，而且能够增强学生学习数学的自信心，提升学生的数学成绩，培养学生的数学核心素养。

学生能够通过教师在日常教学中的渗透，形成良好的数学课程衔接意识，快速进入学习状态，提高学习效率，从而增强自主学习能力。

在当今教育体系中，小初高数学教育的衔接问题日益受到关注。数学作为一门基础学科，对于培养学生的逻辑思维、问题解决能力和创新精神具有不可替代的作用。因此，深入探讨小初高数学教育衔接的实践价值，对于优化教育教学质量、促进学生全面发展具有重要意义。

3.2.1 促进学生认知发展的连贯性

1. 平滑过渡减少学习障碍

数学知识的学习是一个逐步积累和深化的过程，从小学的基础运算到初中的代数几何，再到高中的函数、微积分等复杂概念，难度呈递进式增加。在这个过程中，如果小初高之间的教育衔接不当，学生很容易在面对新的数学概念和知识时产生畏难情绪，从而形成认知障碍。例如，在小学阶段，学生主要通过直观形象的方式学习数学，如通过数小棒、画图形来理解加减法和乘除法的运算。而到了初中，数学知识逐渐变得抽象，开始引入代数符号和方程的概念。如果在小学毕业阶段没有做好适当的铺垫和引导，学生在刚进入初中时可能会对这些抽象的概念感到困惑和难以接受。

合理的小初高数学教育衔接能够为学生提供一个平稳的过渡阶段，帮助他们逐步适应数学知识难度的增加。在小学高年级阶段，教师可以适当引入一些初中数学的基础知识，如简单的代数式、平面几何的初步概念，让学生在心理上和知识储备上都有一定的准备。同时，在初中入学阶段，教师可以通过复习和巩固小学的数学知识，并将其与初中的新知识进行有机结合，帮助学生建立知识之间的联系，从而减少学习障碍，使学生的学习过程更加顺畅。

2. 构建知识框架

数学是一门系统性很强的学科，各个知识点之间相互关联、相互渗透。有效的小初高数学教育衔接有助于学生构建完整的数学知识体系，形成网络状的知识结构。在小学阶段，学生主要学习了数的认识、四则运算、简单的图形和测量等基础知识。这些知识虽然相对简单，但却是后续学习的基石。在初中阶段，学生开始接触代数、几何、概率统计等更为深入和复杂的内容，这些内容与小学的数学知识有着密切的联系。例如，初中的代数运算用到了小学的四则运算规则，初中的平面几何知识也是在小学认识图形的基础上进一步深化和拓展的。

到了高中阶段，数学知识更加抽象和综合，函数、数列、立体几何、解析几何等内容对学生的逻辑思维和抽象能力提出了更高的要求。如果教师在小初高的教育衔接中能够注重知识的连贯性和系统性，帮助学生将各个阶段的数学知识有机地整合起来，那么学生在学习新的知识时就能够更好地运用已有的知识储备，从而提高学习效率和质量。例如，在学习高中的函数概念时，教师可以引导学生回顾初中所学的一次函数、反比例函数和二次函数的相关知识，通过对比和分析，帮助学生理解函数的本质和一般规律。同时，教师还可以将函数的知识与其他数学分支进行综合运用，让学生体会到数学知识的整体性和相互联系。

3. 促进思维发展

数学思维是数学学习的核心，它包括逻辑思维、抽象思维、形象思维、创新思维等多个方面。随着数学学习的深入，学生的思维方式需要不断地从具体操作过渡到抽象思考。在小学阶段，学生的思维主要以形象思维为主，他们通过直观的观察和动手操作来理解数学知识。例如，在学习乘法运算时，学生通常会通过数小棒、画点等方式理解乘法的意义。而到了初中，数学知识的抽象性逐渐增强，学生需要学会运用逻辑推理和符号运算来解决问题，抽象思维开始占据主导地位。

小初高数学教育衔接在促进学生思维发展方面发挥着重要作用。在小学高年级阶段，教师可以适当增加一些思维训练的内容，如简单的逻辑推理、数学谜题，培养学生的逻辑思维能力。在初中阶段，教师可以通过引导学生进行数学证明、探究性学习等活动，进一步提高学生的抽象思维和逻辑推理能力。到了高中阶段，数学问题更加复杂和综合，需要学生具备创新思维和解决实际问题的能力。通过小初高数学教育的衔接，学生能够在不同阶段接受有针对性的思维训练，逐步提升自己的思维水平，为未来的学习和生活打下坚实的基础。

3.2.2　提高长线教学效果

1. 系统性规划教学内容

教学内容的系统性规划是小初高数学教育衔接的重要环节。在传统的教育模式中，小学、初中和高中的数学教学往往各自为政，缺乏有效的沟通和协调。这导致了教学内容的重复和遗漏，影响了教学效果。例如，在小学和初中阶段都可能会涉及三角形的面积计算，但教学的深度和方法可能不同，如果没有做好衔接，学生可能会感到困惑并产生混淆。

通过实施小初高数学教育衔接策略，教师可以根据学生的认知基础和发展阶段，对教学内容进行系统规划。在规划教学内容时，教师要充分考虑数学知识的内在逻辑和学生的认知规律，遵循由浅入深、由易到难、循序渐进的原则。例如，可以将小学的数学知识进行整合和拓展，作为初中数学的预备知识；将初中的数学知识进行深化和延伸，为高中数学的学习做好铺垫。同时，还要注意不同阶段教学内容的衔接点和过渡方式，确保教学内容的连贯性和一致性。

2. 优化教学评估

教学评估是教学过程中的重要环节，它对于了解学生的学习情况、调整教学策略和提高教学质量具有重要意义。在小初高数学教育衔接中，优化教学评估能够更准确地评估学生的数学能力和理解深度，从而为教师提供有针对性的教学指导。传统的教学评估，往往以考试成绩为主要的评价依据，这种评价方式过于单一，不能全面地反映学生的学习情况。

为了实现小初高数学教育的有效衔接，教学评估应该更加多元化和综合化。除了考试成绩外，教学评估还可以包括学生的课堂表现、作业完成情况、小组合作能力、数学思维能力等多个方面。通过多元化的评估方式，教师能够更全面地了解学生的学习状况和发展潜力，从而制定更加个性化的教学策略。例如，对于在抽象思维方面表现较弱的学生，教师可以在教学中增加一些直观形象的案例和练习，帮助他们逐步提高抽象思维能力。

3. 激发学生潜能

每个学生都具有独特的数学潜能，但在传统的教育模式中，这些潜能往往没有得到充分的挖掘和培养。小初高数学教育衔接为激发学生的数学潜能提供了良好的契机。在连续性的学习环境中，学生能够不断地接受挑战和刺激，从而激发他们的学习兴趣和探索欲望。特别是对于那些有数学天赋的学生来说，小初高数学教育衔接能够为他们提供更加广阔的发展空间和更加优质的教育资源。

为了激发学生的数学潜能，教师在小初高数学教育衔接中应该注重因材施教。对于数学基础较好、学习能力较强的学生，可以提供一些拓展性的学习内容和挑战性的任务，如数学竞赛培训、数学课题研究，让他们在更高的平台上展示自己的才华。对于数学学习困难的学生，教师要给予更多的关心和帮助，通过个别辅导、小组互助等方式，帮助他们克服困难，树立学习信心。同时，学校和家长也要为学生创造良好的学习氛围和条件，鼓励他们积极参与数学学习和实践活动。

3.2.3 增强学生的数学应用能力

1. 培养解决实际问题的能力

数学源于生活，又应用于生活。小初高数学教育衔接应当注重培养学生运用数学知识解决实际问题的能力。在小学阶段，学生主要学习了一些简单的数学应用问题，如购物计算、行程问题。到了初中和高中阶段，数学知识与实际生活的联系更加紧密，如函数在经济、物理等领域的应用，几何在建筑、设计等方面的应用。

通过合理的教育衔接，教师可以引导学生从小学阶段的简单实际问题出发，逐步过渡到初中和高中阶段更加复杂和综合的实际问题。例如，在学习函数知识时，教师可以引入一些与经济增长、资源利用等相关的实际案例，让学生通过建立函数模型来解决问题。在学习几何知识时，教师可以让学生参与校园建筑的设计、道路规划等项目，提高他们的空间想象力和实际操作能力。

2. 提高数学建模能力

数学建模是将实际问题转化为数学问题，并运用数学方法求解的过程。小初高数学教育衔接有助于培养学生的数学建模能力。在小学阶段，学生可以通过简单的情景模拟和数学游戏来初步感受数学建模的思想。到了初中和高中阶段，学生需要掌握更加系统和规范的数学建模方法。

在教育衔接过程中，教师可以通过设置一系列具有梯度的建模任务，让学生逐步掌握建模的步骤和方法。例如，从简单的线性模型到复杂的非线性模型，从单一变量的模型到多变量的模型。同时，教师还可以组织学生开展数学建模竞赛、实践活动等，提高他们的建模能力和团队合作精神。

3. 促进数学与其他学科的融合

数学是一门与其他学科密切相关的学科，如物理、化学、生物。小初高数学教育衔接应当促进数学与其他学科的融合，培养学生的跨学科思维能力。在小学阶段，学生可以通过科学实验、综合实践活动等初步了解数学在其他学科中的应用。到了初中和高中阶段，随着学科知识的深入，数学与其他学科的联系更加紧密。

教师在教学中可以引导学生发现数学与其他学科之间的内在联系，例如，在物理中运用数学公式计算力、速度、加速度等物理量，在化学中运用数学方法进行实验数据的处理和分析。通过跨学科的学习，学生能够更好地理解数学的应用价值，提高综合运用知识解决问题的能力。

3.2.4　适应教育改革和社会发展的需求

1. 顺应教育改革的趋势

当前，我国的教育改革正不断推进，强调素质教育、创新教育和个性化教育。小初高数学教育衔接符合教育改革的发展趋势，有助于培养学生的综合素质和创新能力。在衔接过程中，教师可以采用多样化的教学方法和手段，如探究式教学、项目式教学，激发学生的学习兴趣和主动性。

同时，教育衔接还可以促进教育资源的优化配置和共享，推动教育公平的实现。建立小初高一体化的教育体系，有助于打破学段之间的壁垒，实现优质教育资源的流通和共享，让更多的学生受益。

2. 满足社会发展对人才的需求

社会的快速发展，对人才的数学素养和创新能力提出了更高的要求。具备良好的数学思维和应用能力的人才在科技、金融、工程等领域具有更强的竞争力。小初高数学教育衔接能够为社会培养出更多具有扎实数学基础和创新精神的高素质人才。

例如，在科技创新领域，数学是推动技术进步的重要工具。具备良好数学素养的人才能够在数据分析、算法设计、模型构建等方面发挥重要作用。在金融领域，数学知识在风险评估、投资决策等方面也具有不可替代的地位。因此，加强小初高数学教育的衔接，对于满足社会发展对人才的需求具有重要意义。

3.2.5　面临的挑战与应对策略

1. 教材和课程标准的差异

目前，小初高数学教材和课程标准在内容和要求上存在一定的差异，这给教育衔接带来了困难。为了解决这一问题，教育部门应当加强教材和课程标准的统筹规划，确保各学段之间的内容和要求相互衔接、循序渐进。同时，教材编写者和教师也应该加强沟通和交流，共同探讨如何更好地实现教材和课程的衔接。

2. 教师教学理念和方法的转变

教师是教育衔接的关键因素，然而，部分教师在教学理念和方法上还存在一些滞后的现象。为了适应小初高数学教育衔接的要求，教师需要转变教学理念，从以教师为中心转向以学生为中心，关注学生的个体差异和发展需求。同时，教师还需要不断更新教学方法，采用多样化的教学手段，激发学生的学习兴趣和主动性。

3. 学生个体差异的关注

学生在数学学习方面存在着个体差异，在小初高数学教育衔接过程中，如何关注学生的个体差异，满足不同学生的学习需求是一个重要的挑战。学校和教师可以通过分层教学、个别辅导、小组合作等方式，为学生提供个性化的学习支持。同时，还可以建立学生的数学学习档案，跟踪学生的学习过程，及时发现问题并采取相应的措施。

综上所述，小初高数学教育衔接具有重要的实践价值。它不仅有助于促进学生认知发展的连贯性，提高长线教学效果，增强学生的数学应用能力，还能够适应教育改革和社会发展的需求。然而，在实现小初高数学教育衔接的过程中，我们也面临着诸多挑战。只有通过教育部门、学校、教师和家长的共同努力，不断探索和创新，才能更好地实现小初高数学教育的有机衔接，为学生的数学学习和未来发展奠定坚实的基础。

3.3 数学教育衔接的现实挑战

新课标提出要加强数学课程的衔接性，但是由于小学、初中、高中不同学段的数学课程、教学方式、学生认知等方面存在一定的脱钩现象，因此一些学生在刚进入初中、高中后，受各方面因素的影响，数学成绩会出现明显的下滑。在日常的数学教学中，我们不能只单纯强调小初衔接、初高衔接，为了应试教育"快进""提前学"等，忽视数学教育的衔接性，要努力帮助学生学会学习、学会选择。虽然新课标对数学课程教学的衔接性提出了要求，但是在实际教学中，部分教师对课标要求落实不到位，数学课程的衔接没有充分体现整体性和一致性。因此，数学教育的衔接存在着很大的现实挑战。

（1）初中数学教学节奏的加快与升学的压力。与小学相比，初中数学知识的内容量增大，难度增加，抽象程度提高，数学核心素养的侧重有所不同。同时，初中生面临着升学的压力，教师的教学节奏、学生学习的氛围都与小学数学教育有很大的不同。课时的压力会使教师的教学节奏加快，从而使部分教师忽略小初数学教育衔接的重要性。在日常教学中，教师要不断学习和研究中小学数学教材、教参、课程标准，对学生在新的学习中可能出现的困难，理解相对困难的数学知识，有清晰的认识和准确的把握，从而能够在一些关键点上适当放慢教学进度与节奏，做好中小学衔接。教师要给予后进生更多的帮助与关注，让他们从本质上理解并接受数学思维上的变化，避免一部分学生从一开始就"掉队"。

（2）数学核心素养的培养与教学节奏加快的矛盾。随着新课改的实施，对教师的教学理念、教学方法提出了不同的要求。部分教师对于新课标的学习、了解不够深入，仅停留在表面的理解，导致其在教学中盲目追随一些新理念，在一定程度上出现"形式主义"错误。在问题导向教学、小组合作学习模式的推动下，小学生的自主探究、合作探究、动手操作、合作交流能力有所提高。但是初中数学的教学节奏相对较快，对于部分知识，教师在日常教学中忽略了学生自主探究及合作交流的过程，未能引导学生通过探索自主建构相关概念，而是直接采取灌输式的教学方式。

（3）中学教师对数学教材的整体性认识不足。在数学教学过程中，教师需要对中学数学教材进行系统的了解与学习，并对教学内容进行合理的规划与教学设计，便于学生更加系统地学习数学知识，建立属于自己的比较完善的数学知识框架。而在实际的教学中，大多数初中数学教师和小学数学教师只关注自己所教学段的数学教材，没有在整体性的原则下保障中小学数学课程衔接的有效性和综合性，限制了学生数学综合学习能力的发展。我们需要去探索改善数学课程衔接的有效措施，促进学生数学核心素养的全面发展。

（4）课程衔接的层级目标不够明确。中小学数学教材知识内容的难度是螺旋式上升的，因此需要数学教师在课程实施前制定科学明确的层级目标，注重大单元整体教学设计，在层级目标的指导下开展中小学数学课程的衔接教学。教师要让学生在数学学习的过程中切身体会数学知识的形成和发展过程，真正理解数学知识的本质，体会其中所蕴含的数学思想方法，形成自己的知识框架。

（5）课程衔接的教育指导方法不够新颖。中小学数学教学活动有着重要的区别，相比于小学，初中对学生有着更高的学业要求。以数学核心素养的培养为例，小学更注重对经验的感悟，而初中则注重对概念的理解。数学课程的衔接教学与平时的课程教学有所不同。以小升初的数学课程的衔接教学为例，小学和初中教师均需要联系实际情况进行教学。小学教师需要对于初中数学所学知识内容，尤其是初一数学的相关知识有所了解，做好小初数学教育的衔接。初中教师则需要了解初中相关知识学生在小学已经学习、了解到什么程度，如何让学生更好地适应从算术思维向代数思维的转换。可以借助具体的实际情境，让学生体会这两种思维方式的区别与联系，让学生体会小学和初中数学知识的联系。初中教师在教学过程中要注意数学课程衔接教育指导方法的新颖性。

（6）数学教师对数学教育衔接的认识不够全面。大部分教师在关注数学教育的衔接时，仅关注数学知识的衔接，忽略了数学教育衔接的整体性与综合性，忽略了在学生认知规律、学生心理、教学方法、学生思维层次、学生学习习惯、学生学习方法等方面的衔接。

（7）小学数学教师与中学数学教师的沟通交流相对较少。小学教师对于初中数学教学的了解相对较少。在日常教学中，很多小学教师的数学教育衔接意识相对缺乏，很少去主动了解初中数学知识内容及教学方式。

3.3.1 引言

数学作为一门基础学科，对于培养学生的逻辑思维、创新能力和解决问题的能力具有至关重要的作用。小初高数学教育的衔接，关系到学生能否顺利实现数学学习的过渡，保持对数学的兴趣和热情，以及能否为未来的学习和发展打下坚实的基础。然而，在实际的教育实践中，小初高数学教育衔接面临着诸多挑战，这些挑战如果不能得到有效解决，将影响学生的数学学习效果和数学素养的提升。

1. 小初高数学教育衔接的重要性

小初高数学教育衔接的顺畅与否，会直接影响学生数学学习的连贯性和系统性。良好的衔接能够帮助学生逐步构建完整的数学知识体系，使他们在不同阶段的学习中能够无缝对接，减少因知识断层和学习方法不适应而带来的困扰。

从学生的认知发展角度来看，小学、初中和高中是学生思维发展的不同阶段。在小学阶段，学生主要以形象思维为主，通过直观的感受和具体的操作来理解数学知识；到了初中阶段，学生的抽象思维开始逐渐发展；而高中阶段则对学生的抽象思维和逻辑推理能力提出了更高的要求。如果能够在这三个阶段之间实现有效衔接，就能更好地顺应学生思维发展的规律，促进他们数学思维能力的提升。

此外，小初高数学教育衔接对于激发学生的学习兴趣和自信心也具有重要意义。当学生在学习过程中能够顺利过渡，感受到自己的进步和成长，就会对数学产生更加浓厚的兴趣，从而积极主动地投入学习中，为未来的学习和发展奠定良好的心理基础。

2. 当前衔接工作面临的主要问题

当前，小初高数学教育衔接工作面临着一系列问题。例如，教材内容的不连贯导致学生在学习新知识时感到突兀和困惑；课程标准要求的变化使得教学目标和重点难以把握；教学方法和学习方式的差异让学生难以适应新的学习环境；学生个体差异较大，部分学生在衔接过程中出现掉队现象；教师对不同学段的教学要求了解不足，影响教学效果；地区教育资源不均衡，导致部分地区的学生在衔接过程中缺乏必要的支持；家庭教育的配合不够，无法为学生提供良好的学习氛围和辅导帮助等。

3.3.2 教材与课程标准方面的挑战

小初高教材内容的跳跃与断层，主要体现在以下几个方面。

1. 知识体系的不连贯

小学阶段的数学教材注重基础知识的传授，内容相对简单直观，多以形象化的方式呈现。而初中数学教材则在难度和深度上有了明显的提升，开始引入抽象的概念和逻辑推理。例如，在代数方面，从小学的简单算术运算到初中的代数式、方程和不等式，知识的跨度较大。高中数学则更加注重知识的系统性和综合性，对学生的抽象思维和逻辑推理能力要求更高。这种知识体系的不连贯，容易让学生在衔接过程中感到迷茫和无所适从。

2. 重点知识点的分布差异

不同学段的教材在重点知识点的分布上也存在差异。例如，在几何部分，小学主要侧重于认识简单的图形和测量，初中则开始深入研究三角形、四边形等图形的性质和定理，高中则进一步涉及空间几何和解析几何等更为复杂的内容。由于重点知识点的分布不均匀，学生在学习过程中对某些知识点的掌握可能不够扎实，从而影响后续的学习。

3. 能力培养侧重点的不同

小学阶段的数学课程标准更注重培养学生的基本运算能力、空间观念和初步的数学思维能力。初中阶段在继续巩固基础运算能力的同时，强调培养学生的逻辑推理能力、数学建模能力和数据分析能力。高中阶段则要求学生具备更高层次的数学抽象能力、逻辑推理能力和创新应用能力。从小学到高中，能力培养的侧重点不断发生变化，如果在教学中没有进行有效的衔接和过渡，学生可能会感到力不从心。

4. 考核标准的不一致

小初高数学的考核标准在题型、难度和分值分布等方面存在较大差异。小学阶段的考试主要以基础知识和简单应用为主，题型较为单一；初中阶段的考试开始增加综合题和拓展题的比例；高中阶段的考试则更加注重考查学生对知识的深度理解和灵活运用能力。考核标准的不一致，使得学生在面对不同学段的考试时，难以准确把握答题技巧和得分要点。

3.3.3 教学方法与学习方式的挑战

1. 小学与初中教学方法的差异

（1）小学的直观性教学与初中的抽象性教学。在小学阶段，教师通常采用直观性教学方法，通过实物展示、图形演示等方式帮助学生理解数学知识。例如，在教授加减法时，教师会使用计数器、小棒等教具。而初中数学则更加注重抽象思维的培养，教师更多地运用符号、公式和定理进行教学。这种教学方法的转变，对于刚刚升入初中的学生来说，可能需要一定的时间来适应。

（2）教学节奏和容量的改变。小学课堂的教学节奏相对较慢，教师有足够的时间对知识点进行反复讲解和练习。而初中课堂的教学节奏明显加快，知识容量也大幅增加。学生需要在短时间内接受更多的新内容，并学会自主思考和总结。如果学生不能及时调整学习节奏，跟上教师的教学进度，就容易出现知识漏洞。

2. 初中与高中教学方法的差异

（1）初中的基础性教学与高中的拓展性教学。初中数学教学侧重于基础知识的传授和基本技能的训练，帮助学生建立扎实的数学基础。而高中数学则更注重知识的拓展和延伸，往往需要学生在掌握基础知识的前提下，进行深入的思考和探究。例如，在函数部分，初中主要学习了一次函数、反比例函数和二次函数的基本性质和图象，而高中则会进一步研究函数的单调性、奇偶性、周期性等更加复杂的性质。

（2）对学生自主学习要求的提升。高中阶段的学习对学生的自主学习能力提出了更高的要求。教师在课堂上更多的是起到引导和点拨的作用，学生需要在课后花费更多的时间进行预习、复习和拓展阅读。相比之下，初中阶段的学生在学习上对教师的依赖程度较高，如果不能及时转变学习方式，培养自主学习能力，就很难适应高中紧张的学习节奏。

3. 学生学习方式转变的困难

被动学习到主动学习的适应，在小学和初中阶段，学生在学习上往往比较被动，习惯于按照教师的安排和指导进行学习。而到了高中，学生需要更加主动地参与学习过程，学会自己制订学习计划、选择学习方法和解决学习中遇到的问题。这种从被动学习到主动学习的转变，对于很多学生来说是一个巨大的挑战。

4. 依赖教师到独立思考的过渡

在小学和初中，学生在遇到问题时通常会第一时间向教师寻求帮助，而高中阶段则要求学生具备独立思考和解决问题的能力。学生需要学会自己分析问题、寻找解题思路，并通过不断地尝试和探索来解决问题。这种从依赖教师到独立思考的过渡，如果不能顺利完成，将会影响学生的学习效果和学习能力的提升。

3.3.4 学生个体差异带来的挑战

1. 数学基础与学习能力的参差不齐

（1）小学阶段基础差异对后续学习的影响。由于学生在小学阶段的学习环境、家庭背景和自身天赋等方面的不同，他们在数学基础知识和基本技能的掌握上存在着较大的差异。有些学生在小学阶段就打下了坚实的数学基础，具备较强的运算能力和逻辑思维能力；而有些学生则基础薄弱，对数学知识的理解和掌握存在困难。这种基础差异会在小初高数学教育衔接过程中进一步放大，影响学生的学习进度和学习效果。

（2）不同学生在初中和高中阶段的学习能力分化。进入初中和高中后，随着学习内容的不断深入和复杂，学生之间的学习能力分化现象逐渐明显。有些学生能够迅速适应新的学习要求，不断提升自己的学习能力；而有些学生则由于学习方法不当、学习态度不端正等原因，逐渐跟不上教学进度，学习成绩下滑。这种学习能力的分化，给小初高数学教育衔接带来了很大的困难。

2. 学习兴趣和学习态度的差异

（1）数学学习兴趣的高低影响衔接效果。学生对数学的兴趣会直接影响他们在学习过程中的积极性和主动性。对数学感兴趣的学生，在小初高数学教育衔接过程中，往往能够主动探索新知识，克服学习中遇到的困难；而对数学缺乏兴趣的学生，则可能会对学习产生抵触情绪，不愿意投入时间和精力，从而影响衔接效果。

（2）不同学习态度的学生在衔接中的表现。学习态度积极的学生，在面对小初高数学教育衔接带来的挑战时，能够保持乐观的心态，勇于面对困难，努力寻找解决问题的方法；而学习态度消极的学生，则可能会选择逃避或放弃，导致学习成绩越来越差。

3.3.5 教师方面的挑战

1. 教师对不同学段教学要求的把握不足

（1）小学教师对初中要求的了解有限。小学教师在教学过程中，往往只关注小学阶段的教学内容和课程标准，对初中数学的教学要求和知识体系了解不够深入。这导致他们在教学中无法为学生提供有效的衔接指导，使学生在升入初中后感到无所适从。

（2）初中教师对高中知识体系陌生。同样，初中教师在教学中也可能存在对高中数学知识体系和教学要求不熟悉的情况。这使得他们在教学中难以把握知识的深度和广度，无法为学生的高中数学学习做好充分的准备。

2. 教师之间缺乏有效的交流与合作

（1）小初、初高教师之间沟通渠道不畅。由于小学、初中和高中属于不同的教育阶段，教师之间的沟通和交流相对较少。缺乏有效的沟通渠道，使得教师之间难以分享教学经验和教学资源，无法共同探讨小初高数学教育衔接的问题和解决方案。

（2）缺乏共同教研和合作教学的机会。在实际教学中，小初、初高教师缺乏共同教研和合作教学的机会。这使得教师无法深入了解不同学段学生的学习特点和需求，难以制定出具有针对性的教学策略和教学方法，影响了小初高数学教育衔接的效果。

3.3.6 教育环境与资源的挑战

1. 地区教育资源不均衡

（1）优质师资和教学设施在不同地区的分布差异。在我国，不同地区的教育资源存在着比较明显的不均衡现象。一些经济发达地区拥有优质的师资队伍和先进的教学设施，而一些贫困地区则师资短缺、教学设施简陋。这种区域性差异导致不同地区的小初高数学教育衔接面临不同程度的挑战。

（2）对小初高数学教育衔接的影响。在教育资源丰富的地区，学生能够享受到更加优质的教育服务，小初高数学教育衔接相对较为顺畅；而在教育资源匮乏的地区，则因师资力量不足和教学资源短缺，学生在衔接过程中面临更多认知断层与适应困难。

2. 家庭教育配合的不足

（1）家长对数学学习重视程度的不同。家长对孩子数学学习的重视程度会直接影响孩子的学习态度和学习效果。有些家长非常重视孩子的数学学习，能够为孩子提供良好的学习环境和学习支持；而有些家长则对孩子的数学学习关注不够，无法给予孩子必要的帮助和指导。

（2）家庭辅导能力的差异。家长的文化水平和辅导能力也存在着差异。有些家长具备较高的文化素养和较强的辅导能力，能够在孩子的学习过程中给予有效的辅导和监督；而有些家长则由于自身文化水平有限，无法辅导孩子的数学学习并提供必要的帮助。

3.3.7 应对挑战的策略与建议

1. 优化教材与课程标准

（1）建立统一连贯的知识体系。教育部门应组织专家和一线教师，对小初高数学教材进行系统梳理和整合，建立统一连贯的知识体系。在教材编写过程中，要充分考虑知识的递进性和连贯性，避免出现知识断层和重复。

（2）明确各学段的教学目标和重点。根据学生的认知发展规律和数学学科的特点，明确小初高各学段的教学目标和重点。教学目标要具有可操作性和可检测性，教学重点要突出，使教师在教学过程中有明确的方向。

2. 改进教学方法与引导学习方式

（1）开展教师培训，促进教学方法的转变。教育部门和学校应定期组织教师培训，邀请专家学者和优秀教师举办讲座，进行示范教学，帮助教师了解和掌握先进的教学方法和教学理念。同时，鼓励教师在教学实践中积极探索和创新，不断改进自己的教学方法。

（2）加强对学生学习方法的指导。教师要在教学过程中加强对学生学习方法的指导，帮助学生养成良好的学习习惯。例如，教师要教会学生如何预习、复习、做笔记、总结归纳等，提高学生的学习效率和自主学习能力。

3. 关注学生个体差异，实施分层教学

（1）制订个性化的学习计划。教师要根据学生的数学基础、学习能力和学习兴趣等个体差异，为每个学生制订个性化的学习计划。学习计划要具有针对性和可行性，能够满足不同学生的学习需求。

（2）提供多样化的辅导和支持。针对学生的个体差异，学校和教师要为学生提供多样化的辅导和支持。例如，对于学习困难的学生，可以组织课外辅导班，进行一对一辅导；对于学有余力的学生，可以提供拓展性学习资源，开展数学竞赛培训等。

4. 加强教师之间的交流与合作

（1）建立定期的教研活动机制。学校应建立定期的教研活动机制，组织小学、初中、高中教师共同参与教研活动。在教研活动中，教师可以分享教学经验、交流教学心得、探讨教学问题，共同提高教学水平。

（2）开展跨学段的听课和教学观摩。学校可以安排小学、初中、高中教师进行跨学段的听课和教学观摩，让教师亲身体验不同学段的教学特点和教学方法，增进彼此之间的了解，为小初高数学教育衔接提供实践支持。

5. 均衡教育资源，加强家校合作

（1）加大对薄弱地区的教育投入。政府应加大对薄弱地区的教育投入，改善学校的教学设施和办学条件，提高教师的待遇和素质。同时，建立教育资源共享平台，促进优质教育资源在不同地区的流通和共享。

（2）提高家长对数学教育衔接的认识和参与度。学校和教师要通过家长会、家长学校等形式，向家长宣传小初高数学教育衔接的重要性，提高家长的认识和重视程度。同时，鼓励家长积极参与孩子的数学学习过程，与学校和教师密切配合，共同促进孩子的成长和发展。

3.3.8 结论

1. 小初高数学教育衔接面临的现实挑战

小初高数学教育衔接面临着教材与课程标准、教学方法与学习方式、学生个体差异、教师以及教育环境与资源等多方面的挑战。这些挑战相互交织，共同影响着小初高数学教育衔接的效果。

2. 应对挑战的紧迫性和重要性

解决小初高数学教育衔接的问题迫在眉睫，这不仅关系到学生的数学学习质量和未来发展，也关系到整个教育体系的科学性和有效性。只有积极应对这些挑战，采取有效的策略和措施，才能实现小初高数学教育的无缝衔接，为学生的成长和发展提供有力的支持。

3. 未来小初高数学教育衔接的发展方向

未来，随着教育改革的不断深入和教育理念的不断更新，小初高数学教育衔接将更加注重学生的个性化发展和综合素质的提升。教育部门、学校、教师和家长将形成合力，共同推动小初高数学教育衔接工作的不断完善和发展，为培养具有创新精神和实践能力的高素质人才奠定坚实的基础。

4 小初数学衔接的实践策略

做好小初数学衔接，可以弥合小学与初中数学教育之间的差距，确保知识连贯，促进学习方法转型，解决学生面临的现实难题，对于确保学生从小学顺利过渡到初中学习至关重要。接下来，本书将从小初数学衔接内容与方法的优化、具体案例解析及效果评估三方面深入探讨，旨在促进学生数学素养的提升。

4.1 小初数学衔接的内容与方法

4.1.1 小初数学教育的差异与联系

在现行教育体系中，小学数学教育与初中数学教育构成连续发展的有机整体，二者既存在阶段性特征差异，又具有内在知识逻辑的连贯性。它们之间的衔接对学生未来的学习和发展具有重要意义。梳理这两个阶段数学教育的差异与联系，有助于教师更好地理解学生数学学习的需求，为他们提供更为精准的教学引导。

1. 教育目标的差异

小学与初中的数学教育目标确实存在明显的层次性差异，这些差异不仅体现在知识的深度和广度上，还体现在学习策略、思维方式以及解决问题的能力培养上（表4-1）。深入分析小初衔接教育的目标差异，对于优化教育过程、提高教育质量具有积极的现实意义。

表 4-1 小初教育目标差异内容对比

教育目标差异内容	小学阶段	初中阶段
基础知识与技能的掌握	侧重于基础数学知识和技能的传授，如整数、小数、分数的加减乘除，简单几何图形的认识与绘制，基本的统计与概率知识。目标是确保学生能够熟练掌握这些基础知识，为后续的数学学习打下坚实的基础	在掌握了小学阶段的基础知识后，初中数学教育开始引入更为复杂的数学概念和方法，如代数式、方程、函数、平面几何、立体几何。这一阶段的目标是帮助学生深入理解这些概念，掌握其应用方法，培养学生的数学思维能力
思维能力的培养	数学教育在培养学生思维能力方面，主要关注形象思维和初步的抽象思维能力。例如，通过观察图形变化来培养空间想象力，通过解决简单的实际问题来培养逻辑推理能力	初中数学教育在培养学生思维能力方面提出了更高的要求。强调通过问题解决来深化对数学概念的理解。学生被鼓励提出假设、设计实验、验证猜想，从而发展批判性思维和创新意识。 学生需要逐渐适应并习惯于运用代数方法解决问题，这需要具备一定的抽象思维能力。初中数学还强调逻辑推理能力和批判性思维能力的培养，帮助学生建立严密的数学思维体系
问题解决能力与应用能力	小学数学教育虽然强调问题解决能力的培养，但这些问题往往较为简单，且与实际生活的联系较为紧密。学生主要通过模仿和练习来掌握解决问题的方法	初中数学教育在问题解决能力方面提出了更高的要求。学生需要学会运用所学的数学知识解决更为复杂的问题，如建立数学模型、进行数据分析。此外，初中数学还强调将数学知识应用于实际生活中，培养学生的应用意识和实践能力
培养目标	小学数学教育重视培养良好的学习习惯，如认真倾听、独立思考、合作交流，同时激发学生对数学的兴趣和好奇心	初中数学教育重视综合与拓展能力的提升。注重跨学科知识的整合，比如结合物理学、工程学中的问题场景，使学生能够在更广阔的背景下应用数学知识。鼓励学生参与数学竞赛和项目研究，通过挑战难题，提高解决复杂问题的能力，同时培养团队协作精神

可以看出，小学与初中数学教育在目标上存在着显著的差异。小学阶段主要侧重于基础知识和技能的掌握以及初步的思维能力和问题解决能力的培养；而初中阶段则更加注重对学生思维能力、问题解决能力和应用能力的培养和提

升。这些差异为教师设计适合学生认知发展阶段的教学内容与方法提供了重要的参考依据。

2. 知识内容的差异

小初数学衔接知识内容的差异表现在多个方面，这些差异不仅体现在教材的编排上，也反映在教学目标和学生的学习需求上。

首先，从教材编排的角度来看，小学数学教材与初中数学教材之间存在明显的差异。小学数学教材通常遵循由浅入深、由易到难的原则，侧重于基础知识的讲解和基本技能的训练。算术部分，从最简单的加减法开始，逐渐引导学生接触乘除法、分数和小数的运算。这种编排方式有助于学生逐步建立数学基础，掌握基本的数学方法和思维方式。

到了初中阶段，数学教材的内容发生了显著的变化。初中数学在继承小学数学知识的基础上，引入了更为复杂的数学概念和理论。代数部分，学生将接触一元二次方程、函数等高级概念；几何部分，学生将学习平面几何和立体几何的相关知识。这些新知识的引入，使得初中数学的内容更加丰富和深入，同时对学生的抽象思维和逻辑思维能力提出了更高的要求。

其次，从小学数学到初中数学，知识内容的深化和扩展直接反映了教学目标的演变。从教学目标上来看，小学数学教育以基础知识掌握为载体，着重培养学生数学学习兴趣、基础数学素养和问题解决能力。其教学目标主要是培养学生的计算能力、逻辑思维能力和解决实际问题的能力。而初中数学则通过引入更为抽象和复杂的数学概念，引导学生深入探索数学世界的奥秘，其教学目标则更侧重于培养学生的抽象思维能力、空间想象能力和数学证明能力。例如，在初中代数部分，学生需要学会如何运用代数公式和方程解决实际问题；在几何部分，学生则需要掌握如何运用几何工具和方法进行空间想象和几何证明。

这种从具象到抽象、从基础到深化的教学目标转变，遵循了学生认知发展的规律，同时也体现了数学学科内在的逻辑性和系统性。

3. 教学方法的差异

小初数学衔接教学方法的差异主要体现在教学理念、教学策略和评价方式的转变上。

教学理念上，小学数学教学往往注重知识的直接传授和学生基本技能的训练，而初中数学教学则更强调学生的自主学习、探究学习和批判性思维的培养。在教学过程中，初中教师会鼓励学生主动提问、积极探索，而不是仅仅依赖于教师的讲授。

教学策略上，小学数学教学多采用直观教学、实物演示等方法，帮助学生建立直观的数学概念。而初中数学教学则更倾向于使用抽象符号、逻辑推理等方法，引导学生理解数学的内在规律。例如，在代数教学中，初中教师可能会使用变量和方程式来表示数量关系，而不是像小学教师那样使用具体的物体或图片。

评价方式上，小学数学的评价往往侧重于学生的计算能力和记忆能力，通过笔试和口试等方式进行。而初中数学的评价则更加注重学生的理解能力、应用能力和创新能力，除了笔试外，还可能包括课堂表现、作业完成情况、项目研究等多种评价方式。

为了实现有效的小初数学衔接，教师需要根据学生的年龄特点和心理发展规律，采取适当的教学方法。例如，在教学初期，教师可以通过复习和巩固小学阶段的基础知识，帮助学生过渡到初中的学习节奏。同时，可以通过增加实践活动和探究学习的机会，培养学生的自主学习能力和问题解决能力。此外，教师还应该与家长保持沟通，共同关注学生的学习进展，为学生提供必要的支持和指导。

4. 差异与联系的综合考量

小初数学教育的差异（表4-2）与联系（表4-3）涉及学生认知发展、教学方法改革以及教育连续性的多个方面。

表4-2　小初数学教育的差异

差异	小学阶段	初中阶段
认知发展需求的不同	小学生正处于具体运算阶段，更多依赖直观操作和具体实例来理解数学概念	初中生开始进入形式运算阶段，能处理抽象概念和逻辑推理，因此，初中数学教学更侧重于抽象思维和逻辑推理能力的培养
教学内容的深度和广度	小学数学侧重于基本算术、简单几何和初步代数概念的介绍	初中数学则深入代数、几何、概率统计等多个领域，内容更为复杂，难度逐渐提升
教学方法的变化	小学数学教学常用直观教学法，如实物演示、游戏化学习，以激发学生兴趣	初中数学教学则更多采用抽象符号、逻辑推理和探究学习，培养学生独立思考和解决问题的能力

表4-3 小初数学教育的联系

联系	具体体现
知识体系的连续性	尽管难度和深度不同，但小初数学之间存在紧密的知识联系。初中数学是在小学数学基础上的深化和拓展，其许多概念和技能都是从小学阶段逐步累积而来
核心素养的共同培养	无论是小学还是初中，数学教育都致力于培养学生的逻辑思维、问题解决、数学交流和数学建模等核心素养，这些能力的培养贯穿整个基础教育阶段
教育目标的一致性	小初数学教育的根本目标在于促进学生的全面发展，包括认知能力、情感态度和价值观的塑造，二者在教育理念上具有高度的一致性

在小初数学衔接过程中，教育者应当充分认识到小学数学教育与初中数学教育之间的差异与联系，采取适当的过渡策略。

总之，小学与初中数学在教育目标、知识内容、教学方法等方面存在显著差异，教师应基于其阶段性特征，采取策略实现有效衔接，促进学生教学能力的持续发展。

4.1.2 小初数学衔接的内容

小初衔接是一个系统工程，做好小初衔接，首先要明确衔接的内容。小初数学衔接的内容包含知识点衔接、学习思维衔接、学习方法衔接等多个方面。

1. 知识点衔接

小学数学的知识点为初中数学的学习打下基础，因此在教学内容上，要注重知识点的衔接（表4-4）。

表4-4 小初数学知识点衔接

衔接点	学习目标
数的认识与运算	（1）理解自然数、整数、分数、小数的概念及其相互关系。 （2）掌握四则运算（加、减、乘、除）的基本法则，尤其是分数和小数的运算。 （3）了解负数概念，能够进行简单的负数运算

续表

衔接点	学习目标
代数初步	（1）学习用字母表示未知数，理解等式与方程的意义。 （2）能够解决一元一次方程，并开始接触二元一次方程组的初步知识。 （3）掌握简单的代数表达式的化简和求值
几何基础	（1）理解点、线、面、角、平面图形和立体图形的基本概念。 （2）学会计算常见图形的周长、面积和体积。 （3）开始接触坐标系，学会在直角坐标系中标记点和绘制简单图形
比例与百分比	（1）理解比例和百分比的概念，能够解决实际问题中的比例和百分比问题。 （2）掌握速度、时间等问题的解决方法
数据与统计初步	（1）学习收集、整理和分析数据的方法，理解平均数、中位数、众数等统计量的概念。 （2）能够解读图表（如条形图、折线图、饼图），并根据图表信息作出合理的推断
数学思维与问题解决策略	（1）发展逻辑思维能力，学会运用假设、推理、验证等方法解决问题。 （2）掌握一些基本的问题解决策略，如画图法、列方程法、尝试与调整法

小学数学内容是初中数学内容的基础，在小学阶段，通过以上领域的系统学习和练习，学生可以建立起扎实的数学基础，为后续更深入的数学学习做好准备。

初中数学内容是小学内容的延伸，在此基础上，在初中学习中要做好以下衔接。

（1）由"数"到"式"的衔接。在小学阶段，学生主要学习的是具体的数，包括自然数、整数、分数和小数等，以及这些数之间的基本运算。进入初中后，教学内容开始从具体的"数"过渡到抽象的"式"，学生需要理解和掌握用字母表示数的方法，从而进行代数运算。

首先，数的认识与式的引入。小学阶段，学生已经对数的概念有了基本的认识，能够进行简单的加减乘除运算。进入初中后，学生首先接触的是负数，这是对数的认识的一次重要拓展。随着教学内容的深入，学生开始学习用字母表示数，这标志着他们从具体的数学运算进入了代数运算的领域。

其次，整数与整式的类比。在数的运算中，整数运算是基础。同样地，在式的运算中，整式运算也是基础。教师可以通过整数与整式的类比，帮助学生理解整式运算的概念和方法。例如，将整数加法与整式加法进行对比，让学生明白在整式加法中，同类项需要合并，这与整数加法中的进位和借位有相似之处。

最后，分数与分式的类比。分数是小学数学中的重要内容，学生需要掌握分数的加减乘除运算。进入初中后，学生将学习分式，分式是分数在代数领域的拓展。教师可以通过分数与分式的类比，帮助学生理解分式的概念和运算方法。例如，将分数与分式的通分和约分进行对比，让学生明白在分式运算中同样需要注意分子和分母的运算规则。

（2）数与式的运算规则的衔接。数与式的运算规则在数学中占据核心地位。从小学数学的整数、分数、小数运算到初中数学的代数式运算，学生在这一过程中需要理解和掌握运算的基本规则和技巧。

首先，运算规则的延伸。在小学数学中，学生已经掌握了加、减、乘、除等基本运算规则。进入初中后，这些规则被延伸到了代数式运算中。例如，在整式运算中，学生需要理解和应用分配律、结合律等运算规则；在分式运算中，学生需要掌握分式的约分、通分等技巧。

其次，运算技巧的培养。数与式的运算不仅要求学生掌握基本的运算规则，还需要他们具备一定的运算技巧。例如，在整式运算中，学生需要学会合并同类项、提取公因式等技巧；在分式运算中，学生需要学会化简分式、解决分式方程等技巧。这些技巧的培养对于提高学生的运算能力和解题能力至关重要。

（3）空间与图形教学内容的衔接。除了数与式的教学内容外，空间与图形也是小初数学教学内容衔接的重要方面。在小学阶段，学生主要学习平面图形的基本性质和简单的空间观念；进入初中后，学生将学习更复杂的空间图形和几何变换等内容。教师可以通过类比和对比的方法帮助学生理解这些内容的联系和区别。例如，借助平面图形与立体图形的类比让学生理解空间图形的概念；借助平移、旋转等几何变换的对比让学生理解这些变换在平面图形和立体图形中的应用。

总之，在小初数学教学内容的衔接中教师需要注重数与式的过渡、数与式的运算规则的衔接以及空间与图形教学内容的衔接等方面，通过类比和对比的方法帮助学生理解这些内容的联系和区别，从而提高他们的数学素养和解题能力。

2.学习思维衔接

思维衔接是指在学习过程中，将新旧知识、不同领域的知识进行有机融合，形成完整的思维体系。在小初数学教育中，思维衔接尤为重要。它有助于学生建立数学知识体系，理解数学本质，提高数学素养。针对不同年级、不同课程内容，教师需要进行适应性调整，确保学生在每个阶段都能顺利过渡，保持思维的连贯性。因此要着重做好以下衔接。

（1）逻辑思维能力的衔接。逻辑思维能力是数学学习中需要具备的核心能力之一。在小学阶段，学生已经开始接触基本的逻辑概念，如因果关系、对比和分类。在初中阶段，这些概念将得到进一步的深化和拓展，学生将学习更复杂的逻辑结构，如命题逻辑、演绎推理和归纳推理。教师可以通过设计具有逻辑性的题目和活动，帮助学生锻炼逻辑思维能力。例如，在教学过程中，教师要注重引导学生逻辑清晰地表达自己的观点；通过思维拓展题目，对学有余力的学生进行逻辑思维训练等。

（2）抽象思维能力的衔接。数学学习要求学生具备一定的抽象思维能力。在小学阶段，学生已经开始接触基本的抽象概念，如数的概念、几何图形的基本性质。在初中阶段，这些概念将得到进一步的深化和拓展，学生将学习更抽象的数学概念，如变量、函数、空间几何。教师可以通过引入数学符号、使用数学模型等方式，帮助学生培养抽象思维能力。

（3）创新思维能力的衔接。提高创新思维能力是数学学习的重要目标之一。在小学阶段，学生已经开始接触基本的创新思维训练，如寻找多种解题方法、进行数学创造活动。在初中阶段，这些能力将得到进一步的发展，学生将学习如何运用数学知识解决新问题、提出新的数学观点等。教师可以通过组织学生进行数学实验、数学小研究等方式，帮助学生提高创新思维能力。

（4）自主学习能力的衔接。自主学习能力是学生实现终身学习的重要基础。在小学阶段，学生已经开始学习如何独立完成作业、查找资料等。在初中阶段，这些能力将得到进一步的发展，学生将学习如何制订学习计划、管理时间等。教师可以通过提供自主学习资源、指导学生制订学习计划等方式，帮助学生提高自主学习能力。

（5）合作学习能力的衔接。合作学习能力是学生社交能力的重要组成部分。在小学阶段，学生已经开始学习如何与他人合作完成任务、分享信息等。

在初中阶段，这些能力将得到进一步的发展，学生将学习如何在团队中发挥自己的作用、协调团队成员等。教师可以通过组织小组合作活动、鼓励学生参与集体讨论等方式，帮助学生提高合作学习能力。

（6）数学思维方式的转变。小学和初中的数学思维方式存在一定的差异。在小学阶段，学生的数学思维方式以直观感知和具体操作为主；而在初中阶段，学生的数学思维方式需要向抽象思维和逻辑推理转变。教师可以通过设计一些过渡性的教学活动，帮助学生逐步适应这种思维方式的转变。

从小学到初中，数学的学习内容和难度都会有一个明显的提升，因此做好小初数学学习中的思维衔接至关重要。以上的思维衔接准备，可以帮助小学生更好地适应初中数学的学习，建立扎实的数学基础，培养良好的数学思维习惯。

3.学习方法衔接

数学，作为一门逻辑严密、系统性强的学科，其学习方法的连贯性对于学生从小学顺利过渡到初中尤为重要。实现小初数学学习方法的顺畅衔接，可以助力学生在数学学习道路上稳健前行。

（1）独立思考是数学学习的灵魂。独立思考是数学学习的灵魂，尤其在小初衔接阶段更为关键。小学阶段，学生往往依赖于直观形象的理解和教师的引导；而进入初中，数学的抽象程度和难度明显提升，对学生的独立思考能力提出了更高要求。因此，培养独立思考能力应贯穿于整个学习过程中，鼓励学生面对难题时，首先尝试自己解决，运用逻辑推理和试错策略探索答案，这不仅有助于提升解题技巧，还能激发学生对数学的兴趣和探索欲。

（2）知识迁移，构建数学知识网络。小初数学知识之间存在着紧密的内在联系，有效的知识迁移能力是实现学习方法衔接的重要桥梁。教师在教学中应注重引导学生回顾小学数学的基础概念，并将其与初中数学的新知识相联系。通过对比和联系，帮助学生构建起由点到线、由线到面的数学知识网络，使学生在遇到新问题时，能够迅速调用相关知识，灵活应对。

（3）记笔记，巩固记忆与促进理解。记笔记是一种高效的学习策略，它不仅能帮助学生整理课堂所学，还能促进深度理解和长期记忆。在小初衔接阶段，学生应养成良好的记笔记习惯，记录下关键概念、公式、解题步骤及个人感悟。使用不同颜色标记重点，有助于视觉上的区分和记忆强化。此外，定期回顾笔记，结合实际问题进行思考和应用，可进一步巩固所学知识，提高学习效率。

（4）时间管理，合理规划学习时间。有效的时间管理对于数学学习至关重要。小初衔接期，学生面临课程难度和量的双重挑战，合理规划学习时间变得尤为关键。制订详细的学习计划，包括每日的学习目标、复习内容和练习题量，有助于保持学习的连续性和系统性。同时，适时调整计划以适应个人学习进度和效果反馈，确保学习活动既充实又高效。

（5）个性化学习，探索适合自己的学习路径。每个学生的学习风格和偏好各不相同，探索适合自己的学习方法是实现高效学习的关键。在小初衔接阶段，学生应勇于尝试多样化的学习资源，如在线课程、辅导书籍、实践项目，从中发现最能激发自己兴趣和潜能的学习方式。同时，定期自我评估和反思，调整学习策略，使之更加贴合个人需求和发展方向。

小初数学学习方法的衔接是一个系统工程，涉及独立思考能力的培养、知识迁移的应用、记笔记习惯的养成、时间管理的优化以及个性化学习路径的探索。这一过程不仅需要学生的积极参与，也离不开教师的精心指导和家长的支持配合。通过共同努力，学生将能够顺利跨越小初衔接的挑战，建立起扎实的数学基础，为未来的学术和职业生涯奠定坚实的知识和技能基础。

4.1.3　小初数学衔接的方法

为了确保学生能够顺利过渡并适应初中数学学习的节奏和要求，需要特别关注小初数学衔接的方法。以下是小初数学衔接的几种方法：注重新旧知识的衔接、注重教学方法的衔接、遵循学生认知规律以及关注学生个体差异。

1. 注重新旧知识的衔接

在小初数学衔接的过程中，新旧知识的衔接是至关重要的一个环节。初中数学的内容，无论是代数、几何还是其他数学分支，都是在小学数学基础上进行深化和拓展的。因此，为了使学生能够顺利地过渡到初中数学的学习，教师需要特别关注新旧知识之间的衔接。

首先，教师应该仔细研究小学数学教材和初中数学教材，明确两者之间的知识体系和逻辑关系。这有助于教师准确把握新旧知识之间的连接点，为学生的知识过渡提供明确的指导。

其次，在教学过程中，教师应该引导学生回顾和复习小学数学的基础知识。这些基础知识不仅是初中数学学习的基础，也是学生理解和掌握新知识的重要工具。通过复习，学生可以巩固旧知识，同时也能够为新知识的学习做好心理准备。

再次，教师还应该注重新旧知识之间的联系和差异。在教学过程中，教师可以通过对比分析、举例说明等方式，帮助学生理解新知识与旧知识之间的联系和差异。这有助于学生更好地理解新知识的含义和应用，同时也能够加深他们对旧知识的理解和记忆。

最后，教师还可以通过一些过渡性的教学内容和方法，帮助学生顺利过渡到初中数学的学习。例如，在引入新的数学概念和公式时，教师可以先给出一些与小学数学相关的实例和题目，引导学生思考和解答。这样不仅可以激发学生的学习兴趣和积极性，还可以帮助学生逐步适应初中数学的教学方法和节奏。

总之，注重新旧知识的衔接是小初数学衔接的核心。通过引导学生复习和巩固小学数学的基础知识，同时为初中数学学习做好铺垫，教师可以帮助学生顺利地过渡到初中数学的学习，并为他们数学素养的提升打下坚实的基础。

2. 注重教学方法的衔接

教学方法的衔接在小初数学过渡中起着至关重要的作用。随着学生从小学步入初中，数学学习从直观、形象、生动逐渐过渡到抽象、逻辑、推理，这不仅是知识深度的变化，更是学习方法与思维模式的转变。因此，在教学方法的衔接上，教师需要精心设计和引导，以确保学生能够在这一转变过程中顺利过渡。

教师应深入了解小学数学和初中数学在教学方法上的差异。小学数学通常采用直观演示、游戏化教学等方法，让学生通过观察和体验来学习数学。而初中数学则更加注重培养学生的逻辑思维能力，采用逻辑推理、证明等教学方法，引导学生深入思考和理解数学的本质。

在教学方法的衔接上，教师可以通过以下方式帮助学生逐步适应。

第一，引入过渡性教学内容。教师可以设计一些介于小学数学和初中数学之间的过渡性教学内容，让学生在巩固旧知识的同时，逐步接触和适应新的教学方法。例如，在引入代数知识时，教师可以先让学生复习一下小学阶段的四则运算，然后引导学生逐渐过渡到代数表达式的理解和运算。

第二，采用多样化教学手段。教师可以根据学生的实际情况，采用多样化的教学手段和方法，如小组讨论、实验探究，以激发学生的学习兴趣和积极性。这些教学手段不仅可以帮助学生更好地理解数学知识，还可以培养他们的自主学习能力和探究精神。

第三，引导学生逐步适应。在教学过程中，教师应逐步引导学生从直观形象思维过渡到抽象逻辑思维。教师可以通过一些实际例子和生动形象的演示，帮助学生理解抽象概念的本质和内涵，同时鼓励他们独立思考和自主探究。此外，教师还可设计实践性作业，让学生在实践中锻炼自己的数学能力。

同时，为了培养学生的自主学习能力和探究精神，教师可以采取以下措施。

第一，引导学生制订学习计划。教师可以指导学生根据自己的实际情况，制订合理的学习计划，并鼓励他们按照计划自主学习。这不仅可以帮助学生养成良好的学习习惯，还可以提高他们的自主学习能力。

第二，鼓励学生提出问题。在教学过程中，教师应鼓励学生勇于提出自己的问题和疑惑，并引导他们独立思考和寻求答案。这可以帮助学生养成批判性思维的习惯，培养他们的探究精神。

第三，开展合作学习。教师可以组织学生进行小组合作学习，让学生在共同探究和解决问题的过程中相互学习和帮助。这不仅可以提高学生的合作意识和团队协作能力，还可以促进他们之间的交流和互动。

总之，在教学方法的衔接上，教师需要注重从直观到抽象、从形象到逻辑的过渡，并通过多样化的教学手段和方法引导学生逐步适应初中数学的教学方法。同时，教师还需要注重培养学生的自主学习能力和探究精神，为他们未来的数学学习打下坚实的基础。

3. 遵循学生认知规律

在小初数学衔接的过程中，遵循学生的认知规律是至关重要的。学生的认知发展是一个渐进且复杂的过程，包括从直观到抽象、从简单到复杂、从具象到逻辑思维的转变。为了确保学生能够平稳过渡到初中数学学习，教师需要在教学中充分考虑并遵循他们的认知规律。

首先，了解学生在小学阶段已经掌握的数学知识和技能是教学的基础。这包括基本的算术运算、图形的认识、简单的逻辑推理等。通过评估学生的现有水平，教师可以为他们提供恰当的学习起点，避免教学内容的过度跳跃或重复。

其次，我们需要根据学生的年龄特点和认知发展水平，选择适合的教学方法和策略。初中生正处于从具象思维向抽象思维转变的关键时期，因此教师需要逐步引导他们从直观感知转向逻辑思考。例如，在引入新的数学概念时，教师可以借助实物模型、图象等直观材料，帮助学生建立形象化的理解，然后逐渐引导他们通过逻辑推理和证明来深化理解。

为了帮助学生逐步适应初中数学的学习节奏和要求，教师可以采取以下策略。

第一，引入生活实例激发兴趣。在初中数学的起始阶段，教师可以通过引入一些学生熟悉的生活实例，如购物、旅行，来激发学生的学习兴趣和积极性。这些实例能够让学生感受到数学的实用性和趣味性，从而更加主动地学习数学。

第二，采用渐进式教学方法。在教学过程中，教师可以采用渐进式的教学方法，逐步增加难度和复杂度。从简单的题目入手，逐步引导学生掌握解题技巧和方法，然后逐渐增加难度，挑战学生的思维能力。这种教学方式能够让学生在轻松愉快的氛围中逐步提高数学能力。

第三，个性化教学。由于每个学生的认知发展速度和特点不同，教师需要关注学生的个性差异，并采用个性化的教学策略。对于数学基础较差的学生，教师可以给予更多的关注和辅导，帮助他们夯实基础；对于数学能力较强的学生，教师可以为他们提供更多的挑战和拓展内容，激发他们的创新精神和求知欲。

总之，遵循学生的认知规律是小初数学衔接的关键。教师需要了解学生的现有水平和发展特点，选择适合的教学方法和策略，帮助他们逐步适应初中数学的学习节奏和要求。同时，教师还需要关注学生的个体差异，为他们提供个性化的学习支持，促进他们全面发展。

4. 关注学生个体差异

在小初数学衔接的过程中，学生的个体差异是一个不可忽视的重要因素。每个学生的学习背景、学习习惯、兴趣爱好以及学习能力都各不相同，这些因素会直接影响他们在数学学习中的表现和进步。因此，为了确保每个学生都能在小初数学衔接中取得良好的学习效果，教师需要特别关注学生的个体差异。

教师需要深入了解每个学生的数学基础和学习情况。通过测试和评估，教师可以掌握学生在数学知识点掌握、解题能力、思维习惯等方面的具体情况。这样，教师就可以根据每个学生的实际情况，为他们提供个性化的学习指导和帮助。

对于数学基础较弱的学生，教师应该给予更多的关注和支持。教师可以为他们提供额外的辅导和练习，帮助他们巩固基础知识，提高解题能力。同时，教师还可以引导他们建立良好的学习习惯，培养他们的数学学习兴趣和自信心。在教学过程中，教师要注重启发式教学，通过生动的案例和实际的情境，激发学生的学习兴趣和动力，使他们能够积极主动地学习数学。

对于数学能力较强的学生，教师要为他们提供更多的挑战和拓展内容。教师可以引入一些更高难度的题目和更深层次的数学知识，满足他们的求知欲和探索欲。同时，教师还可以组织一些数学竞赛和兴趣小组等活动，为他们提供更多展示和交流的机会。通过挑战和拓展，教师可以进一步激发学生的学习潜力，培养他们的创新思维和解决问题的能力。

除了个性化指导外，教师还需要采用多样化的教学手段和形式，以满足不同学生的需求。例如，教师可以结合多媒体技术、网络资源和互动教学软件等现代化教学手段，为学生创造更加丰富多彩的学习体验。通过动画、游戏、模拟实验等形式，教师可以使抽象的数学知识变得直观生动，更容易被学生理解和接受。

总之，在小初数学衔接中，关注学生的个体差异是至关重要的。教师需要了解每个学生的实际情况，为他们提供个性化的学习指导和帮助；同时，教师还需要采用多样化的教学手段和形式，以满足不同学生的需求。只有这样，教师才能确保每个学生都能在小初数学衔接中取得良好的学习效果，为他们的数学学习打下坚实的基础。

4.1.4　小初数学衔接的注意事项

在全面考虑小初数学衔接的差异与联系，衔接内容、衔接方法后，小初数学衔接仍然需要关注以下一些重要的注意事项。

1. 加强学生的心理调适

随着学生从小学过渡到初中，他们所面临的不仅仅是数学学科知识的深化和拓展，更重要的是整个学习环境和社交圈的重大转变。这一阶段的心理调适对于学生的适应和未来发展至关重要。以下是对加强学生心理调适需要注意的内容。

一是认识变化。教师需要引导学生认识到这一转变是自然而然的成长过程。他们需要理解新的学习阶段意味着更高级的知识探索、更复杂的思维方式，以及更多元的社交体验。通过认知重建，学生可以更好地接纳和适应这些变化。

二是情感支持。学生面对新环境时可能会感到不安、焦虑或压力。教师应该提供一个充满支持和关爱的环境，鼓励学生分享他们的感受和困惑，倾听和理解学生的心声，让他们知道他们并不孤单，他们的感受是正常的，而且有人愿意陪伴他们一起度过这个过渡期。

三是建立自信。帮助学生建立自信心是心理调适的重要一环。教师可以通过表扬学生的努力和进步，以及为他们提供适合其水平的挑战，来增强他们的自信心。此外，教师还可以鼓励学生参与项目研究等活动，以展示他们的数学才华，进一步提升他们的自信心。

四是应对挫折。面对困难和挫折是学习和成长中不可避免的一部分。教师需要教会学生如何正确地看待和应对挫折。他们应该被教导将挫折视为成长的机会，从中学习并继续前进。同时，教师也需要提供必要的支持和指导，帮助学生克服挫折带来的负面影响。

五是培养积极心态。积极的心态对于适应新环境至关重要。教师可以通过分享积极的故事、引导学生关注积极的事物以及教授他们积极的思维方式，来帮助学生培养积极的心态。这可以使学生更加乐观地看待问题和挑战，更加自信地面对未来的学习和生活。

加强学生的心理调适是小初数学衔接中不可忽视的一环。教师需要关注学生的心理状态，提供必要的支持和帮助，使他们能够积极面对新的挑战并顺利适应新的学习环境和社交圈。

2. 建立良好的师生关系

在小初数学衔接的关键阶段，良好的师生关系对于学生学习兴趣的激发和动力的提升起着至关重要的作用。面对新环境和新挑战，学生可能会感到不安、焦虑甚至恐惧，这种心理状态如果得不到有效的缓解和引导，会直接影响他们的学习效果和成长。因此，建立并维护良好的师生关系尤为重要。

首先，教师需要主动与学生建立联系，积极沟通。这不仅意味着在课堂上与学生的互动，更重要的是在课外时间的交流。教师可以通过定期的家访、家长会、电话沟通等方式，了解学生的生活、家庭背景以及他们对学习的看法和困惑。这样的沟通不仅可以增进师生之间的了解，还能让教师更准确地把握学生的需求和问题。

其次，教师需要耐心倾听学生的心声，尊重他们的想法和感受。学生处于青春期，自我意识逐渐增强，他们渴望被理解和尊重。因此，当学生在表达自己的观点和困惑时，教师应避免打断或否定，而是给予他们足够的耐心和关注，鼓励他们表达自己的真实想法。

再次，教师需要通过自身的专业素养和教学魅力来激发学生对数学学习的兴趣和热情。数学是一门充满魅力的学科，其中蕴含的逻辑思维和解决问题的方法对学生的成长具有深远影响。教师可以通过生动有趣的课堂讲解、丰富多样的教学手段和富有挑战性的数学问题来展示数学的魅力，引导学生发现数学学习的乐趣和价值。

最后，教师还可以通过个别辅导和关怀来深化师生之间的情感联系。对于那些在数学学习中遇到困难或成绩不佳的学生，教师可以提供额外的辅导和关心，帮助他们克服困难，树立信心。这样的个别关怀可以让学生感受到教师的关注和支持，从而更加愿意投入数学学习中去。

总之，建立良好的师生关系是小初数学衔接中不可或缺的一环。教师需要主动与学生建立联系，耐心倾听学生的心声，通过专业素养和教学魅力激发学生对数学学习的兴趣和热情，并通过个别辅导和关怀深化师生之间的情感联系。只有这样，才能为学生营造一个积极、健康、和谐的学习环境，促进他们的全面发展。

3. 保持教育的连续性和系统性

在小初数学衔接的过程中，保持教育的连续性和系统性是保证学生顺利过渡以及后续数学学习持续发展的关键。这不仅是对数学学科知识本身的要求，也是培养学生逻辑思维、问题解决能力等综合素质的重要基础。

首先，要保持教育的连续性，教师需要深入了解小学数学与初中数学的知识体系，确保两者之间能够无缝对接。教师在制订教学计划、教学目标和教学大纲时，要充分考虑学生已有的知识基础和认知水平，确保新知识的引入和讲解能够建立在学生已有知识的基础上，让学生能够顺畅地理解和吸收新知识。

其次，教育的系统性要求教师在小初数学衔接过程中，注重知识点之间的连贯性和层次性。初中数学相对于小学数学来说，知识内容更加深入、复杂，而且更加注重学生的逻辑思维和问题解决能力。因此，在衔接过程中，教师需要帮助学生构建完整的知识体系，让学生能够清晰地看到知识点之间的联系和逻辑关系，以及各个知识点在整个数学学科体系中的位置和作用。

再次，为了保持教育的连续性和系统性，教师还需要注重新旧知识的衔接。在新知识的讲解过程中，教师要不断回顾和巩固学生已经学过的旧知识，让学生能够理解新知识是如何在旧知识的基础上发展和演变的。同时，教师还需要关注学生的学习进度和反馈，及时调整教学策略和方法，确保学生能够在不同学习阶段都能够取得进步。

最后，保持教育的连续性和系统性还需要教师的持续努力和学习。随着教育改革的不断深入和学科知识的不断更新，教师需要不断更新自己的教育理念和教学方法，以适应新的教学环境和要求。同时，教师还需要积极参与各种教研活动和教学培训，不断提高自己的专业素养和教学能力，为学生提供更加优质的教学服务。

综上所述，小初数学衔接是一个复杂而重要的过程，需要教师在多个方面进行综合考量和关注。除了加强学生的心理调适、建立良好的师生关系、保持教育的连续性和系统性等方面外，还需要根据具体情况进行灵活调整和改进。

4.2 小初数学衔接的案例解析

4.2.1 案例一：平均数

4.2.1.1 小学《平均数》教学设计及反思

【学习内容】

《义务教育教科书·数学》（青岛版）六年制四年级下册第八单元信息窗1。

【学习目标】

（1）通过生活实例，理解平均数的意义，学会求平均数的方法，能运用平均数分析与解决简单的实际问题。

（2）在解决问题的情境中培养学生整理数据、分析数据的意识和能力，使学生体会统计的作用和价值，形成有论据、有条理、有逻辑的思维习惯；在感受数学文化的过程中，体会数学的魅力。

（3）在用数学知识解决问题的过程中，使学生感受数学与生活的紧密联系，培养应用意识，体会数学的应用价值。

【教学过程】

一、创设情境，提出问题

1. 谈话导入

谈话：同学们，看过篮球比赛吗？今天，老师想和你们共同看比赛，但有一个小任务布置给你们，请你们当蓝队的教练，我们一起去听听现场报道。（播放视频）

2. 引出平均数

谈话：蓝队比分落后，你是教练，你选谁上场？

预设：计算个人平均分，选平均分高的上场。

总结：在参加次数不一样的情况下，我们选择比平均分更加公平合理。

二、合作交流，探究方法

1. 操作学具，理解平均数的意义

谈话：7 号和 8 号谁的平均分高？我们先尝试研究 7 号的平均分。

出示要求：请你先独立思考，你可以在小磁板上移一移，也可以在答题卡上圈一圈、画一画、算一算，然后在小组内交流一下你的方法，我们看看哪个小组的方法最多。

谈话：老师看到很多同学都有答案，哪个同学想来交流一下你的方法。

预设 1：我们用的是磁盘。开始它是不均匀的，我们先把最多的往最少的这边移 1 个。然后再把最多的 2 个都移过去，然后就平均了。

预设 2：我是借助条形统计图来进行研究的，我们先看最多的这个，把最多的得分移过来，这两个就平均了。

追问：这两种方法有什么相同点？

总结：把多的移给少的一些，最后得分同样多，在数学上叫作移多补少。（板书：移多补少）

谈话：还有其他的方法吗？

预设：我是先把 7 号 3 场的分数加起来，总分除以 3，然后得到平均每场的得分。10+9+14=33（分），33÷3=11（分），得出平均每场得分。

追问：你能具体说一说每个算式表示什么意思吗？为什么要除以 3？11 代表什么？

通过课件演示，结合数形结合的方法理解算式的含义，并联系之前二年级所学的平均分的知识。

谈话：这三种方法有什么相同点？

预设：结果都是 11。

谈话：原本不相同的数变得一样多，都是 11 分。这是第一场的得分吗？

总结：11 是虚拟的数，是 10、9、14 这三个数的平均数，它不表示某场具体的分，而是表示一组数据的整体水平，这就是我们今天要学习的平均数。

2. 沟通优化

谈话：刚才求平均分的方法，你们喜欢哪种？

预设 1：我喜欢先合后分的方式。

预设 2：我喜欢移多补少的方法。

谈话：7 号队员不只有这 3 场比赛，可能有 8 场、9 场甚至更多场次，无论参赛场数是多少，两种方法都可以快速求出他的平均分。你们选择哪种？

预设：先合后分。

3. 建立模型

谈话：下面请用这种方法求出8号队员的平均分，谁来说说你的算式？

追问：两个10表示什么意思？

谈话：刚才我们一起求出7号和8号队员得分的平均数，想一想，怎样求平均数？

预设：总数÷份数＝平均数。

同桌之间相互说一说。

4. 探究平均数的取值范围

课件演示平均数变化。

追问：你发现了什么？

预设1：分数不同，平均数不同。

总结：看来平均数很敏感，一场比赛成绩发生了变化，平均数就有可能会发生变化。

谈话：蓝队其他队员表现怎样呢？如果用一条虚线表示蓝队队员得分的平均数，你觉得应该标在哪？同桌之间相互交流一下，说说你的想法。

总结：平均数取值范围是在最高值和最低值之间，要权衡每个队员的得分情况。

三、自主练习，综合运用

1.

谈话：谁来说说你的想法？

总结：平均数代表整体水平，可能有的地方水浅，有的地方水深，我们千万不要去水库游泳，十分危险。

2.

少儿才艺大赛成绩表

王强	1号评委	2号评委	3号评委	4号评委	5号评委	6号评委	7号评委	选手得分
	89	90	92	99	91	93	76	91

评分规则：去掉一个最高分，去掉一个最低分，其他分数的平均分就是最后得分。

$$（89+90+92+91+93）÷5＝91（分）$$

谈话：你知道为什么要去掉一个最高分、一个最低分吗？

学生自己列式求解，全班进行交流，教师追问 91 表示的意思。

四、全课总结，整理方法

谈话：今天我们又学会了一种新的统计方法——平均数，通过这节课的学习你们有什么收获？

学生畅谈收获，构建统计知识网络。

五、课后作业

必做作业：课本自主练习。

选做作业：记录自己一周内每天早晨上学途中所需时间，计算出平均数。

六、教学反思

本节课通过篮球比赛的情景激发学生的兴趣，在探索"哪个球员水平高"这个问题的时候，引起学生的思辨，通过比较方法合理性的讨论，帮助学生较好地体会到了比较球员平均每场得分的必要性，自然地引出平均数，化抽象为形象，为研究、学习平均数奠定基础。接着，教师引导学生在摆一摆、画一画、算一算的过程中进一步理解平均数的意义，渗透移多补少的思想。通过优化方法，建立数学模型，学会计算平均数的方法，引导学生进一步感受平均数是用来表示一组数据的整体水平的，从而使学生对平均数的统计意义有了更清晰的认识；通过数学文化沟通古今平均数的共通点，进一步深化平均数的意义。将平均数的问题深化到现实生活的层面，通过练习引导学生进一步理解平均数的意义，巩固求平均数的方法，帮助学生明确了平均数的取值范围，丰富了学生对平均数的认识，培养了学生的应用意识。师生共同梳理回顾本节课在知识、技能、过程与方法及情感态度等方面的收获，提升梳理、概括知识的能力，初步形成构建知识网络的意识。

4.2.1.2 初中《平均数》教学设计及反思

【学习内容】

《义务教育教科书·数学》(北师大版)八年级上册第六章信息窗1。

【学习目标】

(1)经历用平均数描述数据集中趋势的过程,发展数据分析观念。

(2)理解算术平均数、加权平均数的概念,会求一组数据的算术平均数和加权平均数。

(3)体会算术平均数与加权平均数的联系和区别,并能利用它们解决一些现实问题,发展应用意识。

【教学过程】

一、情境引入

篮球比赛视频引出问题,引入新课。

(1)影响球队实力的因素有哪些?

(2)如何衡量两支球队的身高和年龄?

二、探究新知

(一)算术平均数

一般地,如果有 n 个数如 x_1,x_2,$\cdots$,x_n,那么 $x = \dfrac{1}{n}(x_1+x_2+\cdots+x_n)$ 叫作这 n 个数的平均数。"x"读作"x"。

【你来算一算】

我校篮球队员小明在这次比赛中被评为"最亮新秀"。8场比赛中每场得分如下:20,18,18,16,17,18,16,17。

你能求出他单场平均得分是多少吗?

(二)加权平均数

【你来当考官】

为了进一步提升学校的篮球水平,我校打算招聘一名优秀篮球教练,对 A、B、C 三名候选人进行了三项素质测试,他们的各项测试成绩如下表。

测试项目	测试成绩 / 分		
	A	B	C
教学技能	72	85	67
专业知识	50	74	70
心理素质	88	45	67

（1）如果根据三项测试的平均成绩确定录用人选，那么谁将被录用？

（2）根据实际需要，学校将教学技能、专业知识和心理素质三项测试得分按 4：3：1 的比例确定各人的测试成绩，此时谁将被录用？

小结：实际问题中，一组数据中各个数据的"重要程度"未必相同，因而，在计算一组数据的平均数时，往往给每个数据一个"权"。例如，在例题中 4、3、1 分别是创新、综合知识、语言三项测试成绩的权，而称 $(72 \times 4 + 50 \times 3 + 88 \times 1) \div (4+3+1)$ 为 A 的三项测试成绩的加权平均数。

三、巩固提升

【你来算一算】

校篮球队为增加新生力量，现招募队员。候选人的测试成绩由三部分组成：心理素质成绩、体育理论成绩、篮球技能成绩。小颖的上述三项成绩依次是 92 分、80 分、84 分。那么小颖这次测试的平均成绩是（　　　　）。（心理素质成绩占 20%，体育理论成绩占 30%，篮球技能成绩占 50%）

四、勇攀高峰

【你来当队长】

甲、乙、丙三人的三项素质测试成绩如下。

测试者	投篮 / 分	篮板 / 分	助攻 / 分
甲	9	7	9
乙	8	9	8
丙	10	8	7

请各小组根据你们的实际需求，利用今天学过的知识设计一个合理的评分方案。

五、感悟收获

学生畅谈收获，构建统计知识网络。

六、布置作业

1. 基础：课本 138 页随堂练习 1，知识技能 2、4。

2. 提高：某校学生会决定从三名学生会干事中选拔一名干事，对甲、乙、丙三名候选人进行了笔试和面试，三人的测试成绩如下表所示。

测试项目	测试成绩 / 分		
	甲	乙	丙
笔试	75	80	90
面试	93	70	68

七、课后反思

本节课围绕平均数这一统计概念展开，通过篮球比赛的情境引入，激发了学生的学习兴趣，并将抽象的数学概念与学生的日常生活紧密联系起来，使他们能够直观地理解平均数在分析数据中的作用。在教授算术平均数时，教师以小明同学的比赛得分作为实例，引导学生动手计算，既锻炼了他们的计算能力，也帮助他们掌握了算术平均数的基本计算方法。通过实际操作，学生能够更好地理解和记忆知识点，同时培养了解决问题的能力。教师在讲解加权平均数时，结合篮球教练招聘的情境，不仅让学生了解到在不同情况下数据的重要程度可能不同，而且让学生通过具体例子学会了如何根据不同权重计算加权平均数。这种实践性的教学方式有助于学生深入理解加权平均数的含义以及其在实际问题解决中的应用价值。在巩固提升环节，测试成绩计算题让学生再次运用所学知识解决了加权平均数的问题，加深了对知识的理解。而在勇攀高峰环节，学生需要设计评分方案，进一步培养了他们灵活运用所学知识解决复杂问题的能力和创新思维。整个课程设计注重理论与实践相结合，通过情境创设、互动讨论和实践活动，激发了学生的学习热情，提高了他们的数据分析能力和应用意识。

4.2.1.3 《平均数》小初衔接案例分析

1. 小初设计对比分析

小学和初中的《平均数》教学设计在教学目标上存在显著差异，主要体现在学习深度、知识应用和概念理解的广度上。

小学阶段，教学设计侧重于平均数的基础概念理解与简单应用。学习目标包括理解平均数的意义、学会计算方法、能够运用平均数分析和解决实际问题。教学过程从生活实例出发，比如篮球比赛中的得分情况，通过直观操作如移动磁盘和条形图，让学生体会"移多补少"的思想，进而掌握计算平均数的步骤。通过这些活动，小学生不仅能够学到数学知识，还培养了数据分析意识、逻辑思维和应用意识，初步形成统计思维。

进入初中，教学目标则更为深入，旨在培养学生的数据分析观念，理解算术平均数和加权平均数的概念，以及它们在解决实际问题中的应用。在情境引入环节，通过篮球比赛引出平均数，探讨影响球队实力的因素，引导学生思考如何用平均数衡量球队的身高和年龄等，从而引入平均数的定义和计算。初中阶段的教学设计重点在于算术平均数和加权平均数的计算与应用，通过具体实例，如篮球运动员的得分和教练招聘中的素质测试，学生不仅能够学到如何计算平均数，还能理解不同数据的重要性，并学会根据实际情况调整权重，以获得更有意义的平均值。此外，通过设计评分方案的活动，学生被鼓励创造性地使用所学知识，解决复杂问题，进一步培养了他们的数据分析能力和应用意识。

从小学到初中，平均数的教学设计呈现出由浅入深的趋势。小学阶段重在激发兴趣和建立初步概念，初中阶段则更注重深入理解和应用。

2.衔接策略

小初衔接时，教师需要关注学生是否已掌握平均数的基础知识，能否在更高层次的数学问题中灵活运用。教师可以利用学生已有的经验，通过复习和扩展，逐步引入更复杂的平均数类型，如加权平均数，同时保持与现实生活的联系，使学生能够自然过渡到更高阶的数学学习中。通过设计连续性的教学活动，确保学生能够顺利地从基础概念过渡到灵活应用，不断深化对平均数意义的理解，增强数据分析能力。

（1）复习与拓展基础概念。在小学阶段，学生已经接触了平均数的基本定义和计算方法，即"移多补少"和"总数除以份数"。初中阶段，教师应当带领学生复习这些概念，确保学生牢固掌握。通过实际情境，如比赛得分、日常活动时间记录，引导学生回顾并实践平均数的计算，加深理解。

（2）引入加权平均数。教师可以设计情境，如篮球比赛中的球员表现评价、招聘篮球教练的多维度评估，说明在不同情况下数据的重要性不同。通过实例演示，如篮球教练招聘中不同测试项目权重的计算，引出加权平均数的概念和计算方法。教师引导学生计算加权平均数，帮助学生理解其与普通平均数的区别和联系，体会其在解决现实问题中的应用价值。

（3）实践与巩固。教师可以设计一系列与学生生活相关的练习，如计算上学途中的平均时间、班级成员的平均年龄，让学生在实践中巩固平均数的计算。教师还可以提供涉及加权平均数的题目，如计算不同权重学科的成绩，帮助学生掌握更复杂的数据分析技巧。

（4）深化理解与应用。教师引导学生探讨平均数的取值范围和意义，明白它是一个反映数据集整体水平的虚拟数值，而非某个特定数据点。学生通过小组讨论，设计评分方案，比如根据个人需求对篮球选手的技能进行加权平均评估，培养灵活运用知识的能力。

（5）培养数据分析观念。教师鼓励学生在处理数据时思考平均数的局限性和适用场景，比如去掉极端值的情况，理解平均数在数据分析中的角色。组织课堂讨论，让学生分享自己的数据分析体验，促进相互学习和批判性思维的发展。

通过以上策略，教师可以确保学生从熟悉的基础概念平稳过渡到更为复杂的数学概念，这不仅有助于增强学生对平均数意义的理解，还能培养他们解决实际问题的能力，实现小初数学知识的有效衔接。

4.2.2 案例三：平行四边形的认识

4.2.2.1 小学《平行四边形的认识》教学设计与反思

【学习内容】

《义务教育教科书·数学》（青岛版）四年级下册第四章信息窗3。

【学习目标】

了解平行四边形的特征。

【前置学习】

《平行四边形的认识》课前研究单

班级　　　　　姓名

1. 已有经验

（1）在对三角形进行分类时，我们是以三角形（　　　）或（　　　）的特点为标准进行分类的。

（2）写出这些图形的特点。

图形	特点
长方形	
正方形	

2. 学习过程

（1）平行四边形的定义和各部分名称是什么？请你举例说明。

（2）平行四边形有什么特征？你是怎么知道的？请你用自己喜欢的方法整理一下。

3. 学习思考

今天所学的《平行四边形的认识》与哪些知识有联系？

4. 学习困惑

你在学习过程中有什么困惑？

5. 学习检测

43页自主练习1、2。

【教学过程】

课前学生独立完成《平行四边形的认识》课前研究单。

一、小组交流学习

谈话：课前我们完成了《平行四边形的认识》课前研究单，请大家先在小组内进行交流，充分表达自己课前研究的观点。

二、全班交流学习

1. 小组交流

以小组为单位汇报补充。

（1）在对三角形进行分类时，我们是以三角形（　　　）或（　　　）的特点为标准进行分类的。

（2）说出这些图形的特点。

图形	特点
长方形	
正方形	

这部分请基础较弱的学生或者出错较多的学生进行回答，了解学生遇到的困难。

2. 平行四边形的定义和各部分名称

探究平行四边形的定义和各部分名称是什么，请你举例说明。

学生组内交流，小组汇报。

谈话：哪个小组的同学愿意与大家分享你是如何画高的？

生A：选的点是最左边的端点。

生B：所选的是能画在平行四边形内部的最右边的点。

生C：平行四边形最右边的端点。

谈话：同学们的想法多特别呀，让我们以他们的名字命名这些点吧。

3. 平行四边形的特征

探究平行四边形有什么特征？你是怎么知道的？请你用自己喜欢的方法整理一下。

以小组为单位汇报。

学生一般采用借助直尺测量，借助量角器量角的方法验证。

在动手操作的基础上得出结论。

4. 与已学知识的联系

师：今天所学的《平行四边形的认识》与哪些知识有联系？

生：与长方形和正方形的特征、三角形的特点有联系。

三、学生练习

完成自主练习 1、2。

四、教学反思

在平行四边形的认识教学中，让人印象最深刻的是这样一个环节。在学习平行四边形的高时，学生通过自学了解了高的定义，因此在探究高时，教师可以让学生根据自己的理解来画高，他们画高时选取的点非常有代表性：A 同学选的点是平行四边形最左边的端点，B 同学所选的是能画在平行四边形内部的最右边的点，C 同学选的是平行四边形最右边的端点。以学生的名字命名，他们学习的积极性非常高涨。

通过这样一个教学片段，我们可以充分感受到课堂生成的生命力。而有效的生成，源于学生课前带着独立思考进入课堂的充分准备，他们既能在课堂上分享观点，验证思考，又能针对学习困惑或者不完善的理解进行修正与深化。这种基于学情动态调整、给予学生充分参与机会的教学方式，对师生发展均具有重要价值。

4.2.2.2 初中《特殊平行四边形复习》教学设计与反思

【学习内容】

《义务教育教科书·数学》（北师大版）九年级上册第一章。

【学习目标】

（1）进一步掌握特殊平行四边形的定义、性质和判定，并能灵活运用知识解决问题，理解菱形、矩形、正方形之间的包含关系。

（2）构建知识体系，在解决问题中渗透数学思想。

（3）通过创设开放性问题，学生能积极主动地探索解题思路，提高学生发现、提出、分析和解决问题的能力。

【教学过程】

一、复习回顾，类比建构

（1）学生展示课前制作的知识思维导图，对本专题的知识进行梳理。

（2）类比三角形的复习过程，引导学生回顾四边形的研究路径。

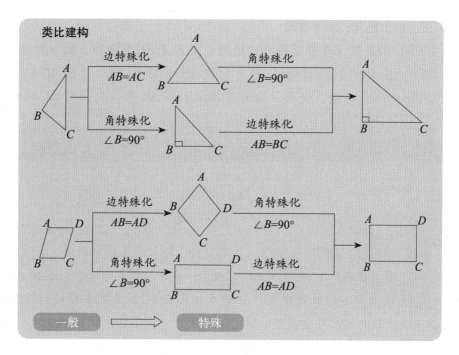

（3）平行四边形、菱形、矩形、正方形之间的包含关系。

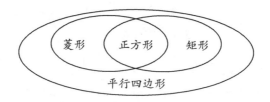

二、问题驱动，自主探究

如图，四边形 $ABCD$ 是平行四边形，点 E 是 BC 延长线上的一动点。

（1）连接 AC，DE，当点 E 在 BC 上运动到何处时，四边形 $ACED$ 是平行四边形？请说明理由。

（2）在（1）的条件下，连接 AE，交 CD 于点 O。当 $AB=AE$ 时，试判断四边形 $ACED$ 的形状，并说明理由。

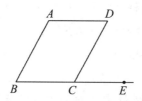

三、能力提升，加深理解

如图，四边形 $ABCD$ 是平行四边形，点 E 是 BC 延长线上的一动点。

（3）若 $AB=10$，$\angle B=60°$，点 M 是 AB 边上的一点，$\angle BCM=45°$，将 $\triangle BCM$ 沿 MC 折叠，使点 B 恰好落在 AD 边上的点 G 处，则 BC 的长为 _____。

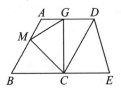

如图，四边形 $ABCD$ 是菱形，点 E 是 BC 延长线上的一动点。

（4）若 $\angle B=60°$，在线段 CD 上任取一点 P（端点除外），连接 AP，将线段 AP 绕点 P 逆时针旋转 $60°$，使点 A 落在 BC 边上的点 Q 处，请探究线段 CQ 和 PD 之间的数量关系。

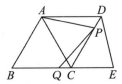

四、小组合作，启迪思维

如图，四边形 $ABCD$ 是平行四边形，O 是 CD 的中点，连接 AO 并延长交 BC 的延长线于点 E。

你能提出哪些问题？

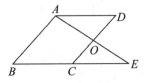

五、归纳总结，深化目标

通过本节课的学习，你有哪些收获？

六、布置作业，知识延续

1.基础练习

已知：如图，矩形 $ABCD$ 中，对角线 AC 与 BD 交

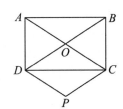

于 O，CP // BD，DP // AC，CP 与 DP 相交于点 P。

求证：四边形 CODP 是菱形。

2.提升训练

如图，在四边形 ABCD 中，AB // CD，点 E、F 在对角线 BD 上，BE=EF=FD，∠BAF=∠DCE=90°。

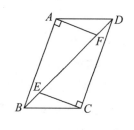

（1）求证：△ABF ≌ △CDE。

（2）连接 AE，CF，已知_____（从以下两个条件中选择一个作为已知，填写序号），请判断四边形 AECF 的形状，并证明你的结论。

条件①：∠ABD=30°。条件②：AB=BC。（注：如果选择条件①、条件②分别进行解答，按第一个解答计分）

3.实践作业：小组合作，完成"筝形"探究实验单。

七、教学反思

本节课，学生通过展示课前制作的知识思维导图，将旧知识整理、归纳，构建成条理化、系统化的知识体系，也为本节复习课做好充分准备。另外，新课标中增加了"理解菱形、矩形、正方形之间的包含关系"，因此，教师在课堂上引导学生进行探索。九年级的学生具备一定的合作、交流和表达的能力，因此，在整个教学过程中采用小组合作的形式，调动学生的积极性；在解决问题的过程中，学生经历观察、猜想、推理等基本的数学活动过程，感受几何图形的内在关系，夯实学生的基础知识和基本能力；将提出的问题进行梳理归纳，形成这一类题的解题策略。练习以前面的知识为依托，继续引导学生分析问题、解决问题，使学生加深对知识的理解并提高应用能力，从而较好地掌握本节课的内容。教师设计开放性的题目，加深学生对知识的理解与应用，激发学生探究的欲望，提高学生发现、提出、分析和解决问题的能力。教师通过课堂互动小结，引导学生回忆、总结本节课的过程，再次进行整体构建，既巩固知识，又形成体系。然后，教师引导学生再一次总结特殊图形研究的基本方法，为后续的学习提供路径和方法，同时，帮助学生养成整理知识、反思总结的习惯。

4.2.2.3 《平行四边形的认识》小初衔接案例分析

1.小初设计对比分析

小学阶段平行四边形的教学目标，侧重于初步认识平行四边形的特征，例如了解平行四边形的定义、组成部分以及特征。通过小组讨论和个人实践，小学生能够通过直观的方法，如使用直尺和量角器，去探索和验证平行四边形的性质。教学设计中强调了学生的自主性和课堂生成，即让学生在课前预习，带着问题和想法参与课堂，这样可以提高学习的主动性和有效性。

到了初中阶段，平行四边形教学的目标升级到了更深层次的理解，包括特殊平行四边形的定义、性质和判定，以及它们之间的关系，比如菱形、矩形和正方形的包含关系。初中教学设计中加入了更多问题驱动的自主探究和能力提升的环节，鼓励学生利用已有的知识体系解决复杂问题，培养他们的逻辑思维和问题解决技巧。通过小组合作，学生可以共同探索解题策略，增强团队协作和沟通技能。

2. 衔接策略

从小学到初中平行四边形的学习，应当逐步增加难度，从基本概念过渡到更复杂的几何关系和证明。例如，小学阶段可以通过具体的实例和动手操作，让学生直观地理解平行四边形的高、对角线和角度特征，而在初中则可以引入更多的代数和几何证明，让学生学会用严谨的数学语言描述和证明几何定理。具体而言，可以从以下几个方面进行衔接。

一是强调平行四边形与其他四边形的关系，特别是与长方形、正方形的联系，为初中阶段学习特殊平行四边形打下基础。

二是在小学阶段引入一些简单的几何证明，比如平行线和角的性质，以便让学生逐渐习惯几何推理的过程。

三是初中阶段开始时，复习和巩固小学阶段的平行四边形知识，确保学生对基本概念有准确的理解，再逐步引入新的概念和技能。

四是使用渐进式的教学材料，从直观的操作过渡到抽象的概念，从简单的问题过渡到复杂的解题策略，帮助学生自然过渡到更高层次的数学学习。

五是鼓励学生在学习过程中形成问题意识，通过提出问题和解决问题的方式，提高自主学习和批判性思维能力。

在小学阶段，学生可能通过动手画平行四边形的高，了解到高的不同选取方式；而在初中阶段，这个知识点可以被用来探究平行四边形的性质，比如平行四边形对角线的性质。通过这样的递进式学习，学生可以更好地理解平行四边形的各种属性，为之后学习更复杂的几何知识打下坚实的基础。

4.2.3　案例三：加减法运算

4.2.3.1　小学《分数加减法（二）》教学设计及反思

【学习内容】

《义务教育教科书·数学》（青岛版）六年制五年级下册第 57 ~ 67 页。

【学习目标】

（1）学生在自主回顾梳理知识的过程中，进一步掌握异分母分数加、减法的计算方法，提高解决实际问题的能力。

（2）通过对比、沟通，体会知识之间的相互联系，感悟数的运算的一致性。

（3）在应用数学解决问题的过程中，进一步体会数学的价值，发展创新思维。

【教学过程】

一、创设情境，引领回顾

谈话：同学们，数学中有一种很重要的数学思想叫作转化，就是将新的知识转化成学过的知识来研究。想一想这学期我们学习的哪部分内容用到了转化？

预设：异分母分数加减法。

异分母分数加减法就是我们第五单元分数加减法（二）的内容之一。今天这节课我们一起来回顾、整理这一单元的内容。（板贴）

请同学们先静静地想一想，这一单元我们都学习了哪些数学知识？

现在请同学们以四人小组为单位，选择你们喜欢的方式进行梳理，整理在导学单上。

预设：一是异分母分数的大小比较；二是异分母分数的加减法；三是异分母分数的连加、连减和加减混合运算。

整理交流，教师根据学生的回答，进行板贴。

二、梳理归网，主体内化

（一）交流展示，引导建构

1.异分母分数大小比较

谈话：对于异分母分数 $\frac{2}{5}$ 和 $\frac{1}{2}$，怎样比较大小呢？

预设：化小数，通分等。

能结合这个例子说说你是怎么通分的吗？在通分的过程中有哪些地方

需要注意?

引导学生思考通分的意义是什么,就是把异分母分数转化成与它相等的同分母分数。

2.异分母分数加减法

谈话:通分可以比较异分母分数的大小,在异分母分数加减法的计算中,通分有什么作用呢,我们通过几道练习题来回顾一下。

出示典型练习题:$\frac{7}{8} + \frac{3}{5}$,$\frac{2}{15} + \frac{1}{5}$,$\frac{5}{12} - \frac{3}{20}$。

学生独立完成,思考怎样计算异分母分数加减法?

回顾异分母分数加减法的计算方法以及通分在异分母分数加减法中的作用。

(二)提炼方法,认知内化

1.对比沟通,感悟数的运算的一致性

谈话:除了刚刚回顾的异分母分数加减法,小学阶段我们还学过哪些加减法?

预设:整数加减法、小数加减法。(课件出示下表)

加减法统计表

整数加减法	小数加减法	分数加减法
$\begin{array}{r} 2\,4\,5 \\ -\quad 2\,4 \\ \hline 2\,2\,1 \end{array}$	$\begin{array}{r} 2.5\,3 \\ +\ 0.2\,4 \\ \hline 2.7\,7 \end{array}$	$\frac{1}{2} + \frac{1}{3} = \frac{3}{6} + \frac{2}{6} = \frac{5}{6}$

谈话:对比一下它们的计算过程,你有什么发现?

预设:计算整数加减法时,我们对齐数位,也就是将计数单位对齐,然后进行加减。小数加减法是将小数点对齐,小数点对齐计数单位也就对齐了。其实分数加减法,也是同样的道理,我们通过通分,转化成同分母分数,分数单位是分数的计数单位,因此,异分母分数加减法也是转化成相同的计数单位,然后进行计算。

小结:异分母分数加减法的运算与小数加减法、整数加减法是一致的,都是相同计数单位个数相加减。

2.建构体系,感悟数的运算的普适性

通分在异分母分数的加减混合运算中有什么作用呢?

出示典型示例。

学生体验感受，回顾思考：异分母分数加减混合运算的顺序。

预设：异分母分数加减混合运算顺序与整数加减混合运算顺序相同。

整数加法的运算律和减法的基本性质在分数运算中仍然适用。

小结：异分母分数加减混合运算的顺序和运算法则与整数和小数加减混合运算的是一致的。

三、综合应用，整体提高

（1）李丽和张华同时从甲地跑到乙地，李丽用了 $\frac{5}{7}$ 分，张华用了 $\frac{3}{4}$ 分。他们俩谁跑得快？

（2）对比练习。

① 一根4米长的绳子，第一次剪去 $\frac{1}{4}$，第二次剪去 $\frac{2}{5}$，还剩下这根绳子的几分之几？

② 一根4米长的绳子，第一次剪去 $\frac{1}{4}$ 米，第二次剪去 $\frac{2}{5}$ 米，还剩多少米？

（3）学校歌咏比赛设一、二、三等奖若干名，一、二等奖占获奖总人数的 $\frac{1}{2}$，二、三等奖占总人数的 $\frac{4}{5}$。二等奖占总人数的几分之几？

四、回顾反思，梳理提升

1. 学生谈收获

谈话：通过这节课的学习，你有哪些收获？

教师引导学生从知识、方法、感受三个方面来谈收获。

2. 达标检测

（1）计算： $\frac{1}{2}+\left(\frac{2}{3}-\frac{1}{4}\right)$， $\frac{1}{4}+\frac{1}{7}+\frac{6}{7}$。

（2）张大伯收了一批西瓜，第一天卖出了总数的 $\frac{3}{8}$，第二天卖出了总数的 $\frac{1}{4}$，两天一共卖出总数的几分之几？还剩几分之几？

（3）（选做）一个菜园的面积是 $\frac{8}{9}$ 公顷，园里种茄子的面积占总面积的 $\frac{1}{5}$，种辣椒的面积占总面积的 $\frac{2}{7}$，剩下种的是芸豆。种芸豆的面积占总面积的几分之几？

五、教学反思

上课伊始，教师通过引导学生回顾整理已学知识，唤起学生的记忆，激发学习兴趣。通过回忆相关知识，学生很快进入有目的的探究状态。课堂上根据学生的回答，教师及时进行追问，形成师生互动和生生互动的课堂氛围，让学生主动参与知识的整理过程，也为下面沟通分数加减法与整数和小数加减法之间的联系做好铺垫。通过对比沟通，教师引导学生感悟异分母分数加减法的运算与整数和小数加减法运算的一致性，只有计数单位相同才能相加减。学生通过体验，建构体系，感悟异分母分数加减混合运算的顺序和运算法则与整数和小数的是一致的，感悟数的运算的普适性。练习的设计由浅入深，紧扣教学情境，让学生运用所学知识解决实际问题。不同层次题目的设计，逐渐提升了难度，开拓了学生思维，提高了学生的运算能力，增强了学生的应用意识。通过小结、回顾本节课学习的知识，学生的梳理和概括能力得到了提升。教师要鼓励学生用数学的眼光来观察生活，培养学以致用的能力。

4.2.3.2 初中《整式及其加减复习》教学设计及反思

【学习内容】

《义务教育教科书·数学》（北师大版）七年级上册第三章。

【学习目标】

（1）掌握用代数式表示简单的数量关系的方法。理解代数式求值的意义，以及代数式和代数式求值之间的关系。

（2）掌握合并同类项和去括号的方法，并能准确进行化简。了解整式的相关概念，能进行整式的加减运算。

【教学过程】

一、思维导图，梳理知识

学生自主绘制本课内容思维导图，小组之内互相交流。

二、复习回顾，巩固提升

（一）字母表示数

（1）小明买 x 支铅笔，每支 0.8 元，那么，他买铅笔花（　　）。

（2）如果正方体的棱长是 $a-1$，那么正方体的体积是（　），表面积是（　　）。

（3）某商店上月收入为 a 元，本月的收入比上月的 2 倍还多 10 元，本月的收入是（　　）元。

（4）小莉 5 小时走了 s 千米，那么她的平均速度是＿＿＿＿＿千米每小时。

（5）当水结冰时，其体积大约会比原来增加 $\frac{1}{9}$，x 立方米的水结成冰后体积约为（　　）立方米。

题后思：字母表示数注意事项。

（1）数与字母、字母与字母相乘时＿＿＿＿，数与字母相乘时＿＿＿＿。

（2）相同字母相乘时应写成＿＿＿＿。

（3）和差遇单位，要加＿＿＿＿。

（4）式子中出现除法时，如 $x \div y$ 要写成＿＿＿＿形式。

（5）带分数与字母相乘时要把带分数转化为＿＿＿＿。

（二）代数式

代数式定义：用＿＿＿＿把数和字母连接而成的式子。

注：单独的一个＿＿＿＿也是代数式。

例题一：下列各式属于代数式的有＿＿＿＿＿＿＿＿＿＿＿＿＿＿＿＿＿。

① $5a^2+b$　　　　② $|m| \neq 0$　　　　③ 9　　　　④ $x=52$

⑤ $s=vt$　　　　⑥ 2π　　　　⑦ 2（$a+b$）3　　　　⑧ $x+2>3$

⑨ $10x+5y=15$　　　　⑩ $\frac{a}{b}+c$

练习一：

（1）某公园的门票价钱是：成人票每张 10 元，学生票每张 5 元。一个旅游团有成人 x 人、学生 y 人，那么该旅游团应付门票＿＿＿＿元；如果该旅游团有 37 个成人、15 个学生，那么应付门票＿＿＿＿元。

（2）右图是一数值转换机，若输入的 x 为 −5，则输出的结果为（　　）。

A. 11　　　　　　　　　　　　B. −9

C. −17　　　　　　　　　　　D. 21

（三）整式

例题二：

（1）单项式 $-5\pi ab^2$ 的次数是＿＿＿＿，系数是＿＿＿＿。

（2）多项式 $-2ab-5ab^2+ab-4$ 是＿＿＿＿次＿＿＿＿项式，最高次项是＿＿＿＿，常数项是＿＿＿＿。

练习二：

（1）$-\dfrac{1}{5}x^2y^3$ 的系数是_____，次数是_____。

（2）$2x^3-2x^2y^2-1$ 的项是_____，三次项是_____，常数项是_____，它是一个次_____项式。

（3）已知单项式 $-7x^2ym$ 的次数是 7，则 $m=$_____。

（四）整式的加减

例题三：已知 $-3x^{4+m}y$ 和 x^4y^{3n-2} 是同类项，则 $m=$_____，$n=$_____。

练习三：

去掉下列各式中的括号：

① $a-(-b+c)=$_____；② $a+(b-c)=$_____；

③ $(x+2y)-2(x+y)=$_____。

例题四：

① 化简 $3b-3a^3+1+a^3-2b$ ② 化简 $8x^2-4(2x^2+3x-1)$

③ 求代数式：$-4ab+\dfrac{1}{3}b^2-(9ab+\dfrac{1}{2}b^2)$ 的值，其中 $a=\dfrac{1}{3}$，$b=-6$。

④ 求减去 $-x^3+2x^2-3x-1$ 的差为 $-2x^2+3x-2$ 的多项式。

三、拓展提升

（1）一家住房的地面结构如图所示，请根据图中的数据，解答下列问题：

① 用含 x 的代数式表示地面总面积；

② 已知客厅面积比卫生间面积多 21 平方米，这家房子的主人打算把厨房和卫生间都铺上地砖，已知铺 1 平方米地砖的平均费用为 60 元，求铺地砖的总费用为多少元？

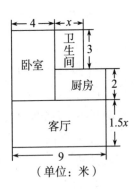

（单位：米）

四、课堂小结

本节课你有什么收获？

五、课堂检测

（1）多项式 $-abx^2-5\pi x^2+3$ 是_____次_____项式，其中二次项的系数是_____。

（2）$-2x^my^6$ 与 $\dfrac{3}{5}x^3y^{2n}$ 是同类项，则 $m^n=$_____。

（3）先化简，再求值：$(4a^2-3a)-(1-4a+4a^2)$ 其中 $a=-2$。

六、教学反思

本节课通过一系列例题和练习，巩固了代数式、整式和整式加减的概念。学生在解决具体问题时，加深了对用代数式表示数量关系的理解，掌握了代数式求值的步骤，同时提高了合并同类项和去括号的能力。例题涵盖了多项式的不同方面，包括次数、系数的识别，以及常数项的确定，这些练习有助于学生区分并掌握整式的基本特征。练习题的设计考虑到了不同层次学生的学习需求，既包括基础运算，也包括较复杂的整式加减。通过这些练习，学生能够检验自己对知识点的掌握程度，教师也能及时发现并纠正学生的错误理解。将代数知识应用到实际问题中，如计算住房的地面面积和铺砖成本，增加了课程的实用性和趣味性。这种情境化的学习方式能激发学生的学习兴趣，提高解决问题的能力。

4.2.3.3 《加减法运算》小初衔接案例分析

1. 小初设计对比分析

小学五年级《分数加减法（二）》的教学设计旨在通过回顾与实践，帮助学生巩固异分母分数的加减法运算技巧，进而提升其解决实际问题的能力。教学中强调了"转化"这一数学思想，即通过通分将异分母分数转换为同分母分数，便于计算。通过对比整数、小数和分数加减法，学生认识到运算的一致性在于相同计数单位相加减。在混合运算中，遵循与整数相同的运算顺序和法则，从而培养学生对运算一致性和普适性的感知。

初中《整数及其加减复习》的教学设计着重于代数式的理解和运算，目标是掌握代数表达和化简技巧，包括合并同类项、去括号和整式的加减。教师通过例题和练习，引导学生理解和运用代数式表示数量关系，掌握代数式求值的方法，同时深化对整式基本概念的认识。练习涉及不同层次的题目，从基础运算到复杂化简，以检验和强化学生的能力。

从教学目标来看，小学阶段侧重于具体运算技能的掌握，而初中阶段则进一步抽象，引入代数符号和概念，要求学生具备将具体问题抽象为代数形式的能力。教学设计上，小学阶段采用直观情境导入，注重实际问题解决；初中阶段则通过例题和练习加深学生对概念的理解，更侧重于逻辑推理和符号操作。

2. 衔接策略

首先，在小学阶段讲解异分母分数加减法时，教师可以巧妙地引入代数式的概念，通过使用字母表示未知数，让学生初步接触数学语言的多样性，为初中代数学习埋下伏笔。而在初中阶段，教师应适时引导回顾和深化小学阶段的分数运算原理，帮助学生理解分数与代数运算之间的内在联系，构建数学知识的立体网络。

其次，强调运算的一致性是培养学生数学直觉的关键。在小学阶段教授分数运算时，教师应明确指出其与整数、小数运算的共通之处，为学生日后学习代数运算奠定基础。进入初中后，教师应重申代数运算遵循相同的运算律和顺序，以此增强学生对数学运算普遍规律的认知，减少学习障碍。

再次，设计过渡性练习对于学生平稳过渡至初中数学至关重要。在小学高年级阶段，教师可适当引入简单的代数表达式，鼓励学生尝试用字母代替数字进行运算，为初中学习代数做好铺垫。初中初期，教师通过引导学生复习小学阶段的分数运算，确保学生牢固掌握基础知识，为更高阶的数学学习打下坚实基础。

复次，情境化教学是另一种有效的策略，无论是在小学还是初中，都应积极将数学知识融入日常生活实例，让学生在解决实际问题的过程中应用数学工具，实现从知识到技能的转化，提升问题解决能力。

最后，反馈与调整机制不可或缺。教师应定期评估学生对新旧知识的掌握程度，及时调整教学计划，尤其在从具体运算过渡到抽象符号操作的阶段，要确保每位学生都能顺利适应，帮助他们建立坚实的数学思维框架，为后续数学学习奠定扎实的基础。

4.2.4 案例四：正比例

4.2.4.1 小学《正比例的意义》教学设计及反思

【学习内容】

《义务教育教科书·数学》（青岛版）六年制六年级下册第三单元信息窗二。

【学习目标】

（1）在具体情境中认识成正比例的量，理解正比例的意义，能正确判断成正比例的量，能找出生活中成正比例关系量的实例，初步认识正比例的图象是一条直线。

（2）通过观察、比较、分析、归纳等数学活动，感知数量之间"变"与"不变"的关系，感受有效表示数量关系及其变化规律的不同数学模型，提高学生分析比较、归纳概括和判断推理的能力，同时渗透初步的函数思想。

（3）通过学习活动，感受数学思考过程的条理性和数学结论的确定性，增强从生活现象中探索数学知识和规律的意识，养成主动学习的习惯。

【教学过程】

一、创设情境，提出问题

天数	第一天	第二天
运输次数	2	4
运输量 / 吨	16	32

谈话：同学们，上节课我们通过研究运输量和运输次数的比之间的关系，认识了比例。16：2=32：4。那么什么叫比例？

怎样判断这两个比相等？在这里比值的具体意义是什么？也就是说这辆货车每次的运输量是一定的。看来，比例里面还有很多学问呢。今天，我们继续去探究比例的奥秘。

二、分析素材，理解概念

啤酒生产情况记录表

工作时间 / 时	0	1	2	3	4	5	6	7	…
工作总量 / 吨	0	15	30	45	60	75	90	105	…

1. 分析数据，初步感知

谈话：请同学们看屏幕，青岛啤酒享誉世界，啤酒车间的订单源源不断。这是啤酒生产情况记录表，请同学们仔细观察，你发现了哪些数学信息？

预设 1：工作时间 1 小时，工作总量是 15 吨；工作时间 2 小时，工作总量 30 吨……

预设 2：随着工作时间变化，工作总量也发生变化。

谈话：同学们看到了表格中工作时间和工作总量这两个量的变化。那么，工作总量和工作时间还有怎样的关系？

请同学们独立思考，完成探究一，然后与同桌交流自己的发现。

探究一：

（1）写出三个相对应的工作总量和工作时间的比，并求出比值。

（2）观察这些比值，你有什么发现？

学生交流汇报。

2.借助图象，直观感受变化

谈话：工作总量和工作时间的关系除了用这样的关系式来表示，其实还可以用图来表示。请同学们自己根据记录表的数据描点然后连接，想象它是什么样的图象。完成探究二。

探究二：

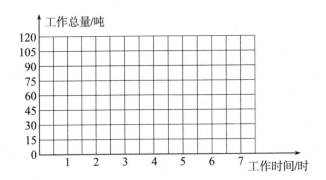

请同学上台交流，说一说画图的过程。

追问：如果继续画下去，整个变化趋势是怎样的？为什么会呈这样的上升趋势？

预设1：图象是一条直线。

预设2：因为工作时间增大，工作总量也会随着增大，工作效率不变。

谈话：刚才我们说图象是一条直线，同学们有没有疑问呢？

老师要给同学们介绍一位法国数学家、哲学家，他叫笛卡尔，早在1637年以前，他就创立了直角坐标系。因为我们在小学阶段要解决的问题基本上都是大于0的数，所以我们所绘制的图象仅仅是它的一部分。等同学们上初中学习之后就知道，图象还可以向下延伸，所以是一条直线。

三、借助素材，总结概念

1.出示正比例的意义

谈话：经过我们的两次探究，谁能来总结一下工作总量和工作时间的关系？

预设：工作总量和工作时间是两种相关联的量，工作时间变化，工作总量也随着变化。工作效率不变，也就是工作总量与工作时间的比值一定。

谈话：是的，两种相关联的量，一个变化，另一个也随着变化，而比值又一定。只要符合这三点，我们就说这两种量是成正比例的量，它们的

关系叫作正比例关系。这就是今天我们要学习的新知识——"正比例的意义"。（板书课题：正比例的意义）

出示课件，学生尝试说出工作总量和工作时间的关系。

工作总量和工作时间是（　　　）量，（　　　）变化，（　　　）也随着变化。（　　　）不变，也就是工作总量与工作时间的（　　　）一定。我们就说工作总量和工作时间是成正比例的量，它们的关系叫作正比例关系。

2.联系生活，寻找正比例

谈话：想一想生活中还有哪两种相关联的量，比值一定，成正比例关系。

（　　　）一定，（　　　）和（　　　）成正比例关系。

$$\frac{\square}{\square}=\square \quad (\text{一定})$$

预设：速度一定，路程与时间成正比例关系；单价一定，总价与数量成正比例关系；长一定，长方形的面积与宽成正比例关系；高一定，长方体的体积与底面积成正比例关系；π一定，圆的周长与直径成正比例……

3.抽象概括正比例关系式

谈话：看来，正比例关系在我们生活中还是很常见的。如果我们把横轴表示的量用 x 表示，纵轴表示的量用 y 表示，用 k 表示它们的比值，你能用一个字母式子表示成正比例的两种量之间的关系吗？小结：正比例关系式是 $\frac{y}{x}=k$（一定）。

谈话：同学们，刚才我们在探索正比例意义的活动中，经历了一个怎样的学习过程？

预设：分析素材——交流发现——总结概念。

4.解决实际问题

下图是生产某种啤酒时，生产啤酒的总量与所需大麦芽吨数的关系。

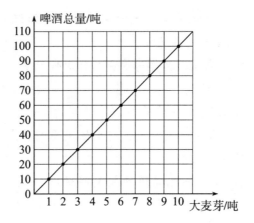

（1）从图中你可以发现什么？

（2）根据上图说一说，7吨大麦芽能生产多少吨啤酒？

（3）估计一下，要生产95吨啤酒需要多少吨大麦芽？

四、巩固拓展，应用概念

（1）播音员播音的时间和字数如下表。

时间 / 分	5	8	10	12	20
字数 / 个	1250	2000	2500	3000	5000

播音的时间和播音字数成正比例吗？为什么？

（2）播音员的已播字数和未播字数如下表。

时刻	8：02	8：03	8：04	8：05
已播字数 / 个	250	500	750	1000
未播字数 / 个	1250	1000	750	500

已播字数和未播字数成正比例吗？为什么？

先让学生独立判断并说明理由。

（3）判断下面每题中的两种量是不是成正比例，并说明理由。

① 天数一定，生产零件的总个数与每天生产零件的个数。

② 一个人的年龄和体重。

重点引导学生通过写出数量关系式等方式准确判断两个量是否成正比例。

五、回顾梳理，达标检测

谈话：同学们掌握得真不错。谁能来说说这节课你有哪些收获？现在我们来进行测试吧。

（一）基础题

（1）下表是工程队铺路情况。

时间/天	1	2	3	4	…
铺路总长/千米	3	6	9	12	…

该工程队铺路总长与铺路时间成比例吗？为什么？

（2）判断下面每题中的两种量是不是成正比例。

① 单价一定，总价与数量。（　　　）

② 李明的身高与他的年龄。（　　　）

（二）拓展题

判断下面每题中的两种量是不是成正比例。

① 正方形的边长与周长。（　　　）

② 圆的直径一定，圆的周长与圆周率。（　　　）

③ 圆的面积与半径。（　　　）

出示答案，反馈正确率。

总结：我们学习了正比例的意义，是否还有其他比例，怎样利用正比例来解决问题？我们将在后面继续研究。

六、教学反思

本节课从学习的比例导入新课，再把抽象的数量关系融入熟悉的现实背景，为学生的数学学习提供具体可感的环境与材料，为后面分析数据、理解数量关系奠定基础。教师引导学生借助数据分析感知工作总量和工作时间的"变化"特点——工作总量随着工作时间的变化而变化，进而认识它们是"两种相关联的量"。在此基础上引导学生通过计算，感受两种量"不变"的特点——比值不变，并引导学生用关系式表示它们三者之间的关系。引导学生明确正比例的图象是一条通过原点的直线，进一步理解工作总量和工作时间的变化规律，为概念的呈现做好铺垫。引导学生将数学与生活紧密相连，感受数学的价值，寻找生活中的正比例关系实例，进一步加深对正比例概念的理解。引导学生用字母关系式表示正比例关系，进一步体会用字母表达数量关系的简约性和优越性。练习是掌握知识、形成技能、发展思维的重要手段。针对本课的教学重点、难点，从有数据到没有数据，再到利用成正比例的量比值一定的规律解决问题，层层递进，旨在帮助学生灵活地运用新知分析问题、解决问题，进一步巩固和加深对正比例意义的理解，提高数学思维能力。教师引导学生通过全面的回顾梳理，形成对正比例意义的完整认识，进一步明确判断两个量是否成正比例的方法，培养学生的自我反思和全面梳理概括的能力。通过教师评价、学生自评与互评相结合的方式，实现从单一关注学习结果向同时关注学习过程的转变。另外，通过当堂达标检测，反馈学生的学习情况。

4.2.4.2 初中《一次函数的图象》教学设计及反思

【学习内容】

《义务教育教科书·数学》（北师大版）八年级上册第四单元信息窗三。

【学习目标】

（1）掌握一次函数的图象及其画法，会用两点法画一次函数图象，理解一次函数的性质。

（2）类比正比例函数的探究方法，掌握用描点法探索函数图象的方法，学会归纳、概括一次函数的特征及性质，体会从特殊到一般、类比的研究方法，以及"数形结合"的思想方法。

（3）通过动手实践、探究，在学习过程中提高动手实践能力、分析能力，培养探究精神。

【教学过程】

一、温习旧知，引入新课

活动1：看到正比例函数 $y=kx$（$k\neq 0$），你能想到哪些知识？

二、整体感知 k、b 的取值的代表性，探索个例一次函数

探究一：画出一次函数 $y=-2x+1$ 的图象。

列表：

x	...						...
$y=-2x+1$	...						...

描点：

连线：

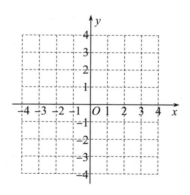

三、枚举分类

探究二：探究一次函数 $y=kx+b$（$k\neq0$）的性质。

活动 2：

请你任意写出一个一次函数的表达式，并在下面的平面直角坐标系中画出它的图象。

取 $k=$ _____，$b=$ _____，函数表达式为：$y=$ _____。

列表：

x	⋯			⋯
y	⋯			⋯

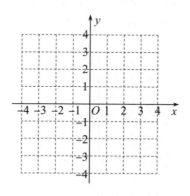

四、归纳性质

结论：_____。

五、灵活运用

（1）下列三条直线中，与 y 轴的交点坐标相同的两条直线是_____与_____，y 的值随着 x 的增大而减小的是_____。

①$y=6x-2$ ②$y=-6x-2$ ③$y=-6x+2$

（2）根据 k 和 b 的符号在平面直角坐标系中画出一次函数 $y=kx+b$（$k\neq0$）的图象。

	$b=0$	$b>0$	$b<0$
$k>0$			
$k<0$			

六、课堂小结，盘点收获

通过本节课的学习，你有哪些收获？

（1）知识方面。

（2）思想方法。

七、课堂检测

（1）在同一直角坐标系内画出一次函数的图象：

①$y=4x-1$ ②$y=4x+1$ ③$y=-4x-1$

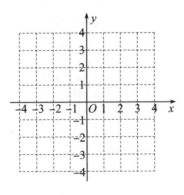

（2）函数 $y=4x-3$ 中，y 的值随着 x 的增大_____，它的图象与 y 轴的交点坐标是_____。

（3）若点（-1，y_1）（2，y_2）在一次函数 $y=-3x+2$ 的图象上，则 y_1 与

y_2 的大小关系是_____。

八、布置作业

必做题：

（1）如图，将直线 OA 向上平移 1 个单位，得到一个一次函数的图象，求这个一次函数的表达式。

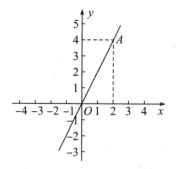

选做题：

（1）写出 m 的两个值，使相应的一次函数 $y=mx-2$ 的值都随着 x 值的增大而减小。

（2）写出 m 的两个值，使相应的一次函数 $y=（2m-1）x+2$ 的值都随着 x 值的增大而减小。

九、教学反思

本节课，教师先引导学生回忆正比例函数图象性质的研究角度，为一次函数图象和性质的研究做好准备。通过教学活动培养学生数形结合的思想，帮助其养成"心中有图"的习惯。引导学生整体感知 k 和 b 取值的代表性，通过探索个例观察特殊一次函数图象的特点，为后续归纳一次函数图象的性质奠定基础。在教学中列举不同的一次函数，让学生运用所学方法自主经历个例研究、画图及归纳性质的全过程。这是学生再次运用方法结构进行主动迁移的过程。学生可类比正比例函数图象的分类方法，先对多个一次函数进行分类，再根据图象分布的象限进一步细分，从而培养由图形归纳性质的能力，并养成及时总结的习惯。练习题设计由浅入深、层层递进，旨在突破学生的思维定势，使知识结构系统化，培养思维的灵活性，提升核心素养。通过总结归纳环节，提高学生的语言表达与归纳总结能力。最后，分层布置作业，让不同水平的学生都能得到发展。

4.2.4.3 《正比例》小初衔接案例分析

1. 小初设计对比分析

在小学数学教学中，正比例的概念通过具体的实例被引入，比如啤酒生产情况记录表，让学生在实际场景中理解工作时间与工作总量间的关系，进而认识到两者成正比例。在这一过程中，学生通过观察数据、分析比值的不变性，以及绘制图象来直观理解正比例的特性。

小学阶段的正比例教学强调概念的形成，借助生活实例让学生感知数量关系，形成对逻辑思维和函数思想的初步认识。例如，学生通过分析啤酒生产记录表，发现工作时间与工作总量成正比，且效率恒定，即工作时间与总量的比值固定。学生还通过观察图表，学习如何将正比例关系表示为图象，了解图象特征。此外，学生还被鼓励将正比例概念应用于日常生活，如速度与时间、单价与数量的关系，进一步加深理解。

在初中教学中，正比例概念被扩展至一次函数的图象和性质。学生不仅复习正比例函数 $y=kx$（$k \neq 0$）的形式，还学习一次函数 $y=kx+b$ 的一般形式，其中 b 为常数项。教学中涉及函数图象的绘制，学生需要掌握两点法画图技巧，并理解 k 和 b 的值对图象的影响。通过枚举不同一次函数的例子，学生归纳总结出一次函数的性质，如图象形状、方向及与坐标轴的交点位置。教学设计还注重培养学生的探究精神，鼓励他们自主探索和归纳总结，同时强调"数形结合"的思想，使学生能从图形中提炼数学性质。

2. 衔接策略

小学与初中数学教学的过渡，应着重于正比例概念的深化和扩展。小学教学中，教师可以引入更复杂的生活实例，如不同情境下的正比例关系，为学生理解一次函数做好铺垫。在初中教学开始时，教师应引导学生复习小学阶段的正比例概念，利用之前熟悉的情境作为切入点，让学生自然过渡到一次函数的学习。教师可以通过类比方法，帮助学生从特殊到一般，逐步掌握一次函数的图象性质，同时鼓励学生在绘图实践中发现规律，培养抽象思维和探究能力。

小学教学中，学生已经认识到正比例关系的图象为直线，因此在初中阶段，可以先回顾这一点，然后引入 b 值的影响，解释为何图象不再是通过原点的直线，而是可能与 y 轴有非零交点。通过对比分析，教师引导学生理解 b 值代表的是图象在 y 轴上的截距，而 k 值决定了图象的斜率。在教学过程中，应充分利用图表和实际问题，帮助学生直观理解一次函数图象的动态变化，促进知识的迁移和深化。

从小学到初中，正比例的教学从概念的初步构建到性质的深入探索，是一个循序渐进的过程。通过案例分析和实践活动，学生能够逐渐建立起正比例与一次函数之间的联系，从而在数学学习中获得更深层次的理解和应用能力。

4.2.5 案例五：反比例

4.2.5.1 小学《反比例的意义》教学设计及反思

【学习内容】

《义务教育教科书·数学》（青岛版）六年制六年级下册第三单元信息

窗三。

【学习目标】

（1）在具体情境中，理解反比例的意义，并能判断两种量是否成反比例关系。

（2）在解决实际问题时，经历合作、探究等过程，形成良好的思维习惯和应用所学知识解决实际问题的能力。

（3）通过学习活动，培养积极的学习态度，树立学好数学的信心。

【教学过程】

一、创设情境，提供素材

谈话：上节课我们走进了啤酒生产车间，学习了《正比例的意义》，请你回想一下，满足什么条件的两种量，我们就说它们是成正比例的量，它们的关系就是正比例关系？

预设：两种量是相关联的量，一种量增大，另一种量也增大，一种量减小，另一种量也减小，这两种量的比值是一定的，用 $y/x=k$（一定）表示。

追问：我们经历了哪些过程？

预设：第一，分析素材；第二，交流发现；第三，总结概念。

谈话：今天我们继续走进啤酒生产车间，用这种方法研究一种新的比例关系。

二、分析素材，理解概念

啤酒厂要生产一批啤酒，每天生产的吨数与需要的天数如下表。

每天生产的吨数	100	200	300	400	500	…
需要的天数	60	30	20	15	12	…

谈话：表中记录了哪两种变化的量？每天生产的吨数和需要的天数有什么关系呢？

谈话：能用一个式子表示这三个量之间的关系吗？

预设：每天生产的吨数 × 需要的天数 = 总吨数。

谈话：总吨数不变，我们就说它是（一定）的。

三、借助素材，概括总结

谈话：满足这些条件的两种量就是成反比例的量，它们的关系就是反比例关系。现在你能根据刚才的交流和发现，完成小结吗？试试看。

预设：每天生产的吨数和需要生产的天数是（两种相关联的量），（每天生产的吨数）变化，（需要生产的天数）也随着变化。（总吨数）不变，也就是每天生产的吨数与需要生产的天数的（乘积）一定。我们就说，每天生产的吨数和需要生产的天数是（成反比例的量），它们的关系叫作（反比例关系）。

谈话：如果用字母 x 表示每天生产的吨数，用 y 表示需要生产的天数，用 k 表示总吨数（一定），你能概括出反比例关系的字母表达式吗？写下来。

预设：$x×y=k$（一定）。

谈话：刚才同学们总结出来的就是反比例的含义。

预设：两种相关联的量、一种量随着另一种量的增加而减少，它们的乘积一定，那么这两种量就是成反比例的量。

谈话：同学们都理解反比例了吗？来试一试。

一篇文章，编辑设计了以下几种排版方案。

每页字数	200	300	400	500	600	…
页数	60	40	30	24	20	…

预设：$200×60=12000$，$300×40=12000$……每页字数 × 页数 = 总字数（一定），所以每页字数和页数成反比例。

谈话：同学们都学会借助数据判断反比例关系了。生活中还有哪两种量成反比例关系？

谈话：可以借助这个式子来思考，□ × □ = □（一定）。

谈话：我们这样来说，（　　　）一定时，（　　　）和（　　　）成反比例。

四、巩固拓展，应用提升

谈话：现在大家对反比例还有什么疑惑吗？我们来检验一下，完成课堂练习第一题，注意审题。

（1）购买同一种商品的数量和总价如下表：

数量 / 千克	1	3	5	7
总价 / 元	5	15	25	35

（2）用同样的钱购买不同的商品的单价和数量如下表：

单价 / 元	2	5	10	25
数量 / 千克	50	20	10	4

谈话：怎样判断更快？你有什么小妙招？

预设：先观察表格中两种量的变化，一种量随另一种量增大而增大就考虑这两种量是不是成正比例，一种量随另一种量增大而减小就考虑是不是成反比例。

谈话：那正反比例都有哪些相同点和不同点呢？请同学们小组合作，完成表格。

项目	正比例	反比例
相同点		
不同点		

追问：除了这些之外，还有什么不同点吗？

谈话：再想想，研究正比例时，我们还研究了什么？

预设：图象。

谈话：对，正比例与反比例的图象也是不同的，这是正比例的图象，是一条直线。（展示课件）猜猜反比例的图象会是什么样子？

预设：下降的直线。

谈话：我们来看看，描上点、连线后，它是什么样子的？

谈话：对，反比例的图象是一条曲线。这也是它们的不同之处。初中时同学们会进一步学习更多关于反比例图象的知识，有兴趣的同学可以提前查阅。

谈话：理清了正反比例的异同，请同学们快速完成下一道综合练习。

速度、时间、路程这三个量，

当速度一定时，（　　　）和（　　　）成（　　　）比例，

当时间一定时，（　　　）和（　　　）成（　　　）比例，

当路程一定时，（　　　）和（　　　）成（　　　）比例。

谈话：要判断两种相关联的量成什么比例，关键是什么？

预设：关键是判断它们是乘积一定还是比值一定。

五、回顾整理，达标检测

谈话：同学们，这节课马上要结束了，谁来说说你经历了哪些过程？学到了哪些知识？

必做题：

下列各题中的两种量是否成比例？成什么比例？为什么？

① 飞机从北京飞往上海，飞行的速度与需要的时间。

② 小华看一本书，每天看的页数与看的天数。

③ 一个数和它的倒数。

④ 学校计划植 500 棵树，已植的棵树与未植的棵树。

⑤ 圆的面积和它的半径。

⑥ 房间的面积一定，正方形地砖的边长和块数。

选做题：

手工编织厂要做一批工艺品，每人编织的个数和所需要的人数关系如下。

每人编织的个数	30	50	60
所需要的人数	40	24	20

① 每人编织的个数与所需要的人数这两种量成什么比例关系？

② 如果每人编织 80 个，需要多少人？

六、教学反思

本节课，通过对正比例的知识和方法的回顾导入新课，既便于学生进行知识间的迁移，也便于正反比例之间的对比学习。学生有正比例学习的经验，学习反比例并不难，新授课环节仅给学生提供情境图和提示问题，让学生自主观察发现对应数据的变化规律，对成反比例的量和反比例关系进行探索，然后交流得出结论。教师适时引导学生理解反比例的意义，进而寻找生活中成反比例的量，将数学与生活紧密相连，感受数学来源于生活，应用于生活。设计不同层次的练习，由简到难，有助于学生加深对用数据说明成正反比例的量和正反比例关系的理解，使不同思考水平的学生从中体会到成功的快乐。教师引导学生进行回顾整理，引导学生从方法、知识、能力、情感态度等方面对课堂学习进行反思，培养学生梳理、概括能力，提高学习数学的兴趣，感受成功的喜悦。当堂布置作业，可以使学生的碎片时间得到高效利用，分层的作业可以使不同水平的学生都能得到发展。

4.2.5.2　初中《反比例函数》教学设计及反思

【 学习内容 】

《义务教育教科书·数学》（北师大版）九年级上册第六章信息窗一。

【 学习目标 】

（1）从现实情境和已有的知识经验出发，讨论两个变量之间的函数关系，加深对函数概念的理解。

（2）经历抽象反比例函数概念的过程，领会反比例函数的意义，理解反比例函数的概念。

（3）结合具体情境体会反比例函数的意义，能根据已知条件确定反比例函数表达式。

【 教学过程 】

一、复习引入

谈话：首先我们先来回忆一下什么叫作函数？

预设：在某变化过程中有两个变量 x，y，若给定其中一个变量 x 的值，y 都有唯一确定的值与它对应，则称 y 是 x 的函数。

谈话：我们在前面学过一次函数和正比例函数，知道一次函数的表达式为 $y=kx+b$，其中 k，b 为常数且 $k \neq 0$。正比例函数的表达式为 $y=kx$，其中 k 为不为零的常数。但是在现实生活中，并不是只有这两种类型的表达式，如把一张 100 元的人民币换成 50 元的人民币，可得几张？换成 10 元的人民币，可得几张？依次换成 5 元、2 元、1 元的人民币，可各得几张？换得的张数 y 与面值 x 之间有怎样的关系呢？再如总价一定时，单价 y 和数量 x 之间有着怎样的关系呢？路程一定时，速度 y 和时间 x 之间有着怎样的关系呢？ y 和 x 之间的关系式肯定不是正比例函数和一次函数的关系式，那么它们之间的关系式究竟是什么关系式呢？这就是本节课我们要揭开的奥秘。

二、合作交流，构建新知

谈话：我们来看下面实际问题中的变量之间是否存在函数关系，若是函数关系，那么是否为正比例或一次函数关系式。

问题1：电流 I，电阻 R，电压 U 之间满足关系式 $U=IR$，当 $U=220\,V$ 时，

（1）你能用含有 R 的代数式表示 I 吗？

（2）利用写出的关系式完成下表：

R/Ω	20	40	60	80	100
I/A					

当 R 越来越大时，I 怎样变化？当 R 越来越小呢？

（3）变量 I 是 R 的函数吗？为什么？请大家交流后回答。

生：（1）$I=\dfrac{220}{R}$。

（2）利用上面的关系式可知，从左到右依次填 11，5.5，3.67，2.75，2.2。

从表格中的数据可知，当电阻 R 越来越大时，电流 I 越来越小；当 R 越来越小时，I 越来越大。

（3）变量 I 是 R 的函数。当给定一个 R 的值时，相应地就确定了一个 I 值，因此，I 是 R 的函数。

问题2：课件

京沪高速公路全长约 1318 km，汽车沿京沪高速公路从上海驶往北京，汽车行完全程所需的时间 t（h）与行驶的平均速度 v（km/h）之间有怎样的关系？变量 t 是 v 的函数吗？为什么？

经过刚才的例题讲解，学生可以独立完成此题，如有困难再进行交流。

预设：当给定一个 v 的值时，相应地就确定了一个 t 值，根据函数的定义可知，t 是 v 的函数，$t=\dfrac{1318}{v}$。

追问：从上面的两个例题我们得出关系式 $I=\dfrac{220}{R}$，$t=\dfrac{1318}{v}$。它们是函数吗？它们是正比例函数或一次函数吗？能否根据两个例题归纳出这一类函数的表达式呢？

小结：一般地，如果两个变量 x,y 之间的对应关系可以表示成 $y=\dfrac{k}{x}$（k 为常数，$k\neq 0$）的形式，那么称 y 是 x 的反比例函数。反比例函数的自变量 x 不能为 0。

三、运用新知，体验成功

1.抢答题

下列函数中，x 均为自变量，哪些 y 是 x 的反比例函数？

① $y=3x$ ② $y=-\dfrac{2}{3x}$ ③ $xy=0.4$ ④ $y=\dfrac{5}{x}-1$ ⑤ $y=\dfrac{n}{x}$ ⑥ $y=\dfrac{1}{4}x^{-1}$

2. 必做题

（1）一个矩形的面积为 20 平方厘米，相邻的两条边长分别为 x 厘米和 y 厘米，那么变量 y 是变量 x 的函数吗？是反比例函数吗？为什么？

（2）某村有耕地 346.2 公顷，人口数量 n 逐年发生变化，那么该村人均占有耕地面积 m（公顷 / 人）是全村人口数 n 的函数吗？是反比例函数吗？为什么？

（3）y 是 x 的反比例函数，下表给出了 x 与 y 的一些值：

x		-2	-1	$-\dfrac{1}{2}$	$\dfrac{1}{2}$	1	3
y	$\dfrac{2}{3}$		2			-1	

① 写出这个反比例函数的表达式；
② 根据函数表达式完成上表。

四、挑战自我，扩展新知

随堂练习 1～4 题。

五、归纳小结

我们通过生活中的例子，探索学习了反比例函数的概念，我们要掌握：反比例函数涉及两个变化的量，并且这两个变化的量可以写成 $xy=k$（k 为常数，$k\neq0$）。同时要注意几点：① 常数 $k\neq0$；② 自变量 x 不能为零（因为分母为 0 时，该式没有意义）；③ 当 $y=\dfrac{k}{x}$ 可写为 $y=kx$ 时，注意 x 的指数为 -1；④ 由定义不难看出，k 可以从两个变量相对应的任意一对对应值的积来求得，只要 k 确定了，这个函数就确定了。

六、教学反思

本节课从学生所熟悉的纸币出发，列举小学学过的成反比例关系的两个量，通过复习、比较，发现两个量不成正比例，那么它们成不成比例呢？又会成什么比例？通过设疑不仅激发了学生学习数学的兴趣，还激起了学生自主参与的积极性和主动性，为自主探究新知创造了条件，并激发了积极的情感态度。在教学时，教师引导学生主动、自觉地观察、分析、概括规律，培养了学生的自主探究能力。从学生已有生活经验出发，列出具体的反比例函数表达式，再到对具体的反比例函数表达式特征的分析，通过类比，归纳出反比例函数概念，最后对反比例函数概念进行剖析，逐步深化概念，使学生深刻地认识和理解反比例函数概念，夯实了基础知识，为后续的学习做好准备。

4.2.5.3 《反比例》小初衔接案例分析

1. 小初设计对比分析

对比小学和初中阶段反比例的教学目标以及教学设计，我们可以看到两者的关联性和差异性。

小学阶段的目标在于让学生理解反比例的基本含义，即两种相关联的量，一种量随另一种量的增加而减少，它们的乘积保持不变。教学设计中强调了情境创设，例如，通过分析啤酒生产中的吨数与天数的关系，引导学生通过观察和总结来理解反比例关系。此外，还涉及如何使用数据来判断反比例关系，比如文章排版中每页字数与页数的例子，以及对比正比例与反比例的图象特征。小学阶段的教学注重将数学概念与生活实例相结合，帮助学生直观理解概念，培养他们解决问题的能力。

初中阶段的目标则更加深入，不仅要理解反比例的含义，还要掌握反比例函数的概念及其表达式，即 $y=\dfrac{k}{x}$，其中 k 为常数，且 $k\neq0$。教学设计中通过具体问题，如电流、电阻和电压的关系，以及距离、速度和时间的关系，引出反比例函数的定义，让学生学会识别和应用反比例函数。初中教学中还涉及了函数的一般概念，如变量间的一一对应关系，以及反比例函数图象的特征——一条曲线，这与小学阶段简单的直线图象形成了鲜明对比。此外，初中阶段的教学更侧重于抽象思维能力和逻辑推理能力的培养，鼓励学生独立解决问题，深化对函数概念的理解。

2. 衔接策略

为了实现学生从小学向初中过渡时反比例知识的顺利衔接，教师可以采取以下策略。首先，在小学阶段，通过反复实践和多样化实例，加强学生对反比例概念的理解和记忆，奠定扎实的基础；其次，采用情境迁移的方式，将小学阶段学到的反比例实例与初中阶段的复杂问题相联系，帮助学生构建知识网络，理解反比例在多场景下的应用；再次，提前引入反比例的图象感知，虽不深入讲解曲线图象细节，但让学生对比例关系的图形表现有所认识，为后续学习函数图象做好铺垫；然后，设计问题和活动，培养学生的逻辑思维和分析能力，促使他们在新情境中灵活运用所学知识，尤其是能够准确区分正比例与反比例；最后，通过跨学段的实践活动，学生亲身体验反比例在实际生活中的应用，比如固定金额下商品单价与数量的关系，或是固定时间内工作效率与人数的比，以此加深对反比例概念本质的理解。采取上述策略，可以有效地促进学生从小学向初中过渡时在正反比例知识方面的顺利衔接。

4.3 小初数学衔接的效果评估

小初数学衔接是学生学习生涯中的关键过渡期，涉及知识点、学习思维、学习方法以及学生心理等多维度的转变。为了确保学生能够平稳、高效地过渡到初中阶段的数学学习，开展小初数学衔接教学评估具有重要意义。接下来，将从评估目标、评估内容、评估方法以及评估结果分析方面进行评估。

4.3.1 评估目标

小初数学衔接教学评估的目标是多维度的，旨在全面考察和优化学生从小学到初中数学学习的过渡过程。

1. 知识点衔接的连续性和系统性

（1）连续性。评估小学高年级与初中低年级数学课程内容之间的连贯性，确保学生能够顺利地从小学过渡到初中的数学学习，不出现知识断层或重复学习的情况。

（2）系统性。检查数学知识点是否按照逻辑顺序和难度递增的原则编排，形成一个完整、系统的知识框架，帮助学生构建稳固的数学基础，为后续的数学学习打下坚实基础。

2. 学习思维衔接的顺畅性和适应性

（1）顺畅性。评估学生在思维方式上从小学的具体形象思维向初中的抽象逻辑思维过渡的流畅程度，确保学生能够顺利地从解决具体问题转向处理抽象概念。

（2）适应性。考查学生对新学习环境、新教学方式的适应能力，特别是面对更加抽象和复杂的数学问题时，学生能够快速调整自己的思考模式和解决问题的策略。

3. 学习方法衔接的有效性和针对性

（1）有效性。评估不同学习方法对提升学生学习效率的影响，包括互动式学习（如案例分析、小组合作）是否有效促进学生的主动学习和深度理解。

（2）针对性。考察教师是否能根据学生的学习特点和需求，提供个性化的指导和资源，如为数学基础薄弱的学生提供额外辅导，为擅长数学的学生提供挑战性任务，以确保所有学生都能在现有基础上获得提高。

4. 学生心理调适的及时性和有效性

（1）及时性。评估学校和教师是否能在学生遇到学习困难或心理压力时，及时发现问题并给予支持，如通过心理辅导、情绪管理等工作坊来帮助学生解决问题。

（2）有效性。考察心理调适措施是否有助于学生建立积极的学习态度，增强自信心，克服学习障碍，并提高他们的抗压能力，从而更好地面对后续学习挑战。

5. 师生关系的和谐度及对学生学习的影响

（1）和谐度。评估师生之间沟通的质量，包括尊重、信任和支持的程度，以及教师是否能够倾听学生的需求和反馈，从而建立良好的师生互动关系。

（2）影响。考察和谐的师生关系如何促进学生的学习动力和参与度，以及对学生学业成绩和心理健康的正面影响。通过加强师生互动和信任，我们期望学生能够更加积极、主动地学习。

通过这些目标的细致评估，可以为小初数学衔接教学提供有力的数据支持和改进方向。

4.3.2　评估内容与评估方法

为了实现上述评估目标，小初数学衔接教学评估的内容和方法应包括以下几个方面。

1. 知识点衔接的连续性和系统性

（1）内容涵盖。评估学生是否能够将小学阶段学到的数学基础知识，如算术、几何、简单代数，与初中阶段的新知识，如代数的高级概念、函数、方程，有机地结合起来。例如，考查学生是否能够运用小学所学的线性方程知识来解决初中的几何问题。

（2）评估方法。通过考试和测试来评估学生对知识点的掌握程度，包括标准化测试和教师设计的测试题，这些题目旨在检验学生对知识点的理解和应用能力。此外，可以通过观察学生在解决问题时的思考过程，了解他们如何将新旧知识结合起来。

2. 学习思维衔接的顺畅性和适应性

（1）内容涵盖。评估学生在从具体的数学操作转向抽象的数学概念时的思维转换能力。例如，学生应该能够根据具体的几何形状理解抽象的几何概念，如点、线、面。

（2）评估方法。通过观察学生在解决问题时的思维过程，了解他们是否能够运用抽象思维来解决问题。此外，可以设计一些思维训练题，要求学生解释数学概念的本质，而不仅仅是记忆定义和公式。

3. 学习方法衔接的有效性和针对性

（1）内容涵盖。评估学生是否能够适应初中的自主学习和探究式学习方法。例如，学生应该能够独立完成课后作业，并能够主动寻找学习资源来解决学习中遇到的问题。

（2）评估方法。通过观察学生的学习行为和课堂表现，了解他们是否能够主动参与课堂讨论和小组合作。此外，可以通过问卷调查了解学生对学习方法的偏好和需求，以及他们对新学习方法的适应情况。

4. 学生心理调适的及时性和有效性

（1）内容涵盖。评估学生在面对学习压力和挑战时的心理状态，以及学校和教师是否提供了有效的心理支持。例如，学生可能会因为难以适应初中的学习节奏而感到焦虑。

（2）评估方法。通过观察学生的情绪和行为表现，如他们是否经常出现焦虑、紧张或挫败感的迹象。此外，可以通过心理测试来评估学生的心理健康状况，如焦虑量表和抑郁量表。通过与学生和家长的访谈，可以了解学生的心理状态和学校提供的心理支持情况。

5. 师生关系的和谐度及对学生学习的影响

（1）内容涵盖。评估师生之间的互动质量，包括教师对学生的尊重、鼓励和支持，以及学生对教师的信任和尊重。例如，教师是否能够鼓励学生积极发言，并对学生的错误和疑问持开放态度。

（2）评估方法。通过观察师生互动的情况，了解教师是否能够建立积极的课堂氛围，促进学生的参与和合作。此外，可以通过问卷调查了解学生对师生关系的满意度，以及他们对教师教学方法的评价。通过与学生和教师访谈，可以深入了解他们对彼此的看法和期望。

通过这些细致的评估内容，可以全面了小初数学衔接教学的现状和问题，为制定更有效的教学策略和改进措施提供依据。

4.3.3 评估结果分析

评估小初数学衔接的效果，是一个复杂而细致的过程，它涉及对学生学习成果的全面审视，以及对教学过程中各个环节的深入剖析。通过一系列精心设计的评估手段，我们得以窥见小初数学衔接的现状，并从中提炼出宝贵的改进建议。

（1）在知识点衔接的连续性和系统性方面，我们采用了考试和测试作为主要的评估工具。我们设计了一套综合测试题，要求学生运用小学学到的算术知识解决初中的几何问题，以此检验他们的知识连贯性。此外，我们还通过观察学生在解决问题时的思考过程，了解他们如何将新旧知识结合起来。评估结果显示，学生能较好地从小学过渡到初中数学学习，未出现知识断层或重复学习现象。数学知识点按照逻辑顺序和难度递增原则编排，形成了完整、系统的知识框架，为学生后续的数学学习打下了坚实基础。

（2）在学习思维的顺畅性和适应性评估方面，我们注重观察学生在面对抽象概念时的思维转换能力。我们设计需要抽象思维的题目，如根据具体的几何形状理解抽象的几何概念，来评估学生的思维适应性。同时，我们也通过与学生进行访谈，了解他们在学习过程中的困惑和挑战，以及他们如何调整自己的思维方式来适应新的学习环境。评估结果显示，在学习思维的顺畅性和适应性方面，学生从小学的形象思维过渡到初中的抽象逻辑思维较为流畅，能够从解决具体问题转向处理抽象概念。他们适应新学习环境和教学方式的能力较强，面对抽象和复杂的数学问题时，能快速调整思考模式和解决问题的策略。

（3）在学习方法的有效性和针对性方面，我们通过观察学生的学习行为和课堂表现来评估教学方法的效果。例如，我们观察学生在小组讨论中的互动，看他们是否能够有效地交流思想和解决问题。此外，我们还通过问卷调查了解学生对教学方法的偏好，以及他们认为哪些方法最有助于他们的学习。通过这些数据，我们发现，在学习方法的有效性和针对性方面，教学方法促进了学生主动学习和深度理解，教师能根据学生特点和需求提供个性化的指导和资源，确保每位学生在现有基础上获得提高。

（4）在学生心理调适的及时性和有效性评估方面，我们通过观察学生的情绪和行为表现来了解他们的心理状态。例如，我们会注意学生在课堂上的紧张程度，以及他们在面对困难时的应对策略。此外，我们还通过心理测试来评估学生的心理健康水平，如焦虑和抑郁倾向。同时，我们也通过访谈学生和家长，了解他们对心理支持的需求和反馈。评估结果显示，在学生心理调适的及时性和有效性方面，学校和教师能够及时发现学生在学习困难或心理压力方面的问题，并提供有效支持。这些心理调适措施有助于学生形成积极的学习态度，增强自信心，克服学习障碍，提高抗压能力。

（5）在师生关系的和谐度及对学生学习的影响评估方面，我们通过观察师生互动的情况来了解他们的关系质量。例如，我们会注意教师是否能够鼓励学生发言，以及学生是否愿意参与课堂活动。此外，我们还通过问卷调查了解学生和家长对师生关系的评价。通过这些评估，可以看出，师生沟通质量高，教师能够倾听学生需求和反馈，建立良好互动关系。和谐的师生关系能够提高学生的学习动力和参与度，对其学业成绩和心理健康产生了正面影响。

综上所述，小初数学衔接教学在知识点、学习思维、学习方法、学生心理及师生关系方面实现了有效过渡，学生能够在数学学习中平稳过渡，为初中阶段的数学学习奠定了坚实的基础。评估结果表明，当前的小初数学衔接教学策略和方法是成功的，但仍需持续关注和优化，确保每个学生都能在数学学习旅程中取得进步。

4.3.4　结果反馈与改进措施

在小初数学衔接教学的实践中，我们经过一系列评估，已经取得了显著的成效。然而，为了持续优化和提高教学质量，我们仍需针对评估结果中的关键领域进行针对性的改进。以下是基于评估结果的改进措施。

1. 加强知识点衔接的连续性和系统性

评估结果显示，尽管学生的学习表现在小初数学知识点过渡中展现出良好的连贯性，但仍有部分学生对某些概念的理解不够深入。因此，我们将更加细致地设计教学材料，确保每个知识点都能清晰地嵌入整个数学框架中，避免知识缝隙的出现。我们将增加综合题型的设计，通过结合小学和初中的知识点，促进学生知识的整合和深化。例如，设计题目让学生应用小学的算术知识解决初中的几何问题，以此提升学生的知识迁移能力和问题解决能力。

2. 提升学习思维衔接的顺畅性和适应性

尽管学生在抽象思维上已有较好的过渡，但仍有必要增加抽象概念的训练，尤其是在几何领域。我们将设计更多具有挑战性的题目，引导学生从具体图形中抽象出概念，例如，通过几何形状探讨点、线、面的抽象含义。同时，我们将通过课堂观察和课后访谈，收集学生在学习过程中遇到的困难，并据此调整教学策略，帮助学生顺利完成从具体思维到抽象思维的过渡。

3. 强化学习方法衔接的有效性和针对性

虽然我们的教学方法已被验证有效，但个性化指导仍是提升教学效果的关键。我们将继续密切关注学生的学习行为，通过问卷调查了解学生对不同教学方法的偏好和需求。同时，我们将根据每位学生的特点和需求，提供定制化的学习资源和学习支持。

4. 增强学生心理调适的及时性和有效性

心理支持在小初数学衔接中起着至关重要的作用。我们将定期对学生进行心理测试，以监控他们的心理健康状况，并在必要时提供及时的情绪管理和心理辅导。此外，我们将加强与学生和家长的沟通，了解他们的心理需求和困扰，并据此调整心理支持方案。我们的目标是确保每位学生都能以健康的心态面对学习压力，自信地迎接挑战。

5. 维护师生关系的和谐度并提升其对学生学习的影响

和谐的师生关系对学生的学习成果有着显著的正面影响。我们将持续努力营造开放、尊重和支持的课堂氛围，让每位学生都能感受到教师的关心和支持。我们将定期观察师生之间的互动情况，了解沟通的质量，并据此调整教学策略和课堂氛围。同时，我们将通过问卷调查收集学生和家长对师生关系的反馈意见，以便及时发现问题并进行改进。我们相信，通过建立良好的师生关系，可以激发学生的学习热情，提高他们的学习效率。

总之，我们将持续关注小初数学衔接教学的实践效果，并根据评估结果及时进行改进。我们将不断优化教学策略，提升教学质量，确保每位学生都能在数学学习的道路上稳步前进，为未来的学术生涯奠定坚实的基础。同时，我们也将建立长期的评估和反馈机制，以适应学生不断变化的学习需求，推动教学质量的持续提升。

5.1 初高中数学衔接的内容与方法

初高中数学衔接是数学教育中一项至关重要的工作。随着学生年龄的增长和认知能力的发展，数学知识的深度和广度也相应提升。如何帮助学生实现初中数学知识向高中阶段的顺利过渡，并在高中阶段得到进一步的拓展和深化，是每一位数学教师都需要面对和解决的问题。本章旨在探讨初高中数学衔接的内容与方法，以期为数学教学实践提供有益的参考。

5.1.1 初高中数学教育的差异与联系

1. 教育目标的差异

初中数学教育承载着培养学生数学基础素养的重要使命。在这一阶段，教育目标主要聚焦于使学生掌握数学的基本概念和原理，能够运用代数、几何、概率统计等基础知识解决实际问题。通过系统的教学和训练，逐步培养学生的数学思维和逻辑推理能力，为其日后的学习和生活奠定坚实的数学基础。

相较之下，高中数学教育则更加注重学生数学思维和数学素养的深入培养。在这一阶段，教育目标不仅要求学生掌握更为复杂和深入的数学知识，如函数、数列、立体几何、解析几何、三角函数、复数、导数、积分，还要求学生能够灵活运用这些数学知识解决实际问题，具备更强的抽象思维能力和逻辑思维能力。通过高中数学的学习，学生的数学素养将获得进一步提高，为其将来的学习和生活提供更为坚实的数学支持。

从教育目标的差异来看，初中数学教育注重基础知识和基本能力的培养，而高中数学教育则更加注重深入和系统的数学知识学习以及数学思维能力的培养。这种差异体现了数学教育在不同阶段的侧重点和培养目标不同。

2. 知识内容的差异

初中数学和高中数学在知识内容上也存在显著的差异。初中数学主要涉及基础的代数和几何知识，这些知识内容相对简单直观，容易理解和掌握。例如，在初中数学中，学生需要掌握一元一次方程、平面几何等基础知识，并能够通过实例和练习巩固这些知识。这些知识内容虽然基础，但为学生日后的数学学习提供了必要的基础和铺垫。

然而，在高中数学中，知识内容则更加复杂和深入。高中数学不仅包含初中数学的所有基础知识，还增加了更为复杂和高级的数学知识点。这些知识点不仅要求学生具备扎实的数学基础，还要求学生具备更强的逻辑思维能力和抽象思维能力。例如，在高中数学中，学生需要学习函数、数列、立体几何、解析几何、三角函数、复数、导数、积分等高级数学知识，并能够通过这些知识的学习深入理解数学的本质和规律。

除了知识内容的增加外，高中数学还更加注重知识的系统性和连贯性。高中数学的知识点之间相互联系、相互渗透，形成了一个完整的数学知识体系。在这个体系中，每一个知识点都有其独特的地位和作用，而每一个知识点又都与其他知识点相互关联、相互影响。因此，在高中数学的学习中，学生需要注重知识点的内在联系和相互渗透，以形成一个完整的数学知识结构。

3. 教学方法的差异

除了教育目标和知识内容的差异外，初中数学和高中数学在教学方法上也存在一定的差异。

初中数学教学在延续直观性教学方法的同时，更加注重通过典型例题和分层练习来巩固知识体系。这种方法能够帮助学生更好地理解数学概念和原理，并能够在实际问题中应用这些知识。同时，在初中数学的教学中，教师也注重培养学生的基本数学素养和思维能力，如逻辑推理、分类讨论能力。

然而，在高中数学的教学中，教师则更加注重知识的理解和应用以及数学思维和方法的培养。在高中数学的教学中，教师通常采用启发式教学、探究式教学等教学方法来激发学生的学习兴趣和主动性。这些教学方法能够帮助学生深入理解数学的本质和规律，并培养学生的独立思考和探究问题的能力。同时，在高中数学的教学中，教师也注重培养学生的抽象思维能力和逻辑思维能力，使学生能够灵活运用数学知识解决实际问题。

此外，高中数学的教学方法也更加多样化和灵活化。在实际教学中，教师可以根据学生的学习情况和特点选择合适的教学方法来帮助学生更好地理解和掌握数学知识。例如，教师可以采用小组讨论、合作学习等互动式教学方法来促进学生的交流和合作，提高学生的团队协作能力；同时，通过开展项目式学习、研究性学习等活动，培养学生的创新思维和实践能力。

4. 差异与联系的综合考量

尽管初高中数学教育在目标、内容和方法上存在差异，但它们之间也存在密切的联系。初中数学是高中数学的基础和铺垫，为高中数学的学习提供了必要的知识和能力基础。而高中数学则是初中数学的延续和深化，在巩固和拓展初中数学知识的基础上，进一步培养学生的数学思维和数学素养。

在初高中数学衔接过程中，教师既要关注知识的连贯性和系统性，确保学生能够在知识上实现顺利的过渡和衔接；又要注重教学方法的适应性和灵活性，根据学生的实际情况和需要选择合适的教学方法来帮助学生更好地理解和掌握数学知识。同时，教师还需要关注学生的思维发展和学习习惯的养成，为学生未来的数学学习和生活打下坚实的基础。

5.1.2　初高中数学衔接的内容

在初高中数学衔接的过程中，确保知识、思维方法和学习习惯的顺利过渡是至关重要的。下面将详细探讨初高中数学衔接在这三个方面的具体内容。

1. 知识点的衔接

在初高中数学的知识点衔接上，教师首先要对初中和高中数学的知识体系有全面的了解。通过对两个阶段的数学内容进行对比和分析，教师需要明确哪些知识点是初中阶段的重点，哪些知识点是高中阶段的基础和拓展。这样，教师就能根据学生的实际情况和教学进度，合理安排教学内容和教学计划。

具体而言，在初中阶段，学生需要掌握的数学知识点主要包括代数、几何、概率统计等基础知识。这些知识点是高中数学学习的基础和铺垫。因此，在初中阶段的教学中，教师不仅要注重知识点的讲解和练习，还要引导学生理解知识点的内涵和外延，掌握知识点的运用方法。同时，教师还需要关注与高中数学相关的知识点的铺垫和拓展，为学生日后学习高中数学知识打下坚实的基础。

高中数学知识体系具有更强的系统性和抽象性。例如，函数、数列、立体几何、解析几何、三角函数、复数、导数、积分等高级数学知识将成为学生的学习重点。在这些知识点的学习过程中，教师需要注重知识的系统性和连贯性，帮助学生建立完整的数学知识结构。同时，教师还需要关注初中数学知识在高中阶段的应用和拓展，避免学生在知识上出现断层或重复学习的情况。

在知识点的衔接过程中，教师还需要注意不同知识点之间的内在联系和相互影响。例如，在初中阶段学习的一元一次方程和不等式等知识，在高中阶段将被应用于函数和数列的学习中。因此,在初中阶段的教学中,教师需要注意这些知识点之间的联系和过渡,为学生日后学习更高级的数学知识做好铺垫。

2. 思维方法的衔接

除了知识点的衔接外,初高中数学衔接还需要关注思维方法的衔接。初中数学注重直观思维和形象思维的培养,而高中数学则更加注重抽象思维和逻辑思维的培养。因此,在初高中数学衔接过程中,教师需要引导学生逐渐从直观思维和形象思维向抽象思维和逻辑思维过渡。

在初中阶段的教学中,教师可以通过实例和练习来帮助学生理解数学概念和原理,培养学生的直观思维和形象思维能力。例如,教师可以通过几何图形的直观展示来帮助学生理解平面几何和立体几何的概念和性质;通过代数式的运算来帮助学生理解代数式的意义和应用方法。同时,教师还可以通过启发式教学和探究式教学等方法来激发学生的学习兴趣和主动性,培养学生的独立思考和探究问题的能力。

进入高中阶段后,数学问题的复杂性和抽象性将逐渐增加。因此,教师需要引导学生逐渐适应抽象思维和逻辑思维的要求。在教学中,教师可以通过问题的设置和解析来帮助学生理解数学问题的本质和规律,培养学生的抽象思维能力和逻辑思维能力。同时,教师还可以通过拓展性问题和开放性问题等方式引导学生进行独立思考和探究学习,培养学生的创新能力和实践能力。

在思维方法的衔接过程中,教师还需要注重不同思维方法之间的融合和贯通。例如,在解决数学问题时,学生需要综合运用代数、几何、概率统计等多种思维方法。因此,在教学中,教师需要注重不同思维方法之间的联系和过渡,帮助学生形成完整的数学思维体系。

3. 学习习惯的衔接

学习习惯是影响学生学习效果的重要因素之一。在初高中数学衔接过程中,教师还需要关注学生学习习惯的衔接。初中学生的学习习惯相对简单和被动,而高中学生的学习习惯则需要更加主动和自律。因此,在初高中数学衔接过程中,教师需要引导学生养成良好的学习习惯。

在初中阶段的教学中,教师可以通过布置适量的练习和作业来帮助学生巩固知识点和思维方法,培养学生的基础数学素养。同时,教师还可以通过组织课堂讨论和小组活动等方式来激发学生的学习兴趣和积极性,培养学生的合作学习和交流能力。此外,教师还需要关注学生的学习态度和情绪状态,及时给予鼓励和支持,帮助学生树立自信心,激发学生的学习动力。

　　进入高中阶段后，学生的学习任务将更加繁重和复杂。因此，教师需要引导学生养成更加主动和自律的学习习惯。在教学中，教师可以通过制订学习计划、设置学习目标等方式来帮助学生规划自己的学习时间和进度，培养学生的自我管理能力。同时，教师还可以通过组织课外活动和兴趣小组等方式激发学生的学习兴趣，培养学生的综合素质和创新能力。

　　在学习习惯的衔接过程中，教师还需要关注学生的个体差异和个性化需求。每个学生都有自己独特的学习方式和需求，因此教师需要根据学生的实际情况和兴趣特点制订个性化的教学计划和辅导方案，帮助学生更好地适应高中数学学习的要求。

　　综上所述，初高中数学衔接的内容涵盖了知识点、思维方法和学习习惯等多个方面。在衔接过程中，教师需要注重知识点的梳理和对比、思维方法的过渡和融合以及学习习惯的培养和衔接。只有这样，才能确保学生在初高中数学衔接过程中顺利过渡并取得良好的学习效果。

5.1.3　初高中数学衔接的方法

　　在初高中数学衔接过程中，为了使学生能够顺利过渡并适应高中数学学习的要求，教师需要采取一系列有效的衔接方法。以下将详细探讨知识过渡法、思维引导法和学习指导法这三种衔接方法的具体实施和作用。

1. 知识过渡法

　　知识过渡法是一种在初高中数学衔接中非常重要的方法。它基于知识的连续性和系统性，旨在通过引导学生复习和巩固初中数学知识，为后续的高中数学学习打下坚实的基础。这种方法的实施关键在于将初中和高中的数学知识进行有效的连接和融合。

　　教师需要深入了解初中数学和高中数学的知识体系，明确两个阶段数学知识之间的联系和差异。在此基础上，教师可以结合高中数学的教学内容和教学进度，有针对性地选择一些与高中数学紧密相关的初中数学知识进行复习和巩固。这些知识点可以是初中数学中的核心内容，也可以是高中数学学习的基础和前提。

　　在复习过程中，教师不仅要注重知识点的讲解和练习，还要关注学生对知识点的理解和运用情况。可以通过一些衔接性的练习和测试来检验学生的掌握情况，及时发现和解决问题。此外，教师还可以利用一些具体的数学实例和实际问题引导学生将初中数学知识与高中数学知识进行联系和对比，帮助学生建立完整的知识体系。

除了直接复习和巩固初中数学知识外，教师还可以采用一些拓展性和延伸性的教学方法来帮助学生更好地理解高中数学的知识体系。例如，可以通过引入一些新的数学概念和原理来拓展学生的知识视野；可以通过一些数学竞赛和课外活动来提高学生的数学素养和解题能力。这些教学方法不仅可以激发学生的学习兴趣和积极性，还可以为高中数学学习做好充分的准备。

2. 思维引导法

思维引导法是一种注重培养学生数学思维能力的衔接方法。它强调在数学教学过程中引导学生进行数学思维训练，帮助学生理解和掌握数学问题的本质和解题方法，培养学生的解题能力和思维能力。这种方法的实施关键在于培养学生的抽象思维和逻辑思维能力。

教师需要了解初中数学和高中数学在思维方法上的差异和联系。初中数学注重直观思维和形象思维的培养，而高中数学则更加注重抽象思维和逻辑思维的培养。因此，在初高中数学衔接过程中，教师需要引导学生逐渐从直观思维和形象思维向抽象思维和逻辑思维过渡。

为了实现这一目标，教师可以结合高中数学的教学内容和教学进度，设计一些具有启发性和探究性的数学问题让学生思考和解答。这些问题可以是关于数学概念的理解和应用的问题，也可以是关于数学原理和规律的探究和发现的问题。在解题过程中，教师可以给予适当的引导和提示，帮助学生理解数学问题的本质和解题方法，培养学生的数学思维能力和解题能力。

此外，教师还可以采用一些多元化的教学方法培养学生的数学思维能力。例如，可以采用小组合作和讨论的方式来进行数学学习，让学生在交流和合作中相互启发和促进；可以采用案例分析和实践探究的方式来解决数学问题，让学生在具体的问题解决过程中培养数学思维能力。这些方法不仅可以丰富学生的学习体验和提高学习效果，还可以培养学生的合作精神和创新能力。

3. 学习指导法

学习指导法是一种注重培养学生学习习惯和自主学习能力的衔接方法。它强调在教学过程中给予学生充分的学习指导和建议，帮助学生养成良好的学习习惯和自主学习能力。这种方法的实施关键在于培养学生的自我管理能力和自主学习能力。

教师需要了解学生的学习情况和特点，根据每个学生的实际情况制订个性化的学习计划和学习目标。这些学习计划和学习目标应该明确具体、可行性强，并符合学生的学习需求和兴趣特点。同时，教师还需要定期进行评估和指导，帮助学生了解自己的学习情况和进展，及时调整学习计划和目标。

为了培养学生的自主学习能力，教师可以安排一些自主学习和合作学习的教学活动。例如，可以组织学生开展自主学习和合作学习活动，让学生在自主选择和合作完成学习任务的过程中培养自我管理能力和团队协作能力；可以鼓励学生参加数学竞赛和课外活动，让学生在具体的实践中提高自主学习能力和创新能力。这些活动不仅可以丰富学生的学习体验和提高学习效果，还可以培养学生的综合素质和未来发展潜力。

此外，教师还可以通过一些具体的学习指导措施来帮助学生养成良好的学习习惯。例如，可以要求学生制订学习计划并按时完成学习任务；可以要求学生进行课前预习和课后复习；可以鼓励学生多进行数学思考和解题训练等。这些措施不仅可以帮助学生养成良好的学习习惯和提高学习效果，还可以为学生的高中数学学习奠定良好的基础。

综上所述，知识过渡法、思维引导法和学习指导法是初高中数学衔接中常用的三种方法。它们分别侧重于知识的连接和融合、思维能力的培养以及学习习惯的养成。在初高中数学衔接过程中，教师可以根据具体情况灵活运用这些方法，帮助学生顺利过渡并取得良好的学习效果。同时，教师还需要关注学生的个体差异和个性化需求，制订个性化的教学计划和辅导方案，确保每个学生都能够得到充分的发展和提升。

5.1.4　初高中数学衔接的注意事项

在初高中数学衔接的过程中，为确保学生能够顺利过渡并高效适应高中数学学习的要求，教师需要关注多个方面的注意事项。以下将从知识的连贯性和系统性、学生的思维发展、良好的学习习惯培养以及教学方法的适应性和灵活性等方面进行详细探讨。

1. 注重知识的连贯性和系统性

初高中数学衔接的核心在于确保学生在两个阶段间能够顺利过渡，这要求教师在教学过程中高度关注知识的连贯性和系统性。在实际教学中，教师应对初中和高中数学的知识点进行细致梳理和对比，明确它们之间的联系和差异。通过对比，教师可以更加准确地了解学生已经掌握的知识和需要补充的内容，为后续的教学工作提供有力支撑。

为了确保知识的连贯性和系统性，教师需要注意以下几个方面。首先，教师应在教学设计上做到前后呼应、循序渐进，确保学生能够在初中阶段打下坚实的基础，为高中数学学习做好充分准备。其次，在教学过程中，教师应注重知识的内在联系和逻辑结构，帮助学生建立完整的知识体系。例如，在教授新知识点时，教师可以引导学生回顾与之相关的旧知识，通过对比和联系，帮助学生更加深入地理解新知识点的内涵和外延。最后，教师可以利用思维导图、知识树等工具，帮助学生梳理和归纳知识点，形成清晰的知识网络。

通过注重知识的连贯性和系统性，教师可以确保学生在初高中数学衔接过程中顺利过渡，避免知识断层和重复学习的问题。同时，这也有助于提高学生的数学素养和综合能力，为他们的高中数学学习奠定坚实的基础。

2. 关注学生的思维发展

在初高中数学衔接过程中，关注学生的思维发展至关重要。由于初中和高中的数学学习在思维方式和解题技巧上存在较大差异，因此教师需要根据学生的实际情况和教学进度合理安排教学内容和教学计划，引导学生逐渐从直观思维和形象思维向抽象思维和逻辑思维过渡。

为了实现这一目标，教师需要做到以下几点。首先，教师应深入了解学生的思维特点和认知发展水平，以便更加准确地把握学生的思维发展阶段和需求。其次，在教学设计上，教师应注重培养学生的数学思维能力和解题能力，通过设计具有启发性和探究性的数学问题引导学生深入思考和理解数学问题的本质和解题方法。再次，在解题过程中，教师应给予适当的引导和提示，帮助学生逐步建立自己的解题思路和方法。最后，教师还可以利用小组合作和讨论等教学方式来培养学生的思维能力和合作精神。

在关注学生思维发展的同时，教师还需要注重培养学生的创新意识和创新能力。例如，可以鼓励学生尝试不同的解题方法和思路，或者引导他们探索新的数学领域和问题。这些活动不仅可以激发学生的学习兴趣和热情，还可以提高他们的思维灵活性和创新能力。

3. 培养学生良好的学习习惯

在初高中数学衔接过程中，培养学生良好的学习习惯是至关重要的。良好的学习习惯不仅有助于学生提高学习效率和学习效果，还可以为他们的未来发展奠定坚实的基础。为了培养学生良好的学习习惯，教师需要做到以下几点。

首先，教师应引导学生养成预习和复习的习惯。预习可以帮助学生提前了解新知识的重点和难点，以便在上课时更好地理解和掌握。复习则可以帮助学生巩固所学知识，避免遗忘和混淆。教师可以布置一些预习和复习任务来督促学生养成这些习惯。

其次，教师应引导学生养成独立思考和合作学习的习惯。独立思考可以帮助学生形成自己的解题思路和方法，提高他们的解题能力和思维水平。合作学习则可以让学生在交流和合作中相互启发和促进，培养他们的团队精神和合作意识。教师可以组织一些小组活动或合作项目来促进学生之间的交流和合作。

最后，教师还应注重培养学生的自主学习能力和自我管理能力。自主学习能力可以帮助学生主动获取知识、解决问题并不断提升自己。自我管理能力则可以帮助学生合理安排时间、分配任务和调节情绪等。教师可以通过制订学习计划、给予学习建议等方式来培养学生的自主学习能力和自我管理能力。

4. 注重教学方法的适应性和灵活性

在初高中数学衔接过程中，教学方法的适应性和灵活性对于确保教学效果至关重要。由于不同学生的实际情况和发展特点存在差异，教师需要根据学生的实际情况和教学进度选择合适的教学方法。同时，在教学过程中，教师需要灵活调整教学方法和教学手段以适应不同学生的学习需求和发展特点。

为了实现教学方法的适应性和灵活性，教师需要做到以下几点。首先，教师应了解学生的实际情况和学习需求，以便更加准确地把握他们的学习特点和难点。其次，在教学设计上，教师应注重启发式教学、探究式教学等教学方法的应用，以激发学生的学习兴趣和主动性。再次，在教学过程中，教师应注重学生的反馈和表现，及时调整教学方法和教学手段以适应学生的学习需求和发展特点。最后，教师还可以利用现代化教学手段如多媒体、网络来提高教学效果和效率。

总之，在初高中数学衔接过程中注重教学方法的适应性和灵活性可以确保教学工作的针对性和有效性，有助于提高学生的学习效果和综合素质。同时，这也对教师提出了更高的要求和挑战，需要他们不断学习和探索新的教学方法和教学手段以适应不断变化的教学需求和学生发展特点。

5.2 初高中数学衔接的案例解析

5.2.1 专题学案一、数与式的运算

◎学习目标

（1）能够掌握立方和、立方差公式的正向运用与逆向变形。

（2）掌握简单的分式化简与分式恒等式的证明。

（3）掌握根式的化简求值及简单应用。

（4）掌握绝对值的代数意义及几何意义的应用。

◎新课导学

一、乘法公式

（1）计算 $(a+b)(a^2-ab+b^2)$。

（2）思考：用简便的方法计算 $(a-b)(a^2+ab+b^2)$。

（3）观察得出两个乘法公式：立方和与立方差公式。并把它们写出来。

例1 （1）$(4+m)(16-4m+m^2)$

（2）$\left(\dfrac{1}{5}m-\dfrac{1}{2}n\right)\left(\dfrac{1}{25}m^2+\dfrac{1}{10}mn+\dfrac{1}{4}n^2\right)$

（3）$(x^2+2xy+y^2)(x^2-xy+y^2)^2$　　（4）$(x-9y)\left(\dfrac{1}{9}x^2+9y^2+xy\right)$

例2 已知 $x+\dfrac{1}{x}=3$，求 $x^3+\dfrac{1}{x^3}$ 的值。

例3 因式分解

（1）x^3-27　　　　　　　　　（2）$8y^3+1$

自己编两道应用立方和、立方差公式解决的计算题。

二、根式

（1）根式 $\sqrt{a}$ 中 a 的取值范围是_____；根式 $\sqrt[3]{a}$ 中 a 的取值范围是_____。

（2）性质：$(\sqrt{a})^2=$_____，$\sqrt{a^2}=$_____；$(\sqrt[3]{a})^3=$_____，$\sqrt[3]{a^3}=$_____。

$\sqrt{ab}=$_____（$a\geqslant 0$，$b\geqslant 0$）；$\sqrt{\dfrac{a}{b}}=$_____（$a\geqslant 0$，$b>0$）。

例1 （1）求使 $\sqrt[3]{5-x}+\dfrac{1}{\sqrt{2x-2}}$ 有意义的实数 x 的取值范围。

（2）若 $\sqrt{1-4a+4a^2}=1-2a$，求 a 的取值范围。

例2 化简下列各式

（1）$\dfrac{\sqrt{2}-1}{\sqrt{2}+1}$　　　　（2）$\sqrt{(\sqrt{3}-2)^2}+\sqrt{(\sqrt{3}-1)^2}$　　　　（3）$\sqrt{3-2\sqrt{2}}$

例 3　比较大小

（1）$2+\sqrt{2}$ 与 $\sqrt{5}+1$　　　　　　　　（2）$\sqrt{3}-\sqrt{2}$ 与 $\sqrt{5}-2$

三、绝对值

（1）代数意义：_____。

（2）几何意义：_____。

例 1　（1）① 若 $|x|=5$，则 $x=$_____；② 若 $|x|=|-4|$，则 $x=$_____。

（2）已知 $\dfrac{|x|}{x-2}=\dfrac{x}{2-x}$，则 x 应满足_____。

例 2　说出下列各式的几何意义。

（1）$|x+2|$　　　　　　（2）$|x-3|$　　　　　　（3）$|x+a|$

（4）$|x-2|+|x+1|$　　　　（5）$|x-2|-|x+1|$

例 3　利用绝对值的几何意义，求满足下列各式的 x 的取值范围。

（1）$|x|>2$　　　　　　（2）$|x-1|>2$　　　　　（3）$|x+3|<5$

小结：不等式 $|x|>a$（$a>0$）的解集是_____，不等式 $|x|<a$（$a>0$）的解集是_____。

例 4　（1）利用绝对值的几何意义，求满足下列各式的取值范围。

① $|x-2|+|x+1|=3$　　　② $|x-2|+|x+1|>3$　　　③ $|x-2|+|x+1|<3$

（2）① 若不等式 $|x-2|+|x+1|>a$ 恒成立，求 a 的取值范围。

② 若不等式 $|x-2|-|x+1|\leqslant a$ 恒成立，求 a 的取值范围。

◎自我测评

（1）二次根式 $\sqrt{a^2}=-a$ 成立的条件是（　　）。

A. $a>0$　　　　　B. $a<0$　　　　　C. $a\leqslant 0$　　　　D. a 是任意实数

（2）若 $x<3$，则 $\sqrt{9-6x+x^2}-|x-6|$ 的值是（　　）。

A. -3　　　　　B. 3　　　　　C. -9　　　　　D. 9

（3）等式 $\sqrt{\dfrac{x}{x-2}}=\dfrac{\sqrt{x}}{\sqrt{x-2}}$ 成立的条件是（　　）。

A. $x\neq 2$　　　　　B. $x>0$　　　　　C. $x>2$　　　　　D. $0<x<2$

（4）填空，使之符合立方和或立方差公式。

① （　　　　）$(a^2+2ab+4b^2)=$_____。

② （　　　　）$(9a^2-6ab+4b^2)=$_____。

（5）化简二次根式 $a\sqrt{-\dfrac{a+1}{a^2}}$（$a<0$）的结果是_____。

（6）设 $x=\dfrac{2+\sqrt{3}}{2-\sqrt{3}}$，$y=\dfrac{2-\sqrt{3}}{2+\sqrt{3}}$，求 x^3+y^3 的值。

（7）利用绝对值的几何意义，解不等式。

① $2<|x+3|\leqslant 5$ ② $|x+2|+|x-1|>5$

◎总结与反思

你能归结一下绝对值几何意义的应用吗？

5.2.2　专题学案二、因式分解

◎学习目标

学习掌握分解因式的几种基本方法：提公因式法、分组分解法以及二次三项式的分解因式的十字相乘法。

◎新课导学

一、提公因式法

如果一个多项式的各项含有公因式，那么就可以把这个公因式提出来，从而将多项式化成两个因式乘积的形式，这种分解因式的方法叫作提公因式法。

例1　把下列各多项式分解因式

（1）$8a^3b^2-12ab^3c$ （2）$(x+y)(x-y)+(x+y)^2$

尝试归纳：

利用提公因式法的解题步骤是＿＿＿＿＿＿＿＿＿＿＿＿＿＿＿＿＿＿。

二、分组分解法

通过仔细观察，发现若干个项之间的关系，或有公因式，或可套公式，分组发展条件，以达到最终分解因式的目的。分组分解的关键是合理选择分组方法。分组的原则有两条：一是分组后至少有一组可分解因式；二是组与组之间还可以分解因式。

例1　把下列各多项式分解因式

（1）$ax+bx+cx+ay+by+cy$ （2）$ax+ax^2-b-bx$

尝试归纳：

利用分组分解法分解因式的关键是＿＿＿＿＿＿＿＿＿＿＿＿＿＿＿＿。

三、十字相乘法

一般二次三项式 ax^2+bx+c 的因式分解：由 $a_1a_2x^2+(a_1c_2+a_2c_1)x+c_1c_2=(a_1x+c_1)(a_2x+c_2)$ 我们发现，二次项系数 a 分解成 a_1a_2，常数项 c 分解成

c_1c_2，把 a_1，a_2，c_1，c_2 写成 $\begin{matrix} a_1 & c_1 \\ & \times \\ a_2 & c_2 \end{matrix}$，这里按斜线交叉相乘，再相加，就得到 $a_1c_2+a_2c_1$，如果它正好等于 ax^2+bx+c 的一次项系数 b，那么 ax^2+bx+c 就可以分解成 $(a_1x+c_1)(a_2x+c_2)$，其中 a_1，c_1 位于上一行，a_2，c_2 位于下一行。这种借助画十字交叉线分解系数，从而将二次三项式分解因式的方法，叫作十字相乘法。

必须注意，分解因数及十字相乘都有多种可能的情况，所以往往要经过多次尝试，才能确定一个二次三项式能否用十字相乘法分解。

例1 用十字相乘法分解因式：

（1）x^2-3x+2 （2）$x^2+4x-12$

解：（1）如图1，将二次项 x^2 分解成图中两个 x 的_____，再将常数项 2 分解成_____与_____的乘积，而图中对角线上的两个数乘积的和为_____，就是 x^2-3x+2 中的一次项，所以，有 $x^2-3x+2=$ _____。

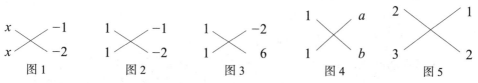

图1　　　图2　　　图3　　　图4　　　图5

说明：今后在分解与本例类似的二次三项式时，可以直接将图1中的两个 x 用 1 来表示（如图2所示）。

（2）由图3，得

$x^2+4x-12=$ _____。

尝试归纳：

对于二次三项式 x^2+px+q，如果能够把常数项 q 分解成两个因数 a,b 的积，且 $a+b=p$（如图4），则它可分解因式为 $x^2+px+q=x^2+(a+b)x+ab=$ _____。

例2 用十字相乘法将下列二次三项式进行分解因式：

（1）$6x^2+7x+2$ （2）$3x^2-13x-10$

解：（1）由图5，将二次项 x^2 前系数分解成_____与_____的乘积，再将常数项 2 分解成_____与_____的乘积，而图中对角线上的两个数乘积的和为_____，就是 $6x^2+7x+2$ 中的一次项系数，所以，有 $6x^2+7x+2=$ _____。

（2）$3x^2-13x-10=$ _____。

尝试归纳：

十字相乘分解步骤：将二次项的系数分解为_____个因数写在左边，将常数项分解为两个因数写在_____边，以四数为端点连出十字状的两条对角线，最后验证两对角线上的数积之和是否等于一次项的_____。十字相乘法只能把某些_____次_____项式进行因式分解。

例 3　用十字相乘法将下列二次三项式进行分解因式：

（1）$x^2-3xy+2y^2$　　　　　　　（2）$x^2-(a+b)xy+aby^2$

◎自我测评

（1）多项式 $-6m^3n^2-3m^2n^2+12m^2n^3$ 分解因式时应提取的公因式为（　　）。

A. $3mn$　　　　　　B. $-3m^2n$　　　　　　C. $3mn^2$　　　　　　D. $-3m^2n^2$

（2）下列各题中分解因式错误的是（　　）。

A. $-3a^2b+6ab^2=-3ab(a-2b)$

B. $(m-n)^3-3p(n-m)^3=(m-n)^3(1+3p)$

C. $4x^2-25y^2=(2x+5y)(2x-5y)$

D. $x^2-2y^2=(x+2y)(x-2y)$

（3）下列变形中是因式分解的是（　　）。

A. $6a^5=2a^2 \cdot 3a^3$　　　　　　　　　　　B. $4x^2-8x-1=4x(x-2)-1$

C. $3a^n-6a^{n-1}b=3a^{n-1}(a-2b)$　　　　　D. $(x-2y)^2=x^2+4xy+4y^2$

（4）下列各式中，能用平方差公式分解因式的是（　　）。

A. $81x^5-16y^4$　　　　　　　　　　　B. $-0.36m^2-0.01n^2$

C. $-\dfrac{49}{121}x^2y^4+\dfrac{9}{16}z^2$　　　　　D. $16(x-y)^2-25(y-x)^3$

（5）用分组分解法分解多项式 b^2-a^2+2a-1 时，正确的分组方法是（　　）。

A. $(b^2-a^2)+(2a-1)$　　　　　　B. $(b^2+2a)-(a^2+1)$

C. $(b^2-1)-(a^2-2a)$　　　　　　D. $b^2-(a^2-2a+1)$

（6）用适当方法分解因式：

① $x(x-y)(a-b)-y(y-x)(b-a)$　　② $ab+b+a+1$

③ x^2-5x+6　　　　　　　　　　　④ x^2-5x-6

⑤ $12x^2-5x-2$　　　　　　　　　　⑥ $5x^2+6xy-8y^2$

⑦ $(a+b)^2-4(a+b)+3$　　　　　　⑧ $x^2-(4a-1)x+3a^2-a$

（7）你能根据十字相乘法的原理自己编写一道可以用十字相乘法分解因式的二次三项式吗？

◎总结与反思

（1）这一节你都学会了哪些分解因式的方法？

（2）你能根据自己的体验用几个字总结一下十字相乘法的步骤吗？

5.2.3 专题学案三、方程与方程组

◎学习目标

（1）掌握一元一次方程与一元二次方程的解法。

（2）掌握二元一次方程组与二元二次方程组的解法。

◎新课导学

一、解方程

例 1　解一元一次方程：$5x-2=3x+6$

尝试归纳：

解一元一次方程的步骤是_____。

例 2　解一元二次方程：

（1）$x^2=1$　　　　（2）$x^2-3x=0$　　　　（3）$x^2-3x+2=0$

尝试归纳：

解一元二次方程的步骤是_____。

二、解方程组

例 1　解二元一次方程组 $\begin{cases} 2x-y=1 \\ x+4y=5 \end{cases}$

解：（法一）代入消元法：

（法二）加减消元法：

尝试归纳：

解二元一次方程组的步骤是，代入消元法：_____。

加减消元法：_____。

例 2　解二元二次方程组：$\begin{cases} 2x-y=0 & （1） \\ x^2-y^2+3=0 & （2） \end{cases}$

解：由（1）得：$y=$ _____（3）。

将（3）代入（2）得：_____。解得：$x=$ _____或 $x=$ _____。

把 $x=$ _____代入（3）得：$y=$ _____。把 $x=$ _____代入（3）得：

$y=$ _____。

∴原方程组的解是，$\begin{cases} x= \underline{\quad\quad} \\ y= \underline{\quad\quad} \end{cases}$ 或 $\begin{cases} x= \underline{\quad\quad} \\ y= \underline{\quad\quad} \end{cases}$。

例 3　解二元二次方程组：$\begin{cases} 2x+y=10 & （1） \\ xy=8 & （2） \end{cases}$

解：由（1）得：$y= \underline{\quad\quad}$（3）。

将（3）代入（2）得：$\underline{\quad\quad}$。解得：$x= \underline{\quad\quad}$或 $x= \underline{\quad\quad}$。

把 $x= \underline{\quad\quad}$代入（3）得：$y= \underline{\quad\quad}$。把 $x= \underline{\quad\quad}$代入（3）得：$y= \underline{\quad\quad}$。

∴原方程组的解是，$\begin{cases} x= \underline{\quad\quad} \\ y= \underline{\quad\quad} \end{cases}$ 或 $\begin{cases} x= \underline{\quad\quad} \\ y= \underline{\quad\quad} \end{cases}$。

尝试归纳：

解含有二元一次方程的二元二次方程组的步骤是$\underline{\quad\quad\quad\quad\quad\quad}$

$\underline{\quad\quad\quad\quad\quad\quad\quad\quad\quad\quad\quad\quad\quad\quad\quad\quad}$。

例 4　解二元二次方程组：$\begin{cases} x^2+y^2=6 & （1） \\ x^2-y^2=2 & （2） \end{cases}$

解：（1）+（2）得：$x^2= \underline{\quad\quad}$，即 $x= \underline{\quad\quad}$或 $x= \underline{\quad\quad}$。

把 $x= \underline{\quad\quad}$代入（1）得：$y= \underline{\quad\quad}$。把 $x= \underline{\quad\quad}$代入（1）得：$y= \underline{\quad\quad}$。

∴原方程组的解是，$\begin{cases} x= \underline{\quad\quad} \\ y= \underline{\quad\quad} \end{cases}$ 或 $\begin{cases} x= \underline{\quad\quad} \\ y= \underline{\quad\quad} \end{cases}$ 或 $\begin{cases} x= \underline{\quad\quad} \\ y= \underline{\quad\quad} \end{cases}$ 或

$\begin{cases} x= \underline{\quad\quad} \\ y= \underline{\quad\quad} \end{cases}$。

尝试归纳：

解含有两个二元二次方程的二元二次方程组的步骤是$\underline{\quad\quad\quad\quad\quad}$

$\underline{\quad\quad\quad\quad\quad\quad\quad\quad\quad\quad\quad\quad\quad\quad\quad\quad}$。

◎自我测评

（1）四名学生解二元一次方程组$\begin{cases} 3x-4y=5 & ① \\ x-2y=3 & ② \end{cases}$ 提出四种不同的解法，其中解法不正确的是（　　）。

A. 由①得 $x= \dfrac{5+4y}{3}$，代入②　　　　　　B. 由①得 $y= \dfrac{3x-5}{4}$，代入②

C. 由②得 $y=- \dfrac{x-3}{2}$，代入①　　　　　　D. 由②得 $x=3+2y$，代入①

（2）用加减法解方程组 $\begin{cases} 2x+3y=1 \\ 3x-2y=8 \end{cases}$ 时，要使两个方程中同一未知数的系数相等或相反，有以下四种变形的结果：

① $\begin{cases} 6x+9y=1 \\ 6x-4y=8 \end{cases}$ ② $\begin{cases} 4x+6y=1 \\ 9x-6y=8 \end{cases}$ ③ $\begin{cases} 6x+9y=3 \\ -6x+4y=-16 \end{cases}$ ④ $\begin{cases} 4x+6y=2 \\ 9x-6y=24 \end{cases}$

其中，变形正确的是（　　　）。

A. ①②   B. ③④   C. ①③   D. ②④

（3）已知关于 x 的方程 $4x-3m=2$ 的解是 $x=m$，则 m 的值是_____。

（4）解方程：

① $x^2=2$ ② $x^2+2x=0$ ③ $x^2-5x+6=0$

④ $x^2-2x+1=0$ ⑤ $x^2-2x+2=0$ ⑥ $x^2-3x+1=0$

（5）解方程组：

① $\begin{cases} 5x-2y=3, \\ x+6y=11; \end{cases}$ ② $\begin{cases} \dfrac{x+3}{2}+\dfrac{y+5}{3}=7, \\ \dfrac{x-4}{3}+\dfrac{2y-3}{5}=2。 \end{cases}$ ③ $\begin{cases} x+y^2=6 \\ y=x \end{cases}$

④ $\begin{cases} x^2+2y^2=8 \\ x+y=2 \end{cases}$ ⑤ $\begin{cases} x-2y=0 \\ 3x^2+2xy=16 \end{cases}$ ⑥ $\begin{cases} x+y=-3 \\ xy=2 \end{cases}$

⑦ $\begin{cases} x^2+y^2=8 \\ x^2-y^2=0 \end{cases}$ ⑧ $\begin{cases} xy+x=16 \\ xy-x=8 \end{cases}$

（6）对于二元二次方程组 $\begin{cases} x+y=-3 \\ xy=2 \end{cases}$，结合一元二次方程的根与系数的关系，你能想到更简单的解法吗？

◎总结与反思

（1）你能总结一下解一元二次方程的规律、方法吗？

（2）对于不同类型的二元二次方程组，你都有哪些解法？

5.2.4　专题学案四、一元二次方程的根与系数的关系

◎学习目标

（1）掌握一元二次方程的根的判别式与韦达定理。

（2）能运用一元二次方程的根的判别式与韦达定理解决相关问题。

◎新课导学

一、一元二次方程的根的判别式

一元二次方程 $ax^2+bx+c=0$（$a\neq0$），用配方法将其变形为：$\left(x+\dfrac{b}{2a}\right)^2=$

_____。

由于可以用 b^2-4ac 的取值情况来判定一元二次方程的根的情况，因此，把 b^2-4ac 叫作一元二次方程 $ax^2+bx+c=0$（$a\neq0$）的根的判别式，表示为：$\Delta=b^2-4ac$。

对于一元二次方程 $ax^2+bx+c=0$（$a\neq0$），有

（1）当 Δ_____0 时，方程有两个不相等的实数根：_____。

（2）当 Δ_____0 时，方程有两个相等的实数根：_____。

（3）当 Δ_____0 时，方程没有实数根。

例 1 判定下列关于 x 的方程的根的情况，若有根请求出。

（1）$x^2+2x-3=0$　　　　（2）$x^2+2x+1=0$　　　　（3）$x^2+2x+3=0$

例 2 已知关于 x 的一元二次方程 $3x^2-2x+k=0$，根据下列条件，分别求出 k 的范围：

（1）方程有两个不相等的实数根；（2）方程有两个相等的实数根；（3）方程有实数根；（4）方程无实数根。

尝试归纳：

一元二次方程的根的判别式主要解决_____问题。

二、一元二次方程的根与系数的关系

若一元二次方程 $ax^2+bx+c=0$（$a\neq0$）有两个实数根 $x_1=\dfrac{-b+\sqrt{b^2-4ac}}{2a}$，

$x_2=\dfrac{-b-\sqrt{b^2-4ac}}{2a}$，则有 $x_1+x_2=$_____$=$_____，$x_1x_2=$_____$=$_____。

所以，一元二次方程的根与系数之间存在下列关系：

定理：如果一元二次方程 $ax^2+bx+c=0$（$a\neq0$）的两个根为 x_1，x_2，那么，$x_1+x_2=$_____，$x_1x_2=$_____。

说明：一元二次方程根与系数的关系由 16 世纪的法国数学家韦达发现，所以通常把此定理称为"韦达定理"。上述定理成立的前提是 $\Delta\geq0$。

例 1 设下列方程的两根分别为 x_1、x_2，求出 x_1+x_2 与 $x_1\cdot x_2$ 的值。

（1）$2x^2+3x-1=0$　　　　（2）$-3x^2-3x+1=0$　　　　（3）$x^2-3x=2x^2+1$

例 2 已知方程 $5x^2+kx-6=0$ 的一个根是 2，求它的另一个根及 k 的值。

例 3 若 x_1，x_2 是方程 $x^2+2x-3=0$ 的两个根，试求下列各式的值：

（1）$x_1^2+x_2^2$；（2）$\dfrac{1}{x_1}+\dfrac{1}{x_2}$；（3）$(x_1-5)(x_2-5)$；（4）$|x_1-x_2|$。

尝试归纳：

一元二次方程的根与系数的关系主要解决_____问题。

◎自我测评

（1）下列方程中，有两个相等的实数根的是（   ）。

A. $2y^2+5=6y$ B. $x^2+5=2x$ C. $x^2-2x+1=0$ D. $3x^2-2x+1=0$

（2）关于 x 的方程 $ax^2-2x+1=0$ 中，如果 $a<0$，那么根的情况是（   ）。

A. 有两个相等的实数根   B. 有两个不相等的实数根

C. 没有实数根   D. 不能确定

（3）若 x_1，x_2 是方程 $2x^2-6x+3=0$ 的两个根，则 $\dfrac{1}{x_1}+\dfrac{1}{x_2}$ 的值为（   ）。

A. 2   B. -2   C. $\dfrac{1}{2}$ D. $\dfrac{9}{2}$

（4）设 x_1，x_2 是方程 $2x^2-6x+13=0$ 的两根，则 $x_1^2+x_2^2$ 的值是（   ）。

A. 15   B. 12   C. 6   D. 3

（5）以方程 $x^2+2x-3=0$ 的两个根的和与积为两根的一元二次方程是（   ）。

A. $y^2+5y-6=0$ B. $y^2+5y+6=0$ C. $y^2-5y+6=0$ D. $y^2-5y-6=0$

（6）若方程 $x^2+x-1=0$ 的两根为 x_1，x_2，用韦达定理计算

① $x_1^2+x_2^2$；② $\dfrac{1}{x_1}+\dfrac{1}{x_2}$；③ $|x_1-x_2|$；④ $x_1^3+x_2^3$；⑤ $(x_1-1)(x_2-1)$。

（7）自己编一道一元二次方程根与系数关系的题目，并说说编题意图及解题思路。

◎总结与反思

（1）根据什么判断一元二次方程的根的个数问题？如何判断？

（2）你认为一元二次方程的根与系数的关系有哪些应用？应用中主要体现了哪种数学思想？

5.2.5 专题学案五、平面直角坐标系、正比例函数及反比例函数

◎学习目标

（1）进一步熟悉平面直角坐标系在数学中的应用。

（2）正比例函数及反比例函数的简单应用。

◎新课导学

一、平面直角坐标系

_____组成平面直角坐标系。_____叫作 x 轴或横轴，_____叫作 y 轴或纵轴，x 轴与 y 轴统称坐标轴，它们的公共原点 O 称为直角坐标系的原点。

例 1　已知点 $A(x, y)$，写出点 A 分别关于以下对称点或对称直线对称的点的坐标，完成下列表格：

对称点或对称直线方程	对称点的坐标
x 轴	
y 轴	
原点	
点 (a, b)	
直线 $x=a$	
直线 $y=b$	
直线 $y=x$	
直线 $y=-x$	

探究：轴对称与中心对称应如何区分？

例 2　已知 $A(2, y_1)$、$B(x_2, -3)$，根据下列条件，求出 A、B 点坐标。

（1）A、B 关于 x 轴对称；（2）A、B 关于 y 轴对称；（3）A、B 关于原点对称。

二、正比例函数及反比例函数

（1）一次函数：_____称 y 是 x 的一次函数，记为 $y=kx+b$（k、b 是常数，$k≠0$）。特别地，当 $b=0$ 时，称 y 是 x 的正比例函数。

（2）正比例函数的图象与性质：函数 $y=kx$（k 是常数，$k≠0$）的图象是_____的一条直线，当_____时，图象过原点及第一、第三象限，y 随 x 的增大而_____；当_____时，图象过原点及第二、第四象限，y 随 x 的增大而_____。

（3）一次函数的图象与性质：函数 $y=kx+b$（k、b 是常数，$k≠0$）的图象是过点（0，b）且与直线y=kx平行的一条直线。设y=kx+b（k≠0），则当_____时，y随x的增大而_____；当_____时，y随x的增大而_____。

（4）反比例函数的图象与性质：函数$y=\dfrac{k}{x}$（k≠0）是双曲线，当_____时，图象在第一、第三象限，在每个象限中，y随x的增大而_____；当_____时，图象在第二、第四象限，在每个象限中，y随x的增大而_____。双曲线是轴对称图形，对称轴是直线y=x与y=−x；又是中心对称图形，对称中心是原点。

例1　已知一次函数y=kx+2的图象过第一、第二、第三象限且与x、y轴分别交于A、B两点，O为原点，若△AOB的面积为2，求此一次函数的表达式。

例2　如图，反比例函数$y=\dfrac{k}{x}$（k≠0）的图象与一次函数y=kx+b的图象交于A（1，3），B（n，−1）两点。

（1）求反比例函数与一次函数的解析式。

（2）根据图象回答：当x取何值时，反比例函数的值大于一次函数的值。

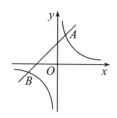

◎自我测评

（1）函数y=kx+m与$y=\dfrac{m}{x}$（m≠0）在同一坐标系内的图象可以是（　　）。

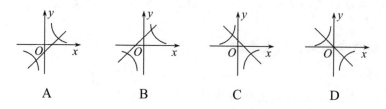

A　　　　　　B　　　　　　C　　　　　　D

（2）如图，平行四边形 $ABCD$ 中，A 在坐标原点，D 在第一象限角平分线上，又知 $AB=6$，$AD=2\sqrt{2}$，求 B、C、D 点的坐标。

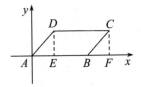

（3）已知一次函数 $y=(3a-2)x+1-b$，试确定 a、b 的取值范围，分别使得

① y 随 x 的增大而增大；

② 图象与 y 轴的交点在 x 轴下方；

③ 函数的图象经过一、二、四象限。

（4）如图，已知直线 $y=\dfrac{1}{2}x$ 与双曲线 $y=\dfrac{k}{x}$（$k>0$）交于 A、B 两点，且点 A 的横坐标为 4。

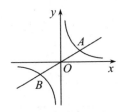

① 求 k 的值；

② 过原点 O 的另一条直线 l 交双曲线 $y=\dfrac{k}{x}$（$k>0$）于 P、Q 两点（P 点在第一象限），若由点 P、B、Q、A 为顶点组成的四边形面积为 24，求点 P 的坐标。

◎总结与反思

你能根据自己的体验归纳一下求解函数表达式的方法吗？

5.2.6 专题学案六、二次函数

◎学习目标

（1）掌握二次函数的图象与性质。

（2）会利用二次函数的性质求最值。

◎新课导学

一、二次函数的图象

问题 1 函数 $y=ax^2$ 与 $y=x^2$ 的图象之间存在怎样的关系？

问题 2 函数 $y=a(x+h)^2+k$ 与 $y=ax^2$ 的图象之间存在怎样的关系？

从而，我们可以得到研究二次函数 $y=ax^2+bx+c$（$a\neq0$）的图象的方法：因为 $y=ax^2+bx+c=a\left(x^2+\dfrac{b}{a}x\right)+c=a\left(x^2+\dfrac{b}{a}x+\dfrac{b^2}{4a}\right)+c-\dfrac{b^2}{4a}=a\left(x+\dfrac{b}{2a}\right)^2+\dfrac{4ac-b^2}{4a}$，所以，$y=ax^2+bx+c$（$a\neq0$）的图象可以看作将函数 $y=ax^2$ 的图象左右平移、上下平移得到的。

二、二次函数的性质

二次函数 $y=ax^2+bx+c$（$a\neq0$）具有下列性质。

（1）当 $a>0$ 时，函数 $y=ax^2+bx+c$ 图象开口方向_____，顶点坐标为_____，对称轴为直线_____；当_____时，y 随着 x 的增大而_____；当_____时，y 随着 x 的增大而_____；当_____时，函数取最小值_____。

（2）当 $a<0$ 时，函数 $y=ax^2+bx+c$ 图象开口方向_____，顶点坐标为_____，对称轴为直线_____；当_____时，y 随着 x 的增大而_____；当_____时，y 随着 x 的增大而_____；当_____时，函数取最大值_____。

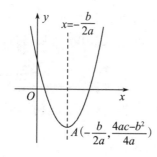 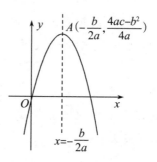

上述二次函数的性质可以分别通过上图直观地表示出来。因此，在今后解决二次函数问题时，可以借助函数图象、利用数形结合的思想方法来解决问题。

三、二次函数的三种表示方式

（1）一般式：_____；（2）顶点式：_____；

（3）交点式：_____。

例 1　求二次函数 $y=-3x^2-6x+1$ 图象的开口方向、对称轴、顶点坐标、最大值（或最小值），指出当 x 取何值时，y 随 x 的增大而增大（或减小），并画出该函数的图象。

例 2　根据下列条件，分别求出对应的二次函数的关系式。

（1）已知某二次函数的最大值为 1，图象的顶点在直线 $y=x-1$ 上，并且图象经过点（3，-1）。

（2）已知二次函数的图象过点（3，0），（1，0），且顶点到 x 轴的距离等于 2。

（3）已知二次函数的图象过点（-1，-18），（0，-8），（0，24）。

例 3　已知函数 $y=x^2$，分别在下列条件下求该函数的最大值与最小值，并求出此时所对应的自变量 x 的值。

（1）$-1 \leqslant x \leqslant 2$　　　　（2）$-2 \leqslant x \leqslant a$ 其中 $a \geqslant -2$

◎自我测评

（1）函数 $y=-x^2+4x+6$ 的最值情况是（　　　）。

A.有最大值 6　　　B.有最小值 10　　　C.有最大值 10　　　D.有最大值 2

（2）函数 $y=2x^2+4x-5$ 中，当 $-3 \leqslant x<2$ 时，y 值的取值范围是（　　　）。

A.$-3 \leqslant y<1$　　　B.$-7 \leqslant y<1$　　　C.$-7 \leqslant y<11$　　　D.$-7 \leqslant y<1$

（3）根据下列条件，分别求出对应的二次函数的关系式。

① 已知二次函数的图象经过点 A（0，-1），B（1，-1），C（-1，3）；

② 已知抛物线的顶点为（1，-3），且与 y 轴交于点（0，1）；

③ 已知抛物线与 x 轴交于点（-3，0），（5，0），且与 y 轴交于点（0，-3）。

（4）如图，某农民要用 12 m 的竹篱笆在墙边围出一块一面为墙、另三面为篱笆的矩形地供他圈养小鸡。已知墙的长度为 6 m，问怎样围才能使得该矩形面积最大？

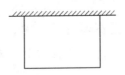

（5）已知二次函数 $y=x^2-2x+1-m$，

① 写出图象的开口方向、对称轴、顶点坐标；

② m 取何值时，图象与 x 轴有两个交点；

③ m 取何值时，顶点在 x 轴上方；

④ 如果图象与 x 轴的一个交点为（3，0），求 m 的值及另一个交点的坐标。

（6）k 为何值时 $kx^2-3kx+4>0$ 恒成立？

◎总结与反思

（1）用待定系数法求二次函数的关系式，如何选择方程的形式？

（2）如何利用二次函数的图象解决给定范围内的最值问题？

5.2.7 专题学案七、不等式

◎学习目标

（1）掌握一元二次不等式的解法。

（2）掌握简单的分式不等式和高次不等式的解法。

◎新课导学

一、解一元二次不等式

（1）在平面直角坐标系中，哪些位置的点对应的纵坐标 $y=0$，哪些点对应的纵坐标 $y>0$，哪些点对应的纵坐标 $y<0$？你知道一元一次不等式 $ax+b>0$（$a\neq0$）的解法来源吗？

（2）对二次函数 $y=x^2-x-6$，当 x 为何值时，$y=0$？如何由其图象得到答案？当 x 为何值时，$y>0$？你能找出对应的所有 x 的范围吗？当 x 为何值时，$y<0$？你能找出对应的所有 x 的范围吗？

类似 $x^2-x-6=0$ 的方程，我们称之为一元二次方程。那么，什么叫作一元二次不等式？它的一般形式是_____。

认识几个概念：① 能使不等式成立的未知数的值，叫作不等式的解。

② 一个含有未知数的不等式的所有解，组成这个不等式的解集。

③ 求不等式解集的过程叫作解不等式。

在（2）中，我们其实已经求解了一个方程 $x^2-x-6=0$ 和两个一元二次不等式 $x^2-x-6>0$、$x^2-x-6<0$。你可以尝试类比求解以下一元二次不等式吗？

例1 解不等式。

思考：若一元二次方程 $x^2+bx+c=0$ 有两个不等实根 x_1，x_2，且 $x_1<x_2$，那么对于一元二次不等式 $x^2+bx+c>0$，x 的取值范围是_____；对于一元二次不等式 $x^2+bx+c<0$，x 的取值范围是_____。

例 2　解不等式 $-3x^2+7x-2>0$。

思考：若一元二次方程 $-x^2+bx+c=0$ 有两个不等实根 x_1，x_2，且 $x_1<x_2$，那么对于一元二次不等式 $-x^2+bx+c>0$，x 的取值范围是＿＿＿＿；对于一元二次不等式 $-x^2+bx+c<0$，x 的取值范围是＿＿＿＿。

例 3　解不等式 $4x^2-4x+1>0$。

例 4　解不等式 $x^2+2x+3<0$。

尝试归纳：

由以上例题的解答，你能体会到一元二次方程的根与对应一元二次不等式解集的关系吗？试完成下表。

$a>0$，$\Delta=b^2-4ac$		$\Delta>0$	$\Delta=0$	$\Delta<0$
二次函数 $y=ax^2+bx+c$（$a>0$）的图象				
一元二次方程 $ax^2+bx+c=0$（$a>0$）的根				
一元二次不等式的解集	$ax^2+bx+c>0$（$a>0$）的解集			
	$ax^2+bx+c<0$（$a>0$）的解集			

你能够想到在 $a<0$ 的条件下，怎么解一元二次不等式吗？

小结：

（1）你能归结出解一元二次不等式的一般步骤吗？

（2）你能将自己对于二次函数、一元二次方程、一元二次不等式的关系的理解写下来吗？

二、解简单的分式不等式

例 1　解不等式：$\dfrac{x-3}{x+7}<0$。

（提示：$\dfrac{a}{b}>0$ 或 $\dfrac{a}{b}<0$ 反映 a、b 符号相同或相反，其实除了利用他们商的正负来体现，还可以利用他们积的正负来体现。你可以做一下转化吗？）

变式 1 解不等式：$\dfrac{x-3}{x+7}>0$。

变式 2 解不等式：$\dfrac{x-3}{x+7}\leqslant 0$。

（思考：$\dfrac{x-3}{x+7}\leqslant 0$ 与转化后的 $(x-3)(x+7)\leqslant 0$ 是否是等价的？为什么？）

变式 3 解不等式：$\dfrac{x-3}{x+7}<2$。

尝试归纳：

（1）解分式不等式的步骤。

（2）分式不等式转化的方向，如：

$$\dfrac{f(x)}{g(x)}>0\Leftrightarrow \qquad \dfrac{f(x)}{g(x)}<0\Leftrightarrow \qquad \dfrac{f(x)}{g(x)}\geqslant 0\Leftrightarrow \qquad \dfrac{f(x)}{g(x)}\leqslant 0\Leftrightarrow$$

三、解简单的高次不等式

例 1 解不等式：$(x-1)(x+4)(x-3)>0$。

例 2 解不等式：$(x+1)(x-2)(x-4)(x+3)>0$。

例 3 解不等式：$\dfrac{x^2-3x+2}{x^2-2x-3}>0$。

◎自我测评

（1）解不等式：① $3x^2-7x+2<0$ ② $-6x^2-x+2\leqslant 0$

                ③ $4x^2+4x+1<0$ ④ $x^2-6x+5>0$

（2）x 是什么实数时，$\sqrt{x^2+x-12}$ 有意义？

（3）解不等式：① $\dfrac{2x-5}{5x+2}<0$ ② $\dfrac{1-2x}{x+1}\geqslant 0$ ③ $\dfrac{2x-1}{x+1}<1$

（4）解不等式：① $(2x-1)(x-1)(x+2)>0$

               ② $(x^2-4x-5)(x^2+x+2)<0$

               ③ $\dfrac{x^2-4x+1}{3x^2-7x+2}\geqslant 1$

（5）已知解一元二次不等式 $ax^2+bx+c>0$ 所求结果是 $1<x<2$，请问 a、b、c 应满足什么样的关系？

◎总结与反思

（1）尝试总结一元二次不等式、简单的分式不等式、简单的高次不等式的解答步骤。

（2）尝试总结解分式不等式时代数式的各种转化方向及易错点。

（3）对比一元二次不等式及简单的高次不等式的解答过程，分析其中的共同点。

（4）你对于函数与对应不等式的关系有何看法？请尝试归结。

5.3 初高中数学衔接的效果评估

在初高中数学教育衔接的过程中，效果评估是一个不可或缺的环节。它不仅能够帮助教师了解学生在衔接过程中的学习成果和存在的问题，还能为进一步优化教学策略和方法提供有力的依据。本节将详细探讨初高中数学衔接的效果评估，从评估的目标、内容、方法以及结果分析等方面进行全面阐述。

5.3.1 评估目标

初高中数学衔接的效果评估是一个关键且复杂的环节，它不仅关乎学生的个人成长，也会直接影响教学质量和教育改革的方向。在此过程中，评估目标的设定至关重要，它为我们指明了评估的方向，为整个评估过程提供了明确的指导。以下是对初高中数学衔接效果评估目标的详细阐述。

1. 了解学生学习成果

评估的首要目标是深入了解学生在初高中数学衔接过程中的学习成果。这一目标的实现需要从多个维度进行全面考察。

（1）知识掌握程度。通过测试、作业和课堂表现等多种方式，评估学生对初高中数学知识点的掌握情况。我们不仅要关注学生对基础知识的理解程度，还要考察他们在实际应用中是否能灵活运用所学知识。这要求我们在评估过程中设计合理的测试题目和作业内容，以真实反映学生的学习成果。

（2）数学思维能力。数学思维能力是数学学习的重要组成部分，也是高中数学学习的关键能力。在评估过程中，我们需要特别关注学生在逻辑推理、归纳分类、化归等数学思维能力方面的提升情况。例如，可以通过让学生解决一些具有挑战性的问题来考察，观察他们的思维过程和解题方法，从而评估他们的数学思维能力水平。

（3）解题能力。解题能力是学生学习成果的重要体现，也是数学学习的核心技能之一。在评估过程中，我们需要设计一些具有代表性的数学问题，让学生在规定时间内完成，以考察他们的解题速度和解题技巧。同时，我们还需要关注学生的解题策略和方法，以评估他们在面对不同问题时能否灵活应对。

除了以上三个方面，我们还需要关注学生在学习态度和习惯方面的表现。良好的学习态度和习惯是学生学习成功的关键因素之一。通过评估学生的学习态度和习惯，我们可以更好地了解他们的学习状态和需求，为后续的教学改进提供有力依据。

2. 发现教学问题

评估的另一个重要目标是发现教学中存在的问题和不足。这有助于我们及时纠正错误，改进教学方法和策略，提高教学质量。

（1）教学方法适应性。我们需要评估教学方法是否适应学生的需求和特点。例如，对于不同层次的学生，我们需要采用不同的教学方法来激发他们的学习兴趣和积极性。通过评估学生的课堂表现和反馈意见，我们可以了解教学方法是否得当，是否能够满足学生的需求。

（2）教学内容连贯性。初高中数学衔接是一个系统工程，需要确保教学内容的连贯性和系统性。在评估过程中，我们需要关注教学内容的衔接和过渡情况，以及不同知识点之间的内在联系。通过评估学生对教学内容的理解和掌握情况，我们可以发现教学内容中是否存在遗漏或重复等问题，以便及时进行调整和改进。

（3）教学资源利用情况。教学资源的充分利用是提高教学质量的重要保障。在评估过程中，我们需要关注教学资源的利用情况，包括教材、教辅资料、多媒体教学资源等。通过评估这些资源的利用情况，我们可以了解它们是否得到充分利用，是否能够满足教学需求。同时，我们还可以发现一些新的教学资源或工具，为今后的教学提供有益的借鉴和参考。

3. 优化教学策略

根据评估结果对教学策略和方法进行优化和调整是评估的最终目标之一。这有助于提高教学质量和效果，确保学生能够在高中阶段更好地适应数学学习的要求。

（1）教学策略调整。根据评估结果，我们需要对教学策略进行调整。例如，对于学生在知识掌握方面存在的问题，我们可以加强基础知识的教学和巩固；对于学生在解题能力方面存在的不足，我们可以加强解题技巧和策略的训练。同时，我们还需要根据学生的特点和需求制定个性化的教学策略，以满足不同学生的学习需求。

（2）教学方法创新。创新教学方法是提高教学质量的重要途径之一。在评估过程中，我们需要关注教学方法的创新和应用情况。例如，我们可以尝试采用分组合作教学法、问题探究教学法等教学方法来激发学生的学习兴趣和主动性；我们还可以利用多媒体技术、网络资源等现代化教学手段来丰富教学内容和形式。通过不断尝试和创新教学方法，我们可以提高教学效果和质量，为学生的全面发展创造更好的条件。

（3）教学团队建设。优秀的教学团队是提高教学质量的重要保障。在评估过程中，我们需要关注教学团队的建设情况。这包括教师队伍的素质提升、团队合作精神的培养以及教学经验的积累等方面。通过加强教学团队建设，形成一支高素质、专业化的教学队伍，为学生的数学学习提供有力的支持和保障。

综上所述，初高中数学衔接的效果评估旨在实现多个目标，包括了解学生学习成果、发现教学问题以及优化教学策略等。这些目标的实现需要我们从多个维度进行全面考察和分析，以确保评估结果的准确性和有效性。同时，我们还需要根据评估结果及时采取相应措施进行改进和优化，以不断提高教学质量和效果。

5.3.2 评估内容

初高中数学衔接的效果评估内容是确保教学质量和学生成长的关键环节。在这一部分，我们将从知识掌握程度、数学思维能力、解题能力以及学习态度和习惯四个方面进行详细的阐述。

1. 知识掌握程度

在初高中数学衔接的效果评估中，知识掌握程度是首要的评估内容。这不仅包括学生对初中数学知识的理解和记忆，还涉及对高中数学知识的初步掌握。具体来说，可以从以下三个方面进行考察。

（1）知识点理解。学生对知识点的理解程度直接决定了他们能否将所学知识应用于实际问题中。在评估时，我们可以通过设计针对性的测试题目来考查学生对知识点的理解。例如，对于初中数学中的函数知识，我们可以设计一些涉及函数性质、图象变换等方面的题目，让学生进行分析和解答。通过这种方式，我们可以了解学生对知识点的掌握情况，进而调整教学策略和方法。

（2）知识记忆。数学是一门需要大量记忆的学科，特别是对于一些公式、定理和性质等基础知识。在评估学生的知识记忆时，我们可以通过课堂提问、随堂测试等方式进行考察。例如，对于高中数学中的三角函数公式，我们可以随机提问学生某个公式的具体内容，或者让他们默写某个定理的证明过程。通过这种方式，我们可以了解学生对基础知识的记忆情况，进而采取相应的补救措施。

（3）知识应用能力。知识的应用能力是评估学生知识掌握程度的重要指标之一。在评估时，我们需要设计一些具有实际背景的题目，让学生运用所学知识进行分析和解答。例如，对于高中数学中的数列知识，我们可以设计一些涉及银行存取款、工资增长等实际问题的题目，让学生运用数列知识进行建模和求解。通过这种方式，我们可以了解学生在实际应用中是否能够灵活运用所学知识，进而提高他们的数学素养和解题能力。

2. **数学思维能力**

数学思维能力是数学学习的核心能力之一，也是高中数学学习的关键能力。在初高中数学衔接的效果评估中，我们需要重点关注学生的数学思维能力发展情况。具体来说，可以从以下三个方面进行考察。

（1）逻辑推理能力。逻辑推理能力是数学学习中不可或缺的能力之一。在评估时，我们可以通过设计一些涉及逻辑推理的题目来考查学生的能力水平。例如，对于初中数学中的平面几何知识，我们可以设计一些需要运用逻辑推理进行证明的题目，让学生进行分析和解答。通过这种方式，我们可以了解学生在逻辑推理方面的能力水平，进而加强相关能力的训练和培养。

（2）归纳分类能力。归纳分类能力是数学学习中常用的一种思维方式。在评估时，我们可以通过设计一些需要学生进行归纳分类的题目来考察他们的能力水平。例如，对于高中数学中的数列知识，我们可以设计一些需要学生对数列进行分类并总结性质的题目，让学生进行分析和解答。通过这种方式，我们可以了解学生在归纳分类方面的能力水平，进而引导他们形成科学的思维方式。

（3）化归能力。化归能力是数学学习中一种重要的解题策略。在评估时，我们需要关注学生在解题过程中是否能够运用化归策略将复杂问题简化为简单问题或已知问题进行求解。具体来说，我们可以通过设计一些具有挑战性的题目来考查学生的化归能力。例如，对于高中数学中的不等式证明问题，我们可以设计一些需要学生进行等价变形、放缩等操作的题目，让学生尝试运用化归策略进行求解。通过这种方式，我们可以了解学生在化归能力方面的表现情况，进而指导他们形成正确的解题策略和方法。

3. 解题能力

解题能力是数学学习的核心能力之一，也是初高中数学衔接中需要重点考察的内容。具体来说，可以从以下三个方面进行考察。

（1）解题速度。解题速度是评估学生解题能力的重要指标之一。在评估时，我们需要设计一些具有时间限制的题目来考查学生的解题速度。例如，对于高中数学中的选择题和填空题等客观题部分，我们可以设定一定的时间限制让学生完成解答，并统计他们的答题速度和正确率。通过这种方式，我们可以了解学生在解题速度方面的表现情况，进而指导他们养成高效的解题习惯，掌握科学的解题方法。

（2）解题技巧。解题技巧是提高学生解题效率和正确率的关键因素之一。在评估时，我们需要关注学生在解题过程中是否能够灵活运用各种解题技巧和方法进行求解。具体来说，我们可以通过分析学生的作业和试卷来考察他们的解题技巧水平。例如，对于高中数学中的导数应用问题，我们可以关注学生在解题过程中是否能够灵活运用导数求极值、求切线斜率等技巧进行求解。通过这种方式，我们可以了解学生在解题技巧方面的表现情况，进而调整相关技巧的训练。

（3）解题策略。解题策略是指导学生正确解题的关键因素之一。在评估时，我们需要关注学生在解题过程中是否能够形成科学的解题策略和方法。具体来说，我们可以通过观察学生的解题过程和思路来考察他们的解题策略水平。例如，对于高中数学中的复杂问题或难题部分，我们可以关注学生的解题思路和方法选择是否正确合理，是否能够化难为易、化繁为简进行求解。通过这种方式，我们可以了解学生在解题策略方面的表现情况，进而引导他们形成科学的解题思维和方法。

4. 学习态度和习惯

学习态度和习惯是影响学生学习效果的重要因素之一。在初高中数学衔接的效果评估中，我们也需要关注学生的学习态度和习惯的发展情况。具体来说，可以从以下四个方面进行考察。

（1）预习习惯。预习是学习数学的重要习惯之一。在评估时，我们可以通过检查学生的预习笔记、提问预习内容等方式来考察他们的预习习惯。预习不仅有助于学生提前了解新知识点，还能帮助他们在课堂上更好地理解和掌握新知识。因此，我们需要关注学生在预习过程中的投入程度和效果，进而引导他们形成良好的预习习惯。

（2）复习习惯。复习是巩固所学知识的重要手段。在评估时，我们可以通过检查学生的复习笔记、提问复习内容等方式来考察他们的复习习惯。复习不仅有助于加深对知识点的理解和记忆，还能帮助学生查漏补缺、巩固学习效果。因此，我们需要关注学生在复习过程中的投入程度和效果，进而指导他们形成科学的复习方法和策略。

（3）独立思考能力。独立思考能力是学习数学的重要能力之一。在评估时，我们需要关注学生在解题过程中是否能够独立思考、自主解决问题。具体来说，我们可以通过分析学生的作业和试卷来考察他们的独立思考能力水平。例如，对于高中数学中的一些难题或综合性问题，我们可以关注学生在解题过程中是否能够独立思考、尝试多种解法或思路进行求解。通过这种方式，我们可以了解学生在独立思考能力方面的表现情况，进而强化对其相关能力的训练和培养。

（4）合作学习意识。合作学习是现代教育中倡导的一种学习方式。在评估时，我们需要关注学生在合作学习中的表现情况。合作学习不仅有助于学生之间的交流与合作，还能帮助他们相互学习、共同进步。因此，我们需要关注学生在合作学习中的参与程度和贡献情况，进而引导他们形成积极的合作学习意识和习惯。

综上所述，初高中数学衔接的效果评估内容主要包括知识掌握程度、数学思维能力、解题能力以及学习态度和习惯四个方面。通过全面、细致的评估工作，我们可以了解学生在数学衔接过程中的学习成果和发展情况，进而为教学质量的提升和教育改革的深化提供有力的支持和保障。同时，我们也需要关注评估结果的反馈和应用工作，及时调整教学策略和方法，促进学生全面、健康发展。

5.3.3　评估方法

在初高中数学衔接的过程中，为了确保教学效果，促进学生全面发展，我们需要采用多种评估方法相结合的方式来进行全面、细致的评估。以下是对几种常用评估方法的详细阐述。

1. 测试法

测试法是数学教育中常用的一种评估方法，是指通过设计一定难度的测试题目来评估学生对数学知识的掌握程度和解题能力。在初高中数学衔接的过程中，测试法更是不可或缺的评估手段。

首先，测试法具有客观性和标准化的特点。通过设计具有代表性和典型性的测试题目，我们可以全面、客观地考查学生的数学能力和思维水平。测试题目应该覆盖初中数学和高中数学的重要知识点，能够反映出学生在数学衔接过程中的学习成果和发展情况。同时，测试题目的难度应该适中，既能够考查学生的基础知识掌握情况，又能够检验他们的解题能力和思维水平。

其次，测试法应该根据教学进度和内容进行合理安排。在初高中数学衔接的不同阶段，我们可以设置单元测试、期中测试、期末测试等不同类型的测试。通过分阶段、分步骤的测试，我们可以及时了解学生在不同学习阶段的学习成果和存在的问题，进而调整教学策略和方法，促进学生全面发展。

在测试法的实施过程中，我们还需要注意以下几个方面：一是要确保测试题目的质量和难度；二是要合理安排测试时间和地点；三是要及时收集和分析测试结果，为教学改进提供有力支持。

2. 作业法

作业法是评估学生学习情况和思维过程的重要方法。通过批改学生的作业，我们可以了解学生的学习成果和存在的问题，并给予相应的指导和帮助。在初高中数学衔接的过程中，作业法更是具有不可替代的作用。

首先，作业法具有针对性和差异性的特点。我们可以设计具有针对性和差异性的作业题目，以适应不同学生的学习需求和水平。对于数学基础较弱的学生，我们可以设计一些基础题目来帮助他们巩固基础知识；对于数学能力较强的学生，我们可以设计一些拓展题目来激发他们的学习兴趣和创造力。差异化的作业设计可以使每个学生都能够在适合自己的学习轨道上稳步前进。

其次，作业法还具有及时性和互动性的优势。教师可以通过批改作业及时了解学生的学习情况和存在的问题，并给予针对性的指导和帮助。同时，学生也可以通过完成作业来巩固所学知识、提高解题能力、形成科学的思维方式。这种方式有助于提高学生的学习兴趣和积极性，促进他们全面发展。

在作业法的实施过程中，我们需要注意以下几个方面：一是要确保作业题目的质量和难度适中；二是要及时批改和反馈作业情况；三是要关注学生在作业中表现出的学习态度和习惯，及时引导他们形成良好的学习习惯和方法。

3. 观察法

观察法是通过观察学生在课堂上的表现和互动情况来评估他们的学习态度和习惯的重要方法。在初高中数学衔接的过程中，观察法可以帮助我们更全面地了解学生的学习情况和发展状态。

首先，观察法具有直观性和真实性的特点。通过观察学生在课堂上的发言次数、参与度、合作精神等表现，我们可以直观地了解他们的学习态度和习惯是否良好。这种直观的观察结果有助于我们更准确地评估学生的学习成果和发展情况。

其次，观察法还具有即时性和动态性的优势。教师可以根据学生在课堂上的表现及时调整教学策略和方法，以满足学生的学习需求和发展要求。同时，学生也可以通过观察其他同学的表现来反思自己的学习态度和习惯，进而形成正确的学习观念和方法。

在观察法的实施过程中，我们需要注意以下几个方面：一是要制定明确的观察指标和标准；二是要保持客观、公正的观察态度；三是要及时记录和反馈观察结果，以便更好地指导教学工作。

4. 调查法

调查法是通过问卷调查或访谈等方式了解学生的学习感受和需求的重要方法。在初高中数学衔接的过程中，调查法可以帮助我们更深入地了解学生的学习情况和心理状态。

首先，调查法具有广泛性和深入性的特点。通过问卷调查或访谈等方式，我们可以收集大量关于学生学习感受和需求的数据和信息，从而更全面地了解学生的学习情况和心理状态。这些数据和信息有助于我们更准确地把握学生的学习需求和改进方向。

其次，调查法还具有及时性和互动性的优势。通过问卷调查或访谈等方式，我们可以及时了解学生的学习感受和需求，并根据这些信息调整教学策略和方法。同时，学生也可以通过参与调查来表达自己的意见和建议，促进师生之间的沟通和交流。

在调查法的实施过程中，我们需要注意以下几个方面：一是要设计科学、合理的调查问卷或访谈提纲；二是要确保调查过程的客观性和公正性；三是要及时分析和反馈调查结果，为教学改进提供有力支持。

综上所述，测试法、作业法、观察法和调查法都是初高中数学衔接中常用的评估方法。通过综合运用这些方法，我们可以全面、细致地评估学生的学习成果和发展情况，为教学质量的提升和教育改革的深化提供有力的支持和保障。

5.3.4 结果分析

在初高中数学衔接的实践策略实施后，对评估结果的深入分析是不可或缺的环节。这不仅有助于我们了解学生的学习成果和存在的问题，还能为教学改进提供有力的数据支撑。以下是对几种常用结果分析方法的详细阐述。

1. 统计分析法

统计分析法是通过使用专业的统计分析软件对收集到的数据进行系统处理和分析的方法。在初高中数学衔接的评估中，我们可以利用统计分析法对学生的测试成绩、作业质量等数据进行深入分析，以揭示学生在知识掌握、解题能力等方面的表现情况。

首先，我们可以利用统计软件计算学生的平均分和标准差，从而了解整体学生的学习水平以及学生之间的成绩差异。通过对比不同班级或不同教学条件下学生的平均分和标准差，我们可以进一步探讨教学策略和方法的有效性。

其次，我们可以利用统计分析法进行成绩分布分析。通过绘制成绩分布图，我们可以直观地看到学生在各个分数段上的分布情况，了解学生在各个层次上的表现情况。这有助于我们发现高分段和低分段学生的特点，为教学改进提供有针对性的建议。

最后，我们还可以利用相关性分析、回归分析等高级统计方法来探讨学生成绩与多种因素之间的关系。例如，我们可以分析学生成绩与作业质量、课堂参与度等因素之间的相关性，以了解这些因素对学生成绩的影响程度。

总之，统计分析法提供了一种客观、量化的评估手段，使我们能够更准确地了解学生的学习成果和存在的问题。对统计数据的深入分析和解读，可以为教学改进提供有力的数据支撑。

2. 内容分析法

内容分析法是一种对文本材料进行深入解读和分析的方法。在初高中数学衔接的评估中，我们可以利用内容分析法对学生的作业、试卷等文本材料进行深入的内容分析，以揭示学生在知识掌握、思维能力和解题技巧等方面的具体情况。

首先，我们可以对学生的解题思路进行分析。通过解读学生的解题步骤和答案质量，我们可以了解学生在解题过程中的思维方式和解题策略。这有助于我们发现学生在思维方式和解题策略上存在的问题，并给出针对性的指导建议。

其次，我们可以对学生的学习态度和学习习惯进行分析。通过观察学生在作业中的字迹工整程度、解题步骤的完整性等方面，我们可以了解学生的学习态度是否认真、学习习惯是否良好。这有助于我们及时发现学生的学习问题并进行干预。

最后，我们还可以对学生的学习难点和疑惑进行分析。通过收集学生的问题和疑惑，我们可以了解学生在学习过程中遇到的困难和障碍，并据此调整教学策略和方法。这有助于我们更好地满足学生的学习需求和提高教学效果。

总之，内容分析法提供了一种深入、细致的评估手段，使我们能够更全面地了解学生的学习情况和发展状态。通过深入分析和解读文本材料中的信息，可以为教学改进提供有针对性的建议。

3. 比较分析法

比较分析法是将学生的评估结果与预期目标或历史数据进行比较的方法。在初高中数学衔接的评估中，我们可以利用比较分析法来评估学生在初高中数学衔接过程中的学习成果和进步情况。

首先，我们可以将学生的评估结果与预期目标进行比较。通过比较学生的知识掌握程度、思维能力、解题能力等方面是否达到预期目标，我们可以了解教学策略和方法的有效性。如果学生的表现未达到预期目标，我们需要反思教学策略和方法是否存在问题，并进行相应的调整和改进。

其次，我们可以将学生的评估结果与历史数据进行比较。通过比较不同时间段或不同教学条件下的数据变化情况，我们可以了解学生在初高中数学衔接过程中的学习成果和进步情况。这有助于我们发现学生在不同教学条件下的表现差异和原因，并据此调整教学策略和方法。

最后，我们还可以利用横向比较法对不同班级或不同学生群体进行比较分析。通过比较不同班级或不同学生群体在知识掌握、思维能力等方面的差异和联系，我们可以了解不同教学策略和方法对不同学生的影响程度。这有助于我们为不同学生群体制定更有针对性的教学策略和方法。

总之，比较分析法提供了一种直观、有效的评估手段，使我们能够更准确地评估学生在初高中数学衔接过程中的学习成果和进步情况。通过深入分析和解读比较结果，可以为教学改进提供有针对性的建议。

4. 综合分析法

综合分析法是结合多种评估方法和数据来源进行综合分析的方法。在初高中数学衔接的评估中，我们可以利用综合分析法来得出全面、准确的评估结果。

首先，我们可以结合测试成绩、作业质量、课堂参与度等多种数据来源，对学生的知识掌握程度、思维能力、解题能力等方面进行综合评估。通过综合分析各种数据指标，我们可以全面了解学生在初高中数学衔接过程中的学习成果和存在的问题。

其次，我们可以结合各科教师、学生、家长等多方面的评价信息，对学生的学习态度和习惯进行综合评估。通过收集各方面的评价信息，我们可以更全面地了解学生的学习状态和发展趋势，为教学改进提供有力的支持。

最后，我们还可以利用图表、图象等多种可视化工具来展示分析结果。通过绘制成绩分布图、变化趋势图等，我们可以直观地展示学生的评估结果和发展趋势，为教学改进提供直观的参考依据。

总之，综合分析法提供了一种全面、系统的评估手段，使我们能够更准确地了解学生在初高中数学衔接过程中的整体学习成果和存在的问题。通过深入分析和解读综合分析结果，可以为教学改进提供更加全面、科学的指导建议。

5.3.5　结果反馈与改进

在初高中数学衔接的实践策略实施后，对评估结果的深入分析仅仅是第一步，更关键的步骤在于如何将这些结果有效地反馈给相关教师和学生，并基于这些结果进行相应的教学改进。以下将详细讨论反馈与改进的具体内容和措施。

1. 向学生反馈学习成果和存在问题

（1）反馈内容的详细性与个性化。为了确保每个学生都能清晰地了解自己在初高中数学衔接过程中的学习成果和存在的问题，我们需要制订详细且个性化的反馈方案。首先，针对每个学生的测试成绩进行细致分析，包括他们的总分、各题得分、错误类型等，以便了解学生在哪些方面表现良好，哪些方面需要进一步加强。其次，通过作业反馈，我们可以了解学生在平时学习中存在的问题，如解题步骤的错误、对知识点的理解不足。最后，结合课堂表现和参与度，我们可以全面了解学生的学习状态和学习风格。

（2）反馈方式的多样性与互动性。在反馈方式上，我们应采取多样化的手段，确保学生能够充分理解并接受反馈内容。一方面，通过面对面交流的方式，我们可以针对每个学生的具体情况提供个性化的指导和建议，帮助他们制订下一步的学习计划。另一方面，利用现代信息技术手段，如线上平台、学习APP，我们可以向学生推送个性化的学习资源和练习题目，帮助他们巩固所学知识，提升解题能力。此外，我们还可以通过定期举办家长会、学习交流会等方式，加强与家长和学生的沟通，共同关注学生的学习进展和成长。

（3）反馈时间的及时性与持续性。为了确保学生能够及时了解自己的学习情况和需要改进的地方，我们需要确保反馈的及时性。在每次测试、作业或课堂表现后，我们需要尽快完成数据的收集和分析工作，并向学生和家长反馈结果。同时，我们还需要确保反馈的持续性，即在整个初高中数学衔接过程中持续关注学生的学习情况和发展状态，并根据需要调整反馈内容和方式。

2. 向教师反馈教学问题和改进建议

（1）问题分析的深入性与针对性。在向教师反馈教学问题和改进建议时，我们需要对评估结果进行深入分析，找出教学中存在的问题和不足。首先，我们可以从学生的测试成绩、作业质量等方面入手，分析学生普遍存在的问题和困难所在。其次，结合课堂观察和听课记录，我们可以了解教师在教学中的优点和不足之处。最后，我们还需要综合考虑学生的反馈意见和家长的建议等因素，以全面、准确地把握教学中的问题和挑战。

（2）改进建议的具体性与可操作性。在提出改进建议时，我们需要注重建议的具体性和可操作性。一方面，我们可以针对教学中存在的具体问题提出具体的解决方案和改进措施，如优化教学内容、改进教学方法。另一方面，我们还需要考虑这些建议的可行性和可操作性，确保教师能够在实际工作中顺利实施并取得良好效果。此外，我们还可以结合其他成功的教学案例和经验教训等因素，为教师提供更具参考价值和指导意义的改进建议。

（3）教师培训与交流的加强。为了确保教师能够充分了解并接受这些改进建议并付诸实践，我们需要加强教师培训与交流工作。首先，我们可以通过组织专家讲座、教学研讨会等活动形式邀请相关领域的专家学者和优秀教师进行经验分享和教学指导；其次，我们可以通过建立教学共同体或教学研究小组等方式加强教师之间的合作与交流，促进教学经验的共享和教学资源的互补；最后，我们还可以通过鼓励教师参加教学比赛、撰写教学论文等方式激发他们的教学热情和创新精神，推动教学质量的不断提升。

3. 调整教学计划和内容

（1）教学计划的灵活性与适应性。在初高中数学衔接过程中，我们需要根据评估结果及时调整教学计划和内容，以确保教学内容的连贯性和系统性，以及学生的学习进度和效果。首先，我们需要根据学生的学习情况和需求灵活调整教学进度和教学计划，确保学生能够在适当的时间内掌握所需的知识和技能；其次，我们需要根据学生的反馈意见和家长的建议等因素，及时调整教学内容和教学方法，以满足不同学生的学习需求和发展潜力；最后，我们还需要关注学生的学习动态和发展趋势，根据需要及时调整教学计划和内容，以适应学生的学习节奏和发展水平。

（2）教学内容的连贯性与系统性。为了确保学生在初高中数学衔接过程中能够顺利地完成从初中到高中的过渡，我们需要确保教学内容的连贯性和系统性。首先，我们需要根据初高中数学教育的特点和要求制定合理的教学大纲和教学计划，确保学生能够在各个阶段掌握所需的知识和技能；其次，我们需要注重不同知识点之间的联系和衔接，避免出现知识断层或重复的情况；最后，我们还需要关注学生的个体差异和学习需求，针对不同学生的特点和需求制订个性化的教学计划和内容，以促进他们的全面发展。

（3）问题导向的教学安排。针对学生在初高中数学衔接过程中存在的问题和困难，我们需要采取问题导向的教学策略和方法，进行有针对性的教学安排和辅导。首先，我们可以通过测试、作业等方式了解学生的问题和困难所在，并根据需要进行专项辅导和训练；其次，我们可以结合案例分析、情景模拟等方式，帮助学生理解和掌握抽象的概念和原理，提高他们的思维能力和解题能力；最后，我们还可以通过小组讨论、合作学习等方式，促进学生的互动和交流，培养他们的团队协作精神和创新意识。

4. 加强师生互动和沟通

（1）互动形式的多样化与互动性。为了加强师生之间的互动和沟通，我们需要采取多样化的互动形式和手段。首先，我们可以利用课堂上的提问、回答等方式，鼓励学生积极发言、提问和合作讨论，激发他们的学习兴趣和积极性；其次，我们可以利用课后的辅导时间或线上交流平台等方式，为学生提供个性化的指导和帮助，解决他们在学习中遇到的问题和困惑；最后，我们可以定期组织学习交流活动或学术研讨会等，让学生有机会展示自己的学习成果和分享自己的学习经验，促进他们之间的交流与合作。

（2）沟通内容的全面性与深入性。在沟通内容上，我们需要确保全面性和深入性。首先，我们需要关注学生的学习进展和成绩变化，了解他们的学习情况和需求，以便及时调整教学策略和方法。其次，我们需要关注学生的学习心理和情感态度，了解他们的兴趣和偏好以及学习中的困难和挑战，以便为他们提供更贴心、更个性化的支持和帮助。最后，我们需要加强与学生家长的沟通与合作，共同关注学生的成长和发展，形成家校共育的良好局面。

（3）沟通时机的及时性与有效性。为了确保沟通的有效性和及时性，我们需要抓住关键时机进行有针对性的沟通。例如，在每次测试或作业后，我们可以及时向学生反馈他们的学习成果和存在的问题，并帮助他们制订下一步的学习计划。同时，我们还可以定期组织家长会或座谈会等形式，与家长面对面交流学生的学习情况和成长进展，共同关注学生的成长和发展。

通过以上的详细讨论和扩展，我们可以看到结果反馈与改进在初高中数学衔接实践中的重要性。在初高中数学衔接过程中，我们需要将评估结果及时、有效地反馈给相关教师和学生，并根据评估结果进行相应的教学改进。通过向学生反馈学习成果和存在问题、向教师反馈教学问题和改进建议、调整教学计划和内容以及加强师生互动和沟通等措施，我们可以全面提升初高中数学衔接的教学质量和效果，帮助学生更好地适应高中数学学习的挑战和要求。同时，这些措施还可以促进教师的专业成长和教学水平的提高，为教育教学事业的可持续发展注入新的活力和动力。

6 小初高数学衔接中的学生认知发展

数学教学注重的是学生思维和认知的发展，数学衔接不仅是知识的衔接，更是思维和认知的衔接与发展。学生的认知发展不仅影响其数学学科的学业发展与个人成长，也影响着整个教育体系的变革与发展。实施小初高数学衔接，必须了解小初高各学段学生数学学科认知发展的特点和规律，进而科学设计和实施教学活动，达成教学目标。因此，了解小初高各学段学生的认知发展，对数学衔接教学具有重要的意义。

1. 促进个性化教学

无论哪个阶段的学生，每人都有独特的数学学习风格，也具有不同的数学学习能力水平。这种理解促使教育者设计个性化的教学计划，以满足不同学生的需求，进而使教学活动具有一定的针对性，从而提高学生的学习动机和课堂参与度，保证学习效果。

2. 支持终身学习

认知发展是一个持续的过程，其内涵强调学习不仅发生在学校，更贯穿个人的整个生命历程。这种观点鼓励学生发展终身学习的习惯和能力，使他们能够在快速变化的世界中不断适应和成长。在这种观点之下，学习不再是短期和功利化的行为，而成为终身的体验活动。而教学也不再仅仅是书本知识的简单传授和方法技巧的机械训练，而是要培养学生解决问题的能力，培养其学科核心素养，为学生终身成长和发展奠基。

3. 强化批判性思维

批判性思维是一种高阶数学思维。学生的批判性思维能力，包括问题分析、决策评估和创造性思考的能力。批判性思维是解决复杂问题和在复杂情境中作出明智决策的关键技能，对学生未来的学术和职业生涯至关重要。

4. 促进跨学科学习

数学是一门基础学科，它自身具有整体性，同时又与其他学科有着密切的内在联系和相互作用。教师可以利用这一点，设计跨学科的课程和活动，帮助学生感受数学知识的整体性以及其与不同学科、不同领域的密切联系，促进学生综合思维和创新能力的发展。

5. 增强社会适应能力

认知发展不仅包括学术知识的积累，还包括社会和情感技能的培养。教育者可以在教学中开展多种形式的教学活动，鼓励合作探究和交流展示，让学生可以更好地理解和适应社会规范，建立和谐的人际关系，并在多元文化环境中更好地生活和学习。

6. 提升创新和解决问题的能力

对未知保持持续的好奇心并开展深入的探究是一种重要的品质和能力。这种探索精神和创新能力对于解决现实世界中的复杂问题至关重要。教师可以通过提供开放性问题和项目，鼓励学生利用已有的知识和经验，分析和探究真实问题，提高知识的应用意识，发展解决问题的能力，培养创新求异的精神。

7. 培养自主学习能力

新的课程改革要求突显学生的主体地位，注重学生学习自主性的激发和引领。教师可以通过创设情境，提供资源、工具和策略，设计问题，驱动学生高效学习，引导学生成为自主学习者，成为课堂的贡献者和知识的生成者。

8. 促进道德和价值观的发展

数学学科核心素养的终极追求是品格和价值观的塑造。教师可以通过讨论、反思和实践等形式，进行过程性评价，帮助学生加强对正义、公平和责任的理解，形成积极的社会价值观。

综上所述，学生的认知发展对教育具有多方面的意义，它要求教师不断更新教学方法，以适应学生不断变化的学习需求。通过促进个性化教学、支持终身学习、强化批判性思维、促进跨学科学习、增强社会适应能力、提升创新和解决问题的能力、培养自主学习能力以及促进道德和价值观的发展，教师可以更好地帮助学生建构起学习的意义，引导学生以更积极自主的形式开展学习活动，拥有更强的技能和经验来面对未来的挑战，最终成为有文化、有能力、有素养的现代公民。

6.1 学生认知发展的特点

6.1.1 小学生数学认知发展的特点

小学生数学认知发展具有多维度、多层次等特点，涉及认知学、心理学、社会学等多个方面。

1. 从具体到抽象的过渡

小学生在数学学习中，往往需要从源于现实的具体事物或情境中抽象得到相关数学概念。这一特点主要体现在实物操作、图象表示、符号理解、抽象概念等方面。

（1）实物操作。学生通过触摸和操作具体的物体，如积木、计数棒，建立起对数量的直观感知，包括数字的识别、顺序、大小比较等。

（2）图象表示。学生通过图形和图表来表示数学概念，如使用条形图来表示数量的多少，使用折线图来体现数量的变化趋势。

（3）符号理解。学生开始逐步理解抽象的数学符号的意义，并尝试使用数学符号来表达数量关系和空间形式。

（4）抽象概念。学生逐步学会处理更为抽象的数学概念，如分数、小数和代数表达式，并且能够使用数学符号和术语来表达数学概念和数学运算。

2. 数感和数序的理解

数感，是指学生对数字的直观感知；数序，是指学生对数字顺序的理解和应用。在小学阶段，学生的数感和数序理解主要表现在数的认识、数的大小比较、数的序列、数的运算等方面。

（1）数的认识。学生学会识别和命名数字，理解每个数字代表的具体数量。

（2）数的大小比较。学生能够比较不同数字的大小，并能够排序。

（3）数的序列。学生理解数字的顺序，理解基数与序数的区别，如能够按顺序数数或识别数字的前后关系。

（4）数的运算。学生通过基本数学运算形式的理解和应用，进而掌握基本运算法则，如交换律、结合律、分配律，进一步加深对数感的理解。

3. 空间和几何概念的发展

空间和几何概念是数学认知的重要组成部分，小学生在这一领域的发展特点主要包括形状识别、空间关系、测量和比较、几何构造等方面。

（1）形状识别。能够快速识别存在于生活中基本的几何形状，如长方形、正方形、梯形、三角形、圆形。

（2）空间关系。理解物体在平面和空间中的物理位置关系，如上下、左右、前后。

（3）测量和比较。学习并使用工具进行测量，并通过测量比较不同物体的大小、长度或面积。

（4）几何构造。学生通过拼图、剪纸等活动，理解几何图形的组合和分解。

4. 逻辑思维和问题解决能力

逻辑思维和问题解决能力是数学认知发展的关键，小学生在这一领域的发展特点主要包括分类和排序、模式识别和延续、因果关系理解、问题解决策略等方面。

（1）分类和排序。学生能够自主选择相关属性，并以之为依据对事物进行分类和排序。

（2）模式识别和延续。学生能够识别并延续简单的模式，如颜色、形状或数字的序列。

（3）因果关系理解。学生开始理解事物之间的因果关系，并按照一定的逻辑顺序思考并解决问题。

（4）问题解决策略。学生能够使用不同的方法和策略，如枚举法、假设法、试错法、方程法来解决数学问题。

5. 计算技能和策略的掌握

计算技能和策略是数学学习的基础，小学生在这一领域的发展特点主要包括基本运算、运算法则、估算技能、计算策略等方面。

（1）基本运算。学生掌握加法、减法、乘法和除法等基本运算技能。

（2）运算法则。学生能够结合情境学习运算法则，理解其数学意义，并能够应用运算法则进行准确的计算和求解。

（3）估算技能。学生学会估算，以快速判断结果的大致范围。

（4）计算策略。学生发展出多种计算策略，如分解、重组、补偿，以简化计算过程。

6. 应用数学知识解决实际问题

数学源于现实，又服务于现实，它与现实世界紧密相连。小学生在应用数学知识解决实际问题方面的发展特点，体现在日常生活中的应用、跨学科学习、实际问题建模、批判性思维等方面。

（1）日常生活中的应用。学生学会将数学知识应用于日常生活中，如购物时的货币计算、时间管理。

（2）跨学科学习。学生学会用数学工具解决跨学科问题，如科学、地理问题。

（3）实际问题建模。学生学会将实际问题抽象成数学模型，使用数学方法进行分析和解答。

（4）批判性思维。在应用数学知识解决问题的过程中，学生能够拓展思维，求新求异，批判性思考，创新式解决问题。

综上，小学生数学认知的发展是一个逐步积累和深化的过程，涉及从具体到抽象的过渡、数感和数序的理解、空间和几何概念的发展、逻辑思维和问题解决能力的提升、计算技能和策略的掌握以及应用数学知识解决实际问题的能力。教师应该提供一个丰富的学习环境，鼓励学生通过实际操作、探索和发现来发展他们的数学能力。同时，通过适当的指导和支持，帮助学生克服学习中的困难，培养他们对数学的兴趣和信心。

6.1.2 初中生数学认知发展的特点

初中生的数学认知发展是数学学习的一个关键阶段，这一时期学生开始从小学的直观数学学习过渡到更抽象、更系统的数学知识体系。初中生数学认知发展的特点主要包括以下几个方面。

1. 抽象思维能力的增强

初中生开始更加频繁地接触和使用抽象概念，如代数中的变量、方程和函数。这一特点体现在变量理解、方程求解、函数概念的学习、抽象推理等方面。

（1）变量理解。学生学会使用字母来代表未知数，理解变量的概念和功能，体会从特殊问题到一般性问题的过渡。

（2）方程求解。学生掌握解一元一次方程和更高阶方程的基本方法，能够使用代数表达式来描述问题，并理解数学运算中"元"的处理技巧和方法。

（3）函数概念。学生能够结合现实情境，初步理解函数的概念，能够利用简单的函数模型刻画和表达现实世界中的特殊关系，体会函数是刻画现实世界中运动变化规律的重要数学模型。

（4）抽象推理。学生能够进行更加复杂的逻辑推理，解决抽象问题。

2. 空间观念的深化

初中生的空间观念进一步发展，他们开始学习更高级的几何知识，接触并研究更加复杂的几何图形。

（1）几何证明。学生学习几何证明的基本方法，如综合法、分析法、反证法，能够初步理解并掌握演绎推理及"三段论"。

（2）空间关系。学生理解三维空间中物体的位置和运动，如立体几何，学习简单空间几何体的结构特征，掌握其表面积、体积等的求解方法，体会其在现实世界中的价值和应用。

（3）坐标几何。学生学习使用坐标系统来描述和分析几何图形，体会数与形的紧密联系。

3. 逻辑思维和问题解决技能的提升

初中数学教育的目标是培养学生的逻辑思维能力和问题解决的能力，使其能够运用数学知识解决更为复杂的问题，并为高中及更高层次的数学学习打下坚实的基础。

（1）逻辑推理。学生能够使用逻辑推理来解决更复杂的数学问题，包括演绎推理和归纳推理。

（2）问题分解。学生能够独立分析问题，运用数学知识和技能，学会将复杂问题分解为更小、更易管理的部分，找到解决问题的方法。

（3）策略运用。学生掌握多种解决问题的策略，如归纳法、演绎法。

（4）批判性思维。学生能够评估数学论证的有效性和准确性，能够评估不同解决方案的合理性，能够准确地识别其中的逻辑错误。

（5）创造性思维。学生在解决问题时能够在类比联想的基础上，进一步求异求新，提出创新的方法和思路。

4. 计算技能的自动化和精确化

随着数学知识的深入，初中生的计算技能变得更加自动化和精确，在计算的速度、准确度，计算工具等方面有较大的变化。

（1）快速计算。学生能够快速进行基本的加减乘除运算，并能够根据代数式的结构特征选择合理的运算方向和运算技巧。

（2）准确度。学生在计算过程中更加注重准确性，减少错误。

（3）高级运算。学生掌握更复杂的数学运算形式，掌握更高级的运算技巧。

（4）计算工具。学生学会使用计算器和其他工具辅助计算，提高问题解决的效率，但同时保持对基础计算的熟练度。

5. 数学知识的系统化和结构化

初中生开始构建数学知识的系统化和结构化框架，如整合数学知识、建立数学概念之间的内在联系、利用数学建模解决现实问题、利用数学语言准确表达。

（1）知识整合。学生学会将不同数学概念和技能整合在一起，形成完整的知识体系，初步体会数学的整体性以及数学与不同学科之间的内在联系。

（2）概念联系。学生理解不同数学概念之间的内在联系，感受数学的整体性。

（3）数学建模。学生学会使用数学模型来模拟、描述和分析现实世界中的真实问题，并以数学工具，如方程、不等式（组）、函数解决问题。

（4）数学语言。学生能够合理地使用数学语言，如图示语言、符号语言，简洁、准确地表达数学关系及数学思想。

6. 数学应用意识的培养

初中生开始更加关注数学知识在现实世界中的应用，如科学、技术、工程领域，数学应用意识进一步增强。

（1）实际问题解决。学生学会将数学知识应用于解决日常生活中的实际问题，如最大收益、最小成本。

（2）跨学科联系。学生理解数学与物理、化学、天文学等其他学科的联系，感受数学的学科价值和应用价值。

（3）数据分析。学生利用普查或调查，收集、整理和分析数据，使用统计方法来解释数据，感受数学的应用价值。

（4）技术应用。学生学会使用计算机软件和技术工具来辅助数学学习和问题解决。

综上，初中生的数学认知发展是一个由具体到抽象、由简单到复杂的过程。在这一阶段，学生需要掌握更高级的数学概念和技能，发展抽象思维、空间观念、逻辑思维和问题解决能力。

6.1.3 高中生数学认知发展的特点

高中生的数学认知发展是教育过程中的一个高级阶段，这一时期的学生已经具备了较为扎实的数学基础，开始接触更为深入和抽象的数学概念。

1. 高级抽象思维能力的发展

高中生在数学学习中需要运用更高级的抽象思维能力，包括数学概念的进一步抽象、数学符号应用更加广泛、数学思维深度和广度的进一步提升等。

（1）抽象概念的深入理解。学生能够理解并运用高级数学概念，如映射、函数、向量、数列、随机变量。

（2）数学符号和语言的熟练运用。学生进一步学习集合、函数、向量、曲线的方程（方程的曲线）等，并以之为工具和语言表达数学对象间的关系，能够熟练使用数学符号和专业术语进行表达和推理。

（3）数学思维的深度和广度。学生的思维不再局限于表面现象，而是能够通过归纳与抽象、转化与化归等揭示事物的本质，从而进行深层次的思考和广泛的应用。

2. 逻辑推理与证明能力的加强

高中生在逻辑推理和证明方面的能力会得到显著加强。

（1）逻辑推理的严密性。学生能够经历"观察与猜想——操作确认——逻辑论证"等学习活动过程，综合利用类比、归纳、演绎等方式进行有效的数学推理，并进行严密的逻辑论证，理解数学证明的重要性。

（2）证明技巧的掌握。学生学习并掌握多种数学证明方法，如直接证明、反证法、综合法和分析法，掌握证明的思路与技巧，提高思维的灵活性和严谨性。

（3）批判性思维的培养。学生能够进一步发展批判性思维，既能够评估和分析，又能够通过预判进行必要的调整和转变。

3. 解决复杂问题的能力

高中生面临的数学问题更加真实和复杂，这就需要他们在解决复杂数学问题方面展现出更强的能力。

（1）问题分解与重组。学生能够将复杂问题分解为简单问题，能够以简驭繁，并重新组合以找到解决方案。

（2）多角度思考。学生能够从不同角度思考问题，运用多种方法解决问题，并在问题的求解过程中感受其中蕴含的重要数学思想方法。

（3）创新思维的培养。学生在问题的解决过程中能够基于经验进行方法的有效迁移与方法的创新，形成新的解题方案与方法。

4. 数学知识的综合运用

高中阶段，随着学生所学习内容的广度与深度有了较大提升，学科及视野有了较大的拓展，这就需要他们能够将所学的数学知识综合运用到更广泛的领域，感受数学的学科价值、应用价值、审美价值、文化价值。

（1）跨学科应用。学生能够将数学知识与物理、化学、生物等其他学科的学习主动建立联系，在数学的学习中能够借助其他学科学习的认知与经验展开概念学习，并能够在物理、地理等学科的学习中主动应用数学知识解决问题。

（2）数学建模。学生学会使用更为复杂的数学模型（函数模型、方程模型、统计模型等）来描述、分析和预测现实世界的现象。

5. 数学思维的创新与拓展

高中阶段，随着学生数学思维和认知水平的进一步发展，学生的思维更加跳跃、更加严谨，思路更加有序和开放，数学工具使用更加娴熟。学生将会在教师的引导下开展必要的数学研究，开展深度学习和项目式学习，学生的逻辑思维会得到更大的提升，尤其是创新思维将得到极大的塑造，学科视野也将得到极大的拓展。

（1）数学研究的初步尝试。学生开始尝试进行数学探究，以类似数学家的探究过程对具体数学问题展开深入研究，发现其内在的规律与性质，发现数学知识之间的内在联系，感受数学对象之间的内在统一性与和谐之美。

（2）数学竞赛的参与。高思维水平的学生可以参与数学竞赛与数学建模活动，开拓数学学科视野，感受数学应用价值，挑战自己的思维极限。

（3）数学文化的了解。学生了解数学知识背后的史料以及相关数学文化，提高学习兴趣，增强数学学习动机，感受数学的学科魅力。

6. 数学学习策略的成熟

进入高中阶段的学生已经经历了近十年的数学学习，他们的数学学习策略更加成熟和系统，更加个性化和成熟化，数学学习的方式和效率都会得到进一步的强化和稳定。

（1）自主学习能力。学生能够自主规划学习，独立完成学习任务，并能够在教师的指导下开展文献阅读与写作、数学探究与发现、数学建模等数学学习活动。

（2）有效学习方法的掌握。学生能够根据自身学习水平和学习特点，形成有效的学习方法。

（3）学习资源的利用。学生能够基于实际，合理有效地利用学习资源，激发学习兴趣，拓展学科视野，提高数学学习水平。

7. 数学态度与价值观的形成

高中数学课程以学生发展为根本，帮助学生在学习活动中形成正确的数学态度，塑造关键能力和必备品格，树立正确的价值观，实现学科育人。

（1）数学兴趣的培养。学生会对数学产生更深层次的兴趣，更加享受数学学习和数学探究的过程，并在其中获得高度的成就感和价值感，促进数学创新与数学创造。

（2）数学重要性的认识。学生在情境中受到熏陶，在问题的驱动下，以数学知识和数学思维解决现实问题，会更进一步认识到数学对社会发展的巨大推动作用，也会更进一步认识到数学在个人发展和能力培育方面的重要作用。

（3）终身学习的态度。学生逐步养成良好的学习习惯，形成终身学习的态度，将数学学习视为持续的过程，为其进入高等院校学习打下坚实的基础。

综上，高中生的数学认知发展是一个全面提升的过程，涉及抽象思维、逻辑推理、问题解决、知识综合运用、思维创新、学习策略和态度价值观等多个方面。教师应该以之为基础，给学生提供适合的教学资源，设计科学的教学活动，激发他们的学习兴趣，培养创新能力和终身学习能力，实现认知能力的飞跃。

6.2　数学教育衔接对学生认知发展的影响

6.2.1　小初衔接对学生认知发展的影响

小初衔接，即小学到初中的过渡，在这一阶段，学生从儿童走入青春期，大脑发育和思维水平都有了一定的变化，而且初中数学的内容特点和学习方式也对学生提出了更高的要求。

1. 学习环境的变化对认知适应性的影响

从小学到初中，学生所处的学校环境有了较大的改变，学生需要适应新的同学、新的老师、新的环境，学生的社交圈子增大，学生需要与不同性格、不同水平的学生进行合作交流，并在团队合作中寻找到适合自己的角色，在协作与展示中发挥自身的作用；学生学习的学科数量增大，作业量相比小学会有较大幅度的增加，学习活动的节奏进一步加快。面对更加密集的课程和作业，学生需要调整自己的学习方法和时间管理技巧，以适应新的学习节奏。因此，学习环境的变化要求学生适应更加严格的学习规范和更高的学术要求。

2. 知识深度和广度的扩展对认知负荷的影响

初中数学课程在深度和广度上都有所增加，要求学生掌握更为复杂的知识点；数学概念和定理更加抽象，需要学生投入更多的时间去理解和感受；课堂容量进一步增大，解题技巧与方法难度增大，要求学生课堂学习的专注度更高，在课下的整理巩固也更为必要；数学课程中各章节知识之间的联系进一步增强，数学课程与其他学科的联系体现得更加明显，数学的整体性和应用性都进一步增强。以上方面都会在一定程度上增加学生的认知负荷。

3. 抽象思维能力的提升对认知结构的影响

相比小学时主要通过直观和具体的方式来学习数学，初中数学更加强调抽象思维，要求学生能够从事物的表象出发，进一步提炼共性，得到抽象的数学概念或数学模型，利用抽象的数学符号和数学运算求解计算，进而理解和掌握数学概念，解决现实中的数学问题。在这个过程中，从具体到抽象，从特殊到一般等数学思维方法应用广泛，这对学生抽象思维能力有了更高的要求，也会在一定程度上促进学生认知结构的调整和改变。

4. 学习策略和方法的转变对认知效率的影响

在小学阶段，很多学生往往依赖于记忆和重复练习来学习数学，他们只需要进行简单的听讲和练习就可以掌握相关数学知识。个别时候，老师可能会进行手把手地教授。但是，在初中阶段，数学的学习更加强调学习的自主性和持续性。因此，学生需要发展更高级的学习策略和方法，提高自身积极性和主动性，学习概念抽象的路径、规律寻找的方法、逻辑推理的方式等，以提高学习效率，解决问题。

5. 社会和情感因素的融入对认知动机的影响

初中生开始更加关注同学的看法和社会评价，尤其是对于数学这一学科，很多学生认为它是智力的试金石，将数学学科的成绩与智商挂钩。很多学生担心数学成绩下降会影响自己在同学中的形象。这些社会和情感因素都是影响学生学习动机和自我认知的重要因素。

6. 教师角色的转变对认知引导的影响

在初中，教师更多地扮演引导者和促进者的角色，而不是单纯的知识传授者，更不会再像小学阶段一样手把手地教学生解题。初中的数学老师更多地通过设置梯次性的问题，创设饱含智趣的数学情境，设计多样的数学探究活动，鼓励学生自主探索和合作学习，促进其独立思考和合作探究能力的发展。

7. 评价和反馈方式的变化对认知自我调节的影响

相比小学阶段，初中的评价和反馈方式更加多样化和深入，除了笔试，还有口试、实验操作等。数学这一学科，贯穿于学生小学、初中、高中全过程，并在学生升学考试中占据极为重要的地位，无论是过程性评价还是终结性评价都较多，这就要求学生能够根据不同阶段的内容特点和学习状态积极地进行自我调节，甚至寻求老师的帮助，得到及时且详细的学习反馈和学习建议，了解自己的学习优势和不足，并适时地调整学习策略，以更科学的方法和更自信的姿态开展数学学习。

综上，教师应该意识到以上变化，提供适当的支持和指导，通过培养学生的适应性、抽象思维能力、学习策略、社会情感技能、自主学习能力和自我调节能力，促进学生在数学认知上的全面发展，帮助他们顺利过渡到初中学习。

6.2.2 初高衔接对学生认知发展的影响

初中和高中数学的联系更为紧密，难度跨越更大，学生数学成绩会出现较大的分化，他们所面临的学科压力大大增加。所以，初高衔接，即初中到高中的过渡，对学生的数学认知发展有着更为显著的影响。

1. 学习内容的深化和扩展

高中数学课程内容虽然与初中内容有着紧密的联系，但是更加深入和广泛，包括更高级的函数、立体几何、解析几何、三角学、导数、统计概率等，对学生的抽象思维能力和逻辑思维能力的要求大大增加。而且，在高中数学的学习过程中，数学概念更加抽象化和符号化，数学方法更加多样化，运算技巧性高，数学思想方法内隐，数学知识联系紧密，学科综合程度较高。如函数，在初中学生只需要粗浅地认识函数关系，学习三类简单的多项式函数（一次函数、反比例函数、二次函数）；但是在高中，学生需要用集合和映射的观点重新定义函数，在抽象中建立函数研究的相关内容、路径与策略，然后系统学习幂函数、指数函数、对数函数、三角函数（包括正弦函数、余弦函数、正切函数）、数列（离散函数的代表）等多种函数模型，并从图象和性质等多方面展开深入研究。这要求学生必须具备更强的抽象思维能力和更高级的逻辑推理能力。

2. 学习方式的转变

虽然初中阶段学生已经从"手把手"式学习转向模仿强化学习，但是学习的方式依然不够科学和有效。很多学生在初中时通过大量练习来掌握数学知识，但在高中，他们发现仅仅依靠练习是不够的。高中的数学学习需要学生真正地理解数学概念，感悟数学思想方法，熟练地进行数学方法的迁移和应用，并且能够在解决一些开放性问题时，主动运用创造性思维和逻辑推理能力解决问题。因此，在高中阶段，学生需要从依赖记忆和模仿的学习方式转变为更加注重理解和创新，走向深度学习和高阶思维。

3. 思维能力的进一步提升

高中阶段，数学情境会更加真实和复杂，学生需要从纷杂的现象中剖析主要矛盾，利用数学工具进行刻画和表征，调用数学思维和数学语言进行分析和表达，进而解决问题。在问题的解决过程中，学生会面临更为复杂的代数运算和几何证明，并且对数学结果进行解释，对现实问题进行评判或决策，这都需要学生具备更强的数学建模、数学运算、逻辑推理、数学抽象、直观想象、数据分析等能力。

4. 自主学习能力的加强

高中阶段，课堂容量较大，课堂之间内容衔接紧密，加上在大单元背景下的教学更加强调知识的整体性、思维的系统性、方法的普适性、思想的一致性，因此，学生需要扎扎实实地学好每一节课，才能学好数学。为了提高学习的效果，学生需要更加独立，包括自主探究、自我规划、自我监控和自我评价，以保证学习的效果和持续性。

5. 跨学科综合能力的培养

高中数学教学鼓励学生将数学知识应用于现实生活以及其他学科，包括物理学、地理科学、生物学等，以培养学生跨学科的综合能力。如利用统计知识和工具可以进行抽样调查和统计分析，进而解释现象或对现实进行决策；利用三角学可以进行土地测量和测绘；利用向量可以解决物理学中的速度、受力、磁场分析、光学现象等相关问题……以上都可以彰显数学的应用价值与现实意义，促使学生将数学与其他学科知识相结合，提高其实践能力和综合应用能力。

6. 应对高压力和挑战的能力

在新的高考评价体系下，高中数学教学鼓励学生进行创新思考和主动探索，高考试题求新求变，情境化、开放性的问题越来越多，创新性和灵活度大大提高，而且更加注重对学生的思维能力、创新意识、探索精神的考查。所以，作为高考的重要科目，高中数学的难度和深度必然会对学生的心理和情感造成一定的压力。这就需要学生具备应对压力的能力，学会合理安排学习时间，适时调整心态，以应对学习中的各种挑战。

综上，初中和高中两个阶段的数学在紧密联系的表象下有着巨大的鸿沟，既有知识层面难度与综合度的巨大差异，也有思维层面从低阶到高阶的跨越，这都对学生数学水平的发展造成巨大的挑战。教师要引导学生了解这些变化，做好心理建设，并提供适当的支持和指导，如通过培养学生的自主学习能力、跨学科综合能力、应对压力的能力等，帮助学生顺利过渡到高中学习，从而实现思维能力的提升和数学素养的发展。当然，学生也应该积极适应高中数学学习的新变化和新要求，不断提升自己的数学认知能力。

6.3 数学衔接教育促进学生认知发展的策略

数学衔接教育不仅是知识和能力的衔接，更重要的是认知发展的衔接。教师可以通过学科特点的介绍、学习方法的推介、数学概念的联系、数学知识的深化、数学探究活动的开展、数学文化的渗透、数学技术的辅助等不同的策略帮助学生在数学学习中更好地发展认知能力。

6.3.1 介绍学科特点，形成心理预期

在每个学段，数学的学科特点都有一些显著的不同。在数学衔接中，教师要适时地介绍相关学段的学科特点，帮助学生了解新学段的学科特点并调整自己的学习方法和学习策略，形成心理预期。如高中数学是中学教育中的一个重要学科，通过高中数学的学习，学生可以为未来的学术和职业生涯打下坚实的基础。高中数学的学习更加注重培养学生的数学素养和解决实际问题的能力，在深度和广度上都比初中数学有显著提升。高中数学具有概念抽象性增强、知识体系更加完整、逻辑推理要求高、应用性更强、解题技巧多样化、数学语言的严谨性更强等特点。如高中数学引入了更多抽象的概念，如函数、极限、导数，要求学生具备较强的抽象思维能力；高中数学涵盖了代数、几何、三角学、概率统计、微积分等多个分支，形成了较为完整的数学体系；高中数学强调逻辑推理能力，学生需要学会如何根据已知条件推导出新的结论；高中数学问题通常有多种解法，学生需要学会灵活运用不同的解题技巧等。

针对以上特点，教师可对学生提出具体的学习要求，如扎实的基础知识、主动学习的态度、良好的学习习惯、培养批判性思维和创新解决问题的能力，鼓励学生开展合作学习、提高应对压力的能力等。

6.3.2 推介学习方法，改变学习方式

在数学衔接教学中，学习方法的衔接对于学生成功过渡到新的学习阶段至关重要，是确保学生在数学学习中取得成功的关键因素之一。因此，在数学衔接教学中，教师不仅要关注数学知识的衔接，还要关注学生学习方法的衔接，实现教学内容与教学方法的真正衔接，迅速有效地引导学生转变学习方式，提高学生数学学习的效率，提升教学效益。

学习方法的衔接可以帮助学生适应更高层次数学学习的要求，包括更复杂的数学概念和问题解决技巧；可以帮助学生初步建立数学学习的信心，减少对

新学习环境的焦虑；可以帮助学生培养自主学习的能力，对学习保持积极的态度和强烈的内在动机，为学生的终身学习打下基础；可以帮助学生发现并采用最适合自己的学习策略进行数学学习，形成更加坚实的知识基础，并提高学习效率，使他们能够在有限的时间内掌握更多的知识等。

初中数学可能更侧重于记忆公式和定理，而高中数学要求学生深入理解概念背后的逻辑和原理。高中数学引入了更多抽象的概念，如函数、极限、导数，学生需要发展高度的抽象思维能力。而且，高中数学问题通常有多种解法，学生需要学会根据不同的问题选择最合适的解题策略，并在一题多解和多题一解的过程中感悟数学知识的应用和数学方法的选择策略，甚至对传统解题方法进行改进和创新。

因此，教师要全面介绍高中数学学习方法，引导学生主动转变学习方式，完成从记忆到理解、从具体到抽象、从单一方法到多样化解题、从被动接受到主动探索、从表面理解到深入探究、从个人学习到合作学习、从固定思维到创新思维的转变。

特别值得注意的是，教师要指导学生定期反思和自我评估，鼓励学生在学习新概念后进行反思和总结，以巩固和深化理解。教师也要根据每个学生的认知风格和学习速度提供个性化的学习资源和活动，对其学习路径进行指导和调整，帮助所有学生以适合自己的方式发展数学认知能力。

面对较为困难的问题时，学生可以采取小组合作的方式来完成。小组合作学习活动，可以促进学生之间的交流和思想碰撞，提高学生的社会认知能力，并帮助他们从不同的角度理解数学概念。教师要鼓励学生通过团队合作开展数学学习，并在衔接时通过具体的教学活动，如小组讨论、角色扮演，帮助学生形成合作学习的路径和策略，以更大程度地激发学生的参与度，发挥团体智慧。

6.3.3　建立联系，促进数学概念理解

数学概念是数学的源头，从概念出发思考问题是一种重要的思维方式。在不同阶段，学生都会学习一些相同或相近的数学概念；不同的数学概念之间有着密切的联系，它们共同织就了数学这一张学科网，成为一个整体。数学衔接教学可以在不同学习阶段或不同数学概念之间建立联系，以帮助学生更好地理解数学原理和概念背后的逻辑。

数学概念的衔接便于学生形成连贯的知识体系，确保数学学习的顺利过

渡；有助于学生更深入地理解数学概念，从而提高他们解决问题的能力；有助于学生发展逻辑思维、抽象思维和批判性思维等高级思维技能；有助于学生对数学概念有清晰的认识时，更快地掌握新知识，提高学习效率；有助于减少学生在数学学习过程中遇到的困惑和障碍；有助于增强学生学习数学的自信心，对其整体学习态度和动力都会有积极影响。

教师要识别小学到初中、初中到高中数学学习中可能存在的断层，并主动采取措施进行弥补，引导学生理解数学概念的发展脉络，帮助他们建立起逐层递进的数学知识体系。如教师可以使用学生已经学习和掌握的旧知来类比新概念，以促进知识的内化与同化；可以从简单到复杂逐步引导学生学习新概念及概念体系；可以利用图形、图表直观且简洁地表达概念关系……这些做法可以帮助学生在数学学习中建立坚实的基础，并促进他们对数学概念的深入理解。教师应根据学生的具体情况和学习需求，灵活运用这些策略，以实现最佳的教学效果。

例如，函数是中学数学的一个重要概念。与初中阶段相比，高中的函数概念在深度和广度上都进一步扩展和深化。教师需要了解初高中函数概念的差异与联系（表6-1），设置相关的数学思维活动，帮助学生加深对概念的理解和掌握。

表6-1 初高中函数概念的差异与联系

项目	初中	高中
概念的深度	通常以直观和简单的方式介绍函数，如线性函数和一些基本的二次函数	引入更抽象的函数概念，学习更加复杂的函数模型
函数的表示	主要使用解析式和表格来表示函数	除了解析式和表格，还使用图形和分段函数来表示更复杂的函数关系，尤其对函数图象的应用更加广泛
函数的性质	只涉及函数的一些基本性质，如增减性、图象的对称性，且只限于自然语言表达	深入探讨函数性质（如单调性、奇偶性、周期性、连续性、可导性）。形式上更加强调符号化和抽象化
函数的图象	主要关注基本函数的图象，如直线、抛物线	分析更复杂函数的图象与图象之间的关系，数形结合更为紧密
函数的操作	可能只涉及基本的函数运算，如加、减、乘、除	包括复合函数、反函数、函数的导数等更复杂的运算

项目	初中	高中
函数的应用	函数的应用相对简单，通常与日常生活中的线性关系相关，注重逻辑推理能力的培养	函数的应用更加广泛和深入，如物理学、工程学、经济学等领域的模型建立，注重批判性思维和创造性思维的培养
函数与其他知识的联系	只简单地将函数视为求解方程的一种方式	更深入地探讨函数与方程、不等式之间的关系，如函数的零点、极值点
工具的使用	主要依赖于基本的计算和图表绘制	使用计算机软件和其他高级数学工具辅助学习

　　教师在教学中可以在高中课程开始之前，回顾初中阶段学习的函数基础，如函数的定义、性质、图象；然后从简单的线性函数开始，逐步引入二次函数、多项式函数、有理函数等更复杂的函数类型；可以利用几何画板或 GGB 软件，展示函数的图象，帮助学生直观理解函数的性质和变化趋势，并用简洁、严谨的数学语言进行刻画；教师要强调函数的表示方法，教授学生不同的函数表示方法，并学会合理选择；教授学生平移、伸缩等图象变换方式，并理解这些变换对函数图象的影响；深入讲解函数的性质，如单调性、奇偶性、周期性，鼓励学生自己探索未知函数的性质，发现函数之间的规律和联系，感悟研究函数的一般路径和方法；强调函数与方程、不等式之间的联系；通过实际问题，展示函数在现实世界中的应用，鼓励学生建立函数模型，解决实际问题，培养建模能力等。

　　通过这些方法，学生可以更好地理解函数的概念，掌握函数的性质和应用，为高中更高级的数学学习打下坚实的基础。

　　再如初中平面几何的三角形全等和高中的解三角形相关知识。高中解三角形的知识在很大程度上建立在初中三角形全等知识的基础上，初中阶段学习的几何知识为高中阶段的学习打下了基础。但是，初中阶段学习的三角形全等和高中阶段学习的解三角形虽然都是关于三角形的几何问题，但它们的侧重点和应用范围还是有所不同（表6-2）。

表 6-2　初中三角形全等与高中解三角形的区别

项目	初中	高中
概念基础	学习三角形全等的概念，如 SSS（边边边全等）、SAS（边边角全等）、ASA（角边角全等）和 AAS（角角边全等）	解三角形通常是指在已知三角形部分边和角的情况下，求解未知的边和角
应用目的	主要用于证明几何图形中的相等关系	解三角形更侧重于实际应用
数学工具	主要使用基本的几何性质和定理，如等边对等角、等角对等边	除了使用初中的几何知识外，还可能引入三角函数、余弦定理、正弦定理等更高级的数学工具
问题复杂性	问题通常较为简单，涉及的变量较少	问题可能更加复杂，需要综合运用多种数学知识和技巧
思维深度	侧重于直观理解和记忆定理	要求学生具备更深层次的逻辑思维能力，能够独立分析和解决问题
解题方法	解题方法相对固定，通常按照全等条件直接进行证明	解题方法更加灵活，需要根据已知条件选择合适的定理或公式
数学思维	培养学生的空间想象力和基本的几何直觉	进一步发展学生的数学思维，如逻辑推理、抽象思维和创新思维
实际应用	全等三角形的概念更多地用于理论上的证明和几何构造	解三角形的知识可以直接应用于解决实际问题，如测量两点之间的距离、确定位置

　　总的来说，初中的三角形全等为高中的解三角形提供了理论基础和思维训练，而高中的解三角形则是在初中知识上的进一步拓展和深化，更加注重实际应用和综合能力的培养。

6.3.4　拓展深化，提升问题解决能力

　　数学学科核心素养通常是通过学习者个体与综合化、复杂化情境的有效互动生成的。在衔接教学中，教师可以根据教学任务，在学生可接受的范围内和程度下，进行必要的数学拓展，引导其在真实情境中用数学的眼光去观察现实世界，用数学的思想、方法和工具去解决问题，使用恰当的数学语言和数学模型来描述问题，提高解决现实问题的能力。教师也可以组织相关的跨学科活动，将数学与其他学科（如科学、技术、工程和艺术）相结合，展示数学在现实世界和不同领域中的应用。这样，教师可以帮助学生在解决问题的过程中

感受数学的学科价值与应用价值，从而更好地激发他们的认知兴趣。在这个过程中，教师要鼓励学生在面对不同类型的数学问题时能够独立思考和寻找解决方案，完整地经历识别问题、制定策略、执行计划和反思结果的问题解决全过程，积累活动经验，加深理解数学本质。

例如，在化学学科的学习中，立体几何可以帮助学生构建分子的三维空间想象，理解原子间的相对位置和空间排列关系；解释原子间如何通过共价键、离子键等相互作用形成分子；通过立体几何，可以描述分子中原子的几何排列，如四面体、八面体；立体几何用于区分不同类型的立体异构体，如顺反异构、对映异构；在晶体学中，立体几何用于描述晶体的点阵结构和晶胞的几何形状；立体几何有助于分析化学反应的机制，包括反应物的立体排布和反应路径；以立体几何模型和三维数学软件为教育工具，可以帮助学生更好地理解相关化学概念和原理。立体几何为化学提供了一种强有力的工具，帮助学生从空间角度理解化学现象，预测和解释化学行为。

再如，平面向量因其能够同时描述物理量的两个独立分量（通常表现为两个变量），在物理学的许多领域中都是一个基本且强大的工具。通过向量运算，学生可以方便地处理涉及方向和大小的复杂物理问题。在受力分析时，可以通过向量合成与分解剖析物体受力的效果；在电磁学中，可以用平面向量表示电场强度和磁场强度，包括方向和大小等。平面向量因其"自由性"（只有大小和方向两个属性，而与具体位置无关），使得问题的解决更加简洁。

6.3.5 开展探究，培养学科核心素养

在数学衔接教学中，教师可以根据学生的学习水平开展相应的数学探究活动，激发学生的学习兴趣，提升学生的思维水平，培育学科核心素养。

开展数学探究活动可以激发学生对数学的兴趣，使他们认识到数学不仅仅是抽象的符号和公式，而且是一个充满探索和发现的领域，增强学习动机和自信心；可以帮助学生学习并掌握如何提出问题、收集数据、分析信息并得出结论的研究技能；可以引导学生运用数学思维解决问题，包括逻辑推理、抽象思维和模式识别，提升高阶思维；可以让学生在实际操作和探究过程中更深刻地理解数学概念和原理，而不仅仅是死记硬背，同时增强数学实践技能；可以引导学生评估解决问题的方向和策略，培养批判性思维；可以引导学生开展跨学科学习，如与科学、技术、工程等领域相结合；可以鼓励学生尝试新的方法和思路，培养他们的创新精神和解决问题的能力；有助于学生进行合作交流，培

养其团队精神和良好的沟通能力；可以通过观察学生在探究活动中的表现，了解他们的需求和困难，从而提高教学方法和策略的有效性。

比如，割圆术是古代数学家刘徽在《九章算术》中提出的一种求圆周率的方法，其基本原理体现了一种极限的思想，即通过不断倍增内接正多边形的边数来逼近圆的周长。这与微积分中的导数概念有着内在的联系。在割圆术中，正多边形的边逐渐逼近圆的弧线，这与导数中函数值的线性逼近（即切线）有相似之处。割圆术通过计算正多边形的周长与边长的关系来逼近圆周率，这涉及变化率的概念。导数可以表示函数在某点处的变化率。割圆术中的正多边形边长与圆周率的关系，可以类比导数中函数图象的切线斜率，两者都与几何形状的局部性质有关。割圆术可以看作一种原始的微元法，通过将圆周分割为无限多个微小弧段来逼近其周长。虽然割圆术主要用于求解圆周率，但其背后的数学思想和方法与导数在物理学、工程学等领域中的应用有着共通之处，如速度、加速度的计算。

尽管割圆术是一种几何方法，而导数是微积分中的代数工具，但它们在思想上有着深刻的联系，都体现了数学中对无穷小量和极限的研究。

再如，圆和椭圆是两种基本的几何图形，它们之间存在许多相似之处，但也有明显的区别（表6-3）。在教学中，教师可引导学生开展探究活动，对圆与椭圆的性质进行类比研究。

表6-3　圆和椭圆的区别

项目	圆	椭圆
定义	平面上所有与给定点（圆心）距离相等的点的集合	平面上所有到两个固定点（焦点）距离之和为常数的点的集合
标准方程	$(x-a)^2+(y-b)^2=r^2$，其中（a,b）是圆心坐标，r 是半径	$\dfrac{(x-h)^2}{a^2}+\dfrac{(y-k)^2}{b^2}=1$，其中（$h$，$k$）是中心坐标，$a$ 是长半轴，b 是短半轴
对称性	关于任意经过圆心的直线对称	关于其长轴和短轴对称
切线	在圆上任意一点处的切线都与过该点的半径垂直	在椭圆上任意一点处的切线都与过该点的半径成直角
光学性质	光线从圆心发出，会在圆上反射成对称的路径	光线从一个焦点发出，会在椭圆上反射后经过另一个焦点
垂径定理	弦中点与圆心连线与弦垂直	弦中点与椭圆中心连线的斜率与弦所在直线斜率之积为定值

通过这些类比，学生可以发现圆和椭圆性质的相似性以及关键的区别，更容易记忆和理解椭圆的性质。这种类比方法有助于学生建立直观的几何理解，并能够将已知的圆的性质推广到椭圆，然后利用新的方法和工具进行论证，感受解析几何中"数形结合"的重要思想方法，体会数学学科知识之间的内在统一性与和谐之美。

6.3.6 融入文化，打造智慧趣味课堂

数学是人类文化的重要组成部分。数学衔接课程应帮助学生了解数学在人类文明发展史中的巨大推动作用，帮助他们逐步形成正确的数学观和价值观。教师要让学生能够在学习知识的同时接受数学文化的熏陶，感受数学的科学价值和人文价值。培养学生既崇尚科学的理性精神又兼具人文情怀，是我们数学教育者的理想与追求，是学科核心素养落地和立德树人根本目标实现的重要途径。

数学史料可以为学生提供数学知识的背景和历史，有助于学生认识到数学在不同文明和时代中的发展，增强对数学的文化认同感，使学习内容更加丰富和立体，而且可以澄清数学的意义，揭示数学的本质，加深学生对于数学的理解；数学家生平能够激发学生的学习兴趣，并让学生欣赏和热爱数学，使数学学习更加生动有趣；数学概念漫长而曲折的历史，可以让学生获得心理安慰，并激发探究的欲望，了解数学在社会发展中的作用，鼓励学生积极参与现实问题解决；数学是一门基础性学科，它是学习物理、化学、技术等学科的基础，它是一个多元化的系统，包含了大量的物理学、经济学、生物学、自然科学、体育与健康等学科的知识点，相关文化可以作为连接数学与其他学科的桥梁，促进跨学科学习，让学生在学科中穿梭，感受数学模型之为用，感受结构之实用，感受思想之力量；当数学回归实际生活时，学生能够真切体会数学的现实意义，学会从数学视角思考相关问题，理解数学的必要性，提高应用数学知识解决问题的实践能力；数学美是隐性的，蕴含在数学知识、数学方法、数学语言、数学命题之中，体现在表达的简洁美、内在的统一美、整体的和谐美、结果的奇异美等方面，帮助学生感悟哲学视角下的普遍联系与内在统一。

在教学中引入数学文化，可以为学生提供更加全面和深入的数学学习体验，帮助他们更好地理解数学的本质和价值，发展数学思维，提升数学素养。

例如，教师可以将高斯算法以嵌入式的方式融入课堂教学，剖析高斯算法的原理，并在此基础上类比求解数列 $\{a_n\}$ 的前 101 项和，体会方法的局限性；

然后在推广应用的过程中，发现"无论 n 是奇数还是偶数，数列 $\{a_n\}$ 的前 n 项和 S_n 是相同的"，接着进一步优化算法，避免分类讨论，得到"倒序相加法"，最后将问题进一步推广，求得一般等差数列 $\{a_n\}$ 的前 n 项和。学生在从"首尾配对法"过渡到"倒序相加法"的过程中，逐步理解将"不同数的求和"转化为"相同数的求和"的数学本质，体会"转化与化归"的数学思想方法，从而深化对公式和结论的理解。

再如我国古代数学以实用性和发展算法为主要特征。《九章算术》《海岛算经》《数书九章》等数学著作都是以解决现实生活中形形色色的问题为主要目的的。这些问题既能反映当时社会文化状态，又反映了中国古代数学家卓越的智慧。教师可以在衔接教学中引用一些经典的数学问题，让学生利用已学知识和方法开展独立探究或小组合作，像古人一样思考和创造，进而深化对于数学知识的理解，提升学习数学的兴趣，增强解决问题的成就感，提高学习数学的信心。在此过程中，学生还可以了解我国古代数学所取得的辉煌成就，民族骄傲和自豪感油然而生。

6.3.7　重视技术，实现信息技术与课程深度融合

数学教学活动是培育数学学科核心素养的重要载体。在衔接教学中，教师可以利用信息技术的直观性和生动性，创设丰富贴切的教学情境，将抽象的数学内容可视化、互动化，更好地帮助学生激发学习热情，直观理解数学概念，增强数学学习体验。

融合信息技术可以更好地吸引学生参与教学活动，促进师生和生生之间的交流与合作，激发学习动机，提高学习兴趣，使他们从被动接受知识转变为主动探索和学习；可以丰富教学手段，使抽象的数学概念更加直观，便于学生理解和掌握；可以为学生提供多样化的学习资源和工具，有助于培养学生的创新思维和解决问题的能力；可以提供丰富的互动工具，增强了师生之间以及学生与学生之间的交流与合作；可以获得及时的教学反馈，帮助教师和学生了解学情并及时调整策略。

因此，教师可以将信息技术与教学内容有效整合，利用计算器、计算机软件和在线资源等技术工具辅助数学学习，利用多媒体教学资源提高教学效果。这些工具不仅可以帮助学生进行复杂的数学运算，还可以通过可视化和交互式学习提高他们的认知能力。

7 小初高数学衔接中的教学策略与方法

7.1 教学策略与方法的选取与应用

在小初高数学衔接的教学过程中，教学策略与方法的选取和应用是至关重要的。教师应根据不同年龄段学生的特点和数学学科的特点，采取相应的教学策略和方法。

7.1.1 小学阶段教学策略

在小学阶段，学生正处于数学基础知识的学习与构建的关键期，选用教学策略时应特别关注如何有效地培养学生的数学兴趣和基本数学能力。针对这一阶段学生的特点，直观教学和游戏化教学是非常合适的教学策略，能够让学生在轻松愉快的氛围中学习数学。通过采用直观教学和游戏化教学这两种教学策略，小学阶段的数学教学可以更加生动有趣，有助于激发学生的学习兴趣和主动性，从而有效地培养学生的数学兴趣和基本数学能力。

1.直观教学策略

直观教学策略强调通过实物、图片、模型等直观教具来展示数学概念，使学生能够通过直接感知和操作来加深对数学知识的理解。这种教学策略符合小学生的认知特点，能够激发学生的学习兴趣和主动性。

（1）使用实物演示。在数学教学中，实物演示是一种有效的教学策略，它通过具体的物理对象来直观展示抽象的数学概念。这种教学方法能够帮助学生将理论知识与实际操作相结合，增强学生对数学概念的感知和理解。

例如，在几何形状的教学中，教师可以利用积木这一常见的实物进行演示。通过展示不同形状和大小的积木，教师可以引导学生观察并描述它们的特征，如边数、角度、对称性。此外，教师还可以引导学生利用积木进行搭建活动，通过亲手操作来深入理解几何形状的构造和变换。

在分数和比例的教学中，糖果可以作为实用的演示工具。教师可以准备一定数量的糖果，并将其按照不同的比例进行分配，以此展示分数和比例的概念。例如，教师可以将 10 颗糖果分为 2 份，一份包含 3 颗，另一份包含 7 颗，从而引导学生理解 3/10 和 7/10 的分数表示。此外，教师还可以利用糖果的数量关系来演示比例的性质，如等比数列和比例关系。

通过实物演示的教学方法，学生能够在具体的操作过程中感受到数学概念的实际意义和应用价值，这种直观的教学方式不仅有助于提高学生的数学学习兴趣和积极性，还能够促进学生的思维发展，培养学生的创新能力。同时，实物演示还能够帮助学生建立起数学与实际生活之间的联系，培养学生的数学应用意识和能力。使用实物演示作为常用的教学策略之一，在初中和高中阶段仍然具有显著的教学价值，尤其是在帮助学生理解抽象的数学概念时，这种直观的教学方法能够有效地将抽象概念转化为具体可感的形象，促进学生的理解和记忆。

（2）利用图片和图表。在数学教学中，利用图片和图表是一种高效的教学策略，它们能够为学生提供直观的数学模型，帮助学生深入理解数学概念和原理。图片和图表不仅能够展示数学对象的形态和特征，还能够揭示数学关系的变化和规律。

例如，在数据分析和统计的教学中，柱状图作为一种常用的图表形式，可以有效地展示数据的比较和关系。教师可以利用柱状图展示不同数据系列之间的差异和联系，引导学生分析数据的变化趋势和内在规律。通过柱状图的展示，学生可以直观地看到数据的分布和比例，从而更好地理解数据的含义和价值。

此外，流程图也是一种重要的图表形式，在数学问题解决过程中具有广泛的应用。流程图能够清晰地展示数学问题的解决步骤和思路，帮助学生理解问题的结构和逻辑关系。教师可以利用流程图引导学生分析问题、设计解决方案和检验答案的正确性。通过流程图的展示，学生可以系统地梳理数学问题的解题过程，提高解题的效率和准确性。

图片和图表的利用不仅能够帮助学生建立直观的数学模型，还能够激发学生的学习兴趣和主动性。通过视觉化的呈现方式，学生可以更加直观地感受到数学的美妙和魅力，从而更加积极地投入数学学习中。同时，图片和图表的利用还能够培养学生的观察能力和分析能力，提高学生的数学素养和综合能力。

因此，在数学教学中，教师应充分利用图片和图表等教学资源，为学生提供丰富多样的学习材料和视觉体验。通过精心设计和巧妙运用图片和图表，教师可以帮助学生更好地理解数学概念和原理，提高学生的数学学习兴趣和能力。

（3）制作数学教具。在数学教学中，制作数学教具是一种具有创新性和实践性的教学策略。通过引导学生动手制作纸折模型、拼图等简单的数学教具，教师能够为学生提供一个直观的学习平台，使抽象的数学概念和原理变得生动而具体。

制作数学教具的过程本身就是一个数学探究的过程。学生需要运用所学的数学知识，如几何形状、比例关系、空间想象，来设计和制作教具。这种活动不仅要求学生理解数学概念，还要求他们将这些概念应用于实际问题中，从而培养学生的问题解决能力和创新思维。

此外，制作数学教具还能够提高学生的动手能力和实践能力。通过亲手操作，学生能够更加深入地理解数学原理，掌握数学技能。同时，这种活动还能够激发学生的学习兴趣和积极性，使他们在实践中体验数学的魅力和价值。

在制作数学教具的过程中，教师还可以引导学生进行小组合作和互动交流。学生可以在小组内分享自己的设计思路和制作方法，互相学习和借鉴。这种合作学习的方式不仅能够培养学生的团队合作精神，还能够促进他们的思维碰撞和创意激发。

制作数学教具是一种富有成效的教学策略，它能够帮助学生更加深入地理解数学概念，培养他们的动手能力和创新思维。在教学中，教师应积极引导学生参与制作活动，为他们提供充足的实践机会和资源支持，以促进学生数学素养的全面提升。

2. 游戏化教学策略

游戏化教学策略通过将数学知识融入游戏中，让学生在游戏中学习、体验和探索，从而提高学习的趣味性和参与度。这种教学策略能够激发学生的学习兴趣，培养他们的团队合作能力和解决问题的能力。

（1）设计数学游戏。数学游戏作为一种寓教于乐的教学策略，在数学教育中发挥着重要作用。通过设计具有挑战性和趣味性的数学游戏，教师可以激发学生的学习兴趣，促进他们对数学知识的深入理解和应用。在数学教学中，设计数学游戏是一种创新且富有成效的教学策略。根据学生的年龄和数学水平，教师可以精心设计适合的数学游戏，将数学知识与游戏元素相结合，让学生在轻松愉悦的氛围中学习和巩固数学知识。

首先，数学游戏的设计应遵循学生的认知发展规律，确保游戏内容与学生的年龄和数学水平相匹配。例如，对于低年级学生，可以设计简单的数学拼图游戏，通过拼图的形式帮助学生认识基本的几何形状和数学概念；对于高年级学生，可以设计更为复杂的数学迷宫或数学竞赛，让学生在解谜和竞赛的过程中挑战自我，提升数学能力。

其次，数学游戏应具有明确的教学目标和教育价值。教师可以通过游戏的设计，引导学生掌握特定的数学知识和技能，如运算、推理、空间想象。同时，游戏还可以帮助学生培养数学思维、逻辑思考和解决问题的能力，提高他们的数学素养和综合素质。在数学游戏的设计过程中，教师应注重游戏的趣味性和互动性。通过丰富的游戏元素和有趣的情节设计，教师可以吸引学生的注意力，激发他们的参与热情。此外，游戏还应鼓励学生之间的合作和交流，促进他们的团队合作和沟通能力的发展。

最后，数学游戏的实施应与教学计划相结合，确保游戏能够有效地服务于教学目标。教师可以通过课堂讲解、示范操作等方式，引导学生理解游戏规则和玩法，确保他们能够在游戏中充分发挥自己的数学能力。同时，教师还应根据学生的反馈和表现，及时调整游戏内容和难度，以满足不同学生的需求。

综上所述，设计数学游戏是一种富有成效的教学策略，它能够帮助学生更加深入地理解数学知识，培养他们的数学素养和综合能力。在教学中，教师应根据学生的年龄和数学水平，精心设计适合的数学游戏，为学生提供丰富多样的学习体验。

（2）融入生活情境。在数学教学中，融入生活情境的游戏化教学策略旨在通过将抽象的数学知识与具体的生活场景相结合，来提升学生的数学学习兴趣和实践能力。这种教学方法能够让学生在熟悉的环境中学习和应用数学知识，从而提高他们的数学素养和综合能力。

具体来说，教师可以通过设计一系列与日常生活紧密相关的数学游戏来实现这一教学策略。例如，教师可以设计购物游戏，让学生在游戏中扮演消费者和收银员的角色，进行商品购买和结算。在这个过程中，学生需要运用加减法来计算商品的总价和支付金额，从而在游戏中巩固和加深对这些数学知识的理解。

另外，教师还可以设计旅游规划游戏，让学生在游戏中扮演旅行者的角色，进行行程规划和时间管理。学生需要运用时间和距离的计算来安排旅行路线和行程时间，同时还需要考虑预算和交通方式等因素。这种游戏化的学习方式能够让学生在模拟真实情境的过程中学习和应用数学知识，提高他们的数学问题解决能力。融入生活情境的游戏化教学策略不仅有助于提高学生的数学学习兴趣和积极性，还能够促进他们形成数学思维和数学观念。通过在实际生活中应用数学知识，学生能够更好地理解和掌握数学概念和原理，并将其内化为自己的数学素养。同时，这种教学策略还能够培养学生的实践能力和创新思维，为他们未来的学习和生活打下坚实的基础。融入生活情境的游戏化教学策略是一种高效、有趣且富有成效的数学教学方法。它能够让学生在熟悉的环境中学习和应用数学知识，提高他们的数学素养和综合能力。在教学中，教师应积极尝试这种教学策略，为学生创造更多有趣、有意义的数学学习体验。

（3）引导探究学习。在游戏化教学的背景下，教师的角色转变为学习的引导者和促进者，而不再是单纯的知识传授者。教师应精心设计数学游戏，将探究学习的元素融入其中，使学生在游戏中进行自主学习和发现式学习。

首先，教师应根据教学目标和内容，提出富有挑战性和启发性的问题。这些问题应当能够激发学生的好奇心和求知欲，引导他们深入思考并展开探究。通过问题驱动，学生能够主动寻找答案，构建自己的知识体系。

其次，教师应鼓励学生进行合作探讨。在游戏化教学中，学生可以通过小组合作或团队竞赛的方式，共同解决问题和完成任务。在合作过程中，学生之间可以互相交流、分享想法和策略，从而拓宽思维视野、丰富认知结构。这种合作探讨的学习方式能够培养学生的团队合作能力和沟通能力。

最后，教师应通过游戏来验证和巩固学生所学的知识。在游戏化教学中，游戏不仅是学习的载体，也是评估学生学习效果的有效工具。教师可以通过观察学生在游戏中的表现，了解他们对数学知识的掌握程度和思维发展水平。同时，学生也可以通过游戏来检验自己的学习成果，巩固所学知识，并发现自己的不足之处。

引导探究学习在游戏化教学中的应用，能够培养学生的探究精神和解决问题的能力。通过自主思考、合作探讨和游戏验证等过程，学生能够逐渐掌握数学知识和技能，提高数学素养和综合能力。这种学习方式不仅能够提高学生的学习效果和兴趣，还能够为他们未来的学习和生活奠定坚实的基础。

7.1.2 初中阶段教学策略

在初中阶段，数学知识体系开始逐渐丰富和深化，学生需要接触并理解更为复杂的数学概念和方法。为适应这一阶段的学习需求，教学策略应逐步从直观教学和游戏化教学过渡到启发式教学和探究式教学，引导学生主动思考、发现问题并解决问题。

1. 启发式教学策略

启发式教学强调通过提出问题、创设情境等方式，激发学生的好奇心和求知欲，引导学生独立思考和主动探索。在初中数学教学中，启发式教学可以帮助学生建立对数学知识的深入理解和应用能力。

（1）设置问题情境。教师可以根据教学内容，设计富有挑战性的问题情境，引导学生进入学习状态。这些问题可以与学生的日常生活紧密相关，或者与科学、技术等领域相结合，激发学生的兴趣和探究欲望。

（2）引导独立思考。在问题情境的引导下，教师应鼓励学生独立思考，尝试从不同的角度和层面去分析问题。教师可以提供适当的提示和引导，帮助学生逐步建立自己的解题思路和方法。

（3）促进知识迁移。启发式教学注重知识的迁移和应用。在教学过程中，教师应引导学生将所学知识与其他领域的知识相联系，以拓宽学生的视野和思维。同时，教师还应鼓励学生将数学知识应用于实际生活中，以提高学生的实践能力和创新能力。

2. 探究式教学策略

探究式教学是一种以学生为中心的教学方式，强调学生通过自主探究和合作交流来解决问题。在初中数学教学中，探究式教学可以帮助学生深入理解数学知识的本质和规律，培养学生的探究精神和创新能力。

（1）设计探究任务。教师可以根据教学内容和学生的学习情况，设计具有挑战性的探究任务。这些任务可以涉及数学定理的证明、数学模型的建立等方面，目的是激发学生的探究欲望和创造力。

（2）组织小组合作。在探究式教学中，教师应组织学生进行小组合作，让学生在交流中互相启发、互相帮助。通过小组合作，学生可以共同解决问题，提高学习效果。同时，小组合作还可以培养学生的团队合作精神和沟通能力。

（3）鼓励自主发现。在探究过程中，教师应鼓励学生自主发现问题、提出假设并尝试验证。这种自主发现的过程可以帮助学生深入理解数学知识的本质和规律，同时也可以培养学生的探究精神和创新能力。

通过启发式教学和探究式教学的有机结合，初中阶段的数学教学可以更加注重学生的主动性和创造性，培养学生的数学思维和解决问题的能力。这将为学生今后的学习和生活奠定坚实的基础。

7.1.3 高中阶段教学策略

在高中阶段，数学学科的学习进入了一个深入和复杂的阶段，学生需要掌握更为高阶的数学知识和技能。这一阶段的教学策略应更加注重培养学生的逻辑思维能力和数学素养，通过讲授式教学、讨论式教学等多种教学方法，引导学生深入理解数学概念和方法的本质。

1. 讲授式教学策略

讲授式教学作为传统的教学方法，在高中数学中仍占据重要地位。通过教师的系统讲解和深入分析，学生能够迅速把握数学知识和方法的核心要点。

（1）系统梳理知识。教师应根据学生的实际情况和数学课程的要求，系统梳理数学知识体系，确保学生能够形成完整的知识框架。

（2）深入剖析概念。对于重要的数学概念和方法，教师应进行深入剖析，揭示其内在的逻辑联系和数学本质，帮助学生理解其深层含义和应用范围。

（3）注重例题演示。通过典型的例题演示，教师可以帮助学生巩固所学知识，提高解题能力和思维水平。同时，例题的选择应具有代表性和启发性，能够激发学生的学习兴趣和探究欲望。

2. 讨论式教学策略

讨论式教学注重学生的主体性和参与性，通过学生之间的交流和讨论，促进学生深入理解数学知识和方法。

（1）设置讨论主题。教师应根据教学内容和学生的学习情况，设置具有启发性和挑战性的讨论主题。这些主题可以涉及数学定理的证明、数学问题的解决思路等方面。

（2）引导学生参与。在讨论过程中，教师应积极引导学生参与讨论，鼓励学生提出自己的观点和想法。同时，教师还应关注学生的讨论情况，及时给予指导和反馈。

（3）促进思维碰撞。讨论式教学强调学生之间的思维碰撞和交流。通过讨论，学生可以相互启发、相互补充，共同提高数学思维和解决问题的能力。

3. 其他教学策略

除了讲授式和讨论式教学外，高中阶段还可以采用其他多种教学策略来培养学生的逻辑思维能力和数学素养。

（1）项目式学习。通过组织学生参与数学项目，引导学生在实践中学习和应用数学知识，提高数学素养和实践能力。

（2）合作学习。通过小组合作的方式，学生共同解决问题和完成学习任务，培养学生的团队合作精神和沟通能力。

（3）自主学习。鼓励学生进行自主学习和探究学习，通过查阅资料和阅读文献等方式，拓展数学视野和深化数学理解。

（4）及时反馈与调整。在教学过程中，教师应及时关注学生的学习情况，根据学生的反馈和测试结果调整教学策略和方法，以优化教学成效。

综上所述，高中阶段数学的教学策略应更加注重培养学生的逻辑思维能力和数学素养，通过讲授式教学、讨论式教学等多种教学方法的有机结合，引导学生深入理解数学概念和方法的本质，为学生的数学学习和未来的发展奠定坚实的基础。

7.1.4 小初高衔接教学策略

1. 知识衔接

在小初高数学衔接过程中，知识衔接是至关重要的一环。为了确保学生在不同学段之间能够顺利过渡，教师需要深入了解各学段的教学内容，明确知识点之间的联系和区别，并通过精心设计的复习和预习策略，帮助学生构建完整且连贯的数学知识体系。

首先，教师需要全面分析小学数学、初中数学和高中数学的教学内容，识别出各个学段之间的知识交叉点和潜在的学习难点。通过对比不同学段的教学大纲和教材，教师可以明确哪些知识点是连续发展的，哪些是需要在新学段中引入的新概念。

其次，在知识衔接的过程中，教师需要关注知识的逻辑性和系统性。数学是一门具有严密逻辑性的学科，各个知识点之间往往存在着紧密的联系。因此，在帮助学生进行知识衔接时，教师应注重引导学生理解知识点之间的内在联系，形成完整的知识网络。为了实现这一目标，教师可以采用多种教学策略。例如，在新学期开始时，教师可以组织学生进行适当的复习，回顾前一学段的重要知识点，为新知识的学习打下基础。同时，教师可以在新的教学单元中穿插复习内容，帮助学生巩固已学知识，并促进新旧知识的融合。

再次，教师还可以通过预习活动引导学生进行知识衔接。预习不仅能够帮助学生提前了解新的教学内容，还能够激发他们的学习兴趣和好奇心。在预习过程中，教师可以设计一些引导性的问题或任务，让学生自主思考、探索新知识，从而培养他们的自主学习能力和探究精神。

最后，教师还需要关注学生的学习反馈和评估结果。通过定期的检测和评估，教师可以了解学生对知识的掌握情况，及时发现并纠正学生的学习问题。同时，教师还可以根据学生的反馈和评估结果，调整教学策略和复习计划，以更好地满足学生的学习需求。

综上所述，小初高数学衔接中的知识衔接是一个复杂而关键的过程。教师需要全面了解各学段的教学内容，明确知识点之间的联系和区别，并通过适当的复习和预习策略，帮助学生构建完整且连贯的数学知识体系。同时，教师还需要关注学生的学习反馈和评估结果，以不断优化教学策略和提高教学效果。

2.方法衔接

在跨越小学、初中和高中的数学教学过程中，教学方法的衔接是确保学生学习连续性和渐进性的关键。各个学段虽然在教学内容和深度上有所不同，但在教学方法上应呈现出连贯性和过渡性，以确保学生能够逐步适应并提升数学学习的层次。

在小学阶段，教学方法应侧重于直观性、趣味性和实践性。教师可以通过游戏、实物演示和简单的探究活动，引导学生初步接触数学的基本概念，培养他们对数学的兴趣和好奇心。在此基础上，教师可以适当引入一些探究性的教学方法，如小组合作探究、问题解决式学习，让学生初步体验探究学习的乐趣，为初中阶段的探究式教学打下基础。

进入初中阶段，教学方法应更加注重逻辑性和系统性。教师应在继续强调直观教学的基础上，加强对学生逻辑思维能力的训练。例如，通过逻辑推理题、证明题等题型，引导学生深入理解数学概念和定理的内在联系，提高他们的逻辑思考能力和数学表达能力。此外，教师还可以进一步推广探究式教学，让学生在教师的引导下，自主发现问题、探究问题、解决问题，培养他们的自主学习能力和创新精神。

到了高中阶段，教学方法应更加注重深度和广度。在继续强化逻辑思维训练的基础上，教师应注重培养学生的数学素养和综合能力。这包括引入数学史、数学文化等内容，让学生领略数学的魅力和价值；开展数学建模、数学实验等活动，让学生体验数学在现实生活中的应用；进行数学竞赛、课题研究等，让学生挑战自我、超越自我。在这个过程中，教师应鼓励学生采用多种学习方法，如自主学习、合作学习、研究性学习，以适应高中阶段复杂多变的数学学习需求。

总之，不同学段的教学方法需要相互衔接，形成一个渐进式的教学体系。教师在教学过程中应充分考虑学生的年龄特点和认知水平，选择适合的教学方法，并注重培养学生的数学兴趣、逻辑思维能力和数学素养。通过教学方法的衔接和过渡，确保学生能够在不同学段之间顺利过渡，为未来的数学学习打下坚实的基础。

7.2　数学教育衔接对教学策略与方法的影响

在数学教育的小初高衔接过程中，教学策略与方法的选择和应用受到多方面因素的影响，这些影响旨在确保学生在不同学段之间能够顺利过渡，使数学知识和技能的学习具有连贯性和递进性。

7.2.1　教学内容的深度和广度对教学策略与方法的影响

1. 小学阶段数学内容的深度和广度对教学策略与方法的影响

在小学阶段的数学教育中，教学内容主要聚焦于基础知识和基本技能的培养，同时特别强调教学的直观性和趣味性。这是因为小学生的认知特点倾向于直观思维和具象化理解，并且他们的注意力集中时间相对较短，需要以更加生动有趣的教学方式来吸引他们的注意力和激发学习兴趣。针对这些特点，教学策略多采用直观演示法和游戏化教学法等方法。

（1）直观演示法。直观演示法是指通过实物、模型、图表等直观教具，将抽象的数学概念、定理和规律转化为具体的、可视化的形式，帮助学生更好地理解和掌握知识。这种方法充分利用了小学生的直观思维特点，使复杂抽象的数学知识变得简单易懂。在具体实施过程中，教师可以根据教学内容的需要，准备相应的直观教具，并在课堂上进行演示。例如，在学习加减法时，可以使用小棒、计数器等实物进行演示，帮助学生理解加减法的意义和运算过程；在学习几何图形时，可以使用各种图表，帮助学生认识各种图形的形状和特征。

（2）游戏化教学法。游戏化教学法是指将游戏元素融入数学教学过程中，通过游戏化的方式呈现教学内容，让学生在游戏中学习和掌握知识。这种方法充分利用了小学生的好奇心和玩乐心理，使学习过程变得更加有趣和生动。在游戏化教学法的实施过程中，教师可以根据教学内容的需要，设计各种有趣的游戏活动。例如，在学习数的认识时，可以设计"数数比赛"等游戏，让学生在比赛中加深对数的认识；在学习运算技能时，可以设计"计算接龙"等游戏，让学生在游戏中提高运算速度和准确性。

通过直观演示和游戏化教学等方法，可以有效地激发小学生的学习兴趣和积极性，提高教学效果。同时，这些方法也符合小学生的认知特点和学习规律，有助于他们更好地理解和掌握知识，为未来的学习打下坚实的基础。

2. 初中阶段数学内容的深度和广度对教学策略与方法的影响

在初中阶段，数学教学内容的深度和广度相较小学阶段有了显著的提升。在初中阶段，数学教学内容不仅包括基础的代数、几何和统计等知识点，还进一步引入了函数、方程、不等式、图形的变换与证明等更加深入的概念。这些内容的深度和广度要求学生不仅要有扎实的数学基础，还要具备较高的逻辑思维能力和问题解决能力。随着知识的逐步深入，教学重点开始转向培养学生的逻辑思维能力和问题解决能力。为了适应这一转变，教学策略需要进行相应的调整，更多地采用探究式学习和小组合作的方式，鼓励学生独立思考和协作交流。

（1）探究式学习的教学策略。探究式学习是一种以学生为中心的教学策略，它强调学生的主动参与和发现式学习。在初中数学教育中，探究式学习的教学策略可以通过以下方式实施。首先，创设问题情境。教师根据教学内容，创设具有挑战性和启发性的问题情境，激发学生的求知欲和好奇心。其次，引导探究过程。在探究过程中，教师作为指导者和协作者，引导学生通过观察、实验、推理等方式自主发现数学规律，形成自己的理解和见解。最后，鼓励提问与讨论。探究式学习鼓励学生主动提问、勇于质疑，并通过讨论和交流深化对数学知识的理解和应用。

（2）小组合作的教学策略。小组合作是一种有效的协作学习方式，它可以促进学生之间的相互学习和交流。在初中数学教育中，小组合作的教学策略可以通过以下方式实施。首先，合理分组。根据学生的能力和兴趣进行分组，确保每个小组内成员之间具有一定的互补性和协作性。其次，明确任务与分工。为每个小组分配具体的任务，并明确每个成员的任务分工和角色定位。再次，协作学习与交流。在小组内，学生可以通过协作学习和交流共同完成任务，分享彼此的想法和见解，相互学习和借鉴。最后，成果展示与评价。每个小组将自己的学习成果进行展示，其他小组可以进行评价和提问，促进知识的共享和深化。

通过探究式学习和小组合作的教学策略，初中阶段的数学教育可以更加有效地培养学生的逻辑思维能力和问题解决能力。这些教学策略能够激发学生的学习兴趣和主动性，提高他们的自主学习能力和团队协作能力，为他们未来的学习和工作打下坚实的基础。

3. 高中阶段数学内容的深度和广度对教学策略与方法的影响

高中阶段的数学教学内容涵盖更加深入的代数、几何、三角函数、数列、概率统计以及微积分等知识点。这些内容的深度和广度不仅要求学生掌握扎实的数学基础知识，还要求他们具备较高的抽象思维能力、逻辑推理能力和问题解决能力。此外，高中数学还强调数学知识的应用性和综合性，要求学生能够将数学知识与其他学科进行交叉融合，解决现实生活中的问题。为了实现这一目标，教学策略需要进一步关注思维训练和数学建模，培养学生的抽象思维和创新能力。

（1）思维训练的教学策略。在高中数学教学中，思维训练的教学策略显得尤为重要。教师可以通过以下方式实施思维训练。首先，逻辑推理训练。通过设计具有逻辑性的数学问题，引导学生运用归纳、演绎、类比等推理方法，培养他们的逻辑思维能力。其次，抽象思维训练。引入抽象的概念和符号，让学生理解并掌握这些概念和符号在数学中的应用，培养他们的抽象思维能力。最后，问题解决训练。通过设计具有挑战性和实际性的问题，引导学生运用数学知识进行分析、推理和求解，培养他们的问题解决能力。

（2）数学建模的教学策略。数学建模是将数学方法应用于实际问题解决的重要工具，也是高中阶段数学教学的重要内容。教师可以通过以下方式实施数学建模的教学策略。首先，实际问题引入。结合现实生活或学科交叉的问题，引导学生运用数学知识进行建模分析。通过实际问题的引入，激发学生的学习兴趣和探究欲望。其次，模型构建与求解。在建模过程中，引导学生根据问题的实际背景，建立相应的数学模型，并运用数学方法进行求解。通过这个过程，学生不仅能够掌握数学建模的基本方法，还能够提高他们的数学应用能力。最后，模型优化与创新。在模型求解后，引导学生对模型进行优化和创新，探索更加高效、精确的解决方案。通过这个过程，学生能够更好地理解数学知识的灵活性和多样性，提高他们的创新能力和实践能力。

综上所述，高中阶段的数学教学需要关注思维训练和数学建模的教学策略，以培养学生的抽象思维和创新能力。通过这些教学策略的实施，学生可以更好地掌握数学知识，提高他们的数学素养和综合能力，为未来的学习和工作打下坚实的基础。

7.2.2 学生的认知特点和发展水平对教学策略与方法的影响

1. 小学生的认知特点和发展水平对教学策略与方法的影响

小学生的认知特点和发展水平体现在多个方面，其中最显著的是他们的认知以直观思维为主，同时注意力集中时间相对较短。针对这些特点，教学策略需要特别强调趣味性、直观性和实践性，以有效吸引学生的注意力，提升学习效果。

小学生的认知特点体现在两个方面，一是以直观思维为主。小学生的认知发展尚处于具体运算阶段，他们更倾向于通过具体、直观的事物来理解和掌握知识。在这一阶段，他们的抽象思维能力尚未完全发展，对于抽象概念和符号的理解存在一定的困难。二是注意力集中时间短。由于小学生的神经系统发育尚未完全成熟，他们的注意力集中时间相对较短，容易受到外界干扰。在教学过程中，教师需要不断调整教学方法和手段，以吸引学生的注意力，保持他们的学习兴趣。因此，小学生数学教学策略需要注重以下方面。

第一，注重趣味性。为了吸引小学生的注意力，提高他们的学习兴趣，教学策略应注重趣味性。教师可以通过设计生动有趣的教学情境、游戏和竞赛等活动，将枯燥的数学知识转化为有趣的学习内容，让学生在轻松愉快的氛围中学习数学知识。

第二，强调直观性。针对小学生直观思维的特点，教学策略应强调直观性。教师可以通过使用实物、图片、模型等直观教具，将抽象的数学知识具体化、形象化，帮助学生更好地理解和掌握知识。同时，教师还可以引导学生通过观察、操作等实践活动，体验数学知识的形成过程，加深对知识的理解。

第三，加强实践性。实践性是小学数学教学的重要特点之一。教学策略应加强实践性，让学生在实践中学习和掌握数学知识。教师可以通过设计贴近学生生活的实际问题，引导学生运用数学知识进行解决，培养他们的数学应用能力和问题解决能力。此外，教师还可以组织学生进行数学实验、探究等活动，让学生在实践中探索和发现数学规律，提高他们的探究能力和创新能力。

综上所述，针对小学生的认知特点和发展水平，教学策略应注重趣味性、直观性和实践性。通过这些适应性调整，教师可以更好地吸引学生的注意力，提高学习效果，为学生的数学学习和未来发展奠定坚实的基础。

2. 初中生的认知特点和发展水平对教学策略与方法的影响

初中生的认知特点和发展水平体现在他们已经开始具备抽象思维能力，但这一能力的发展存在较大的个体差异。初中生的认知特点体现在两个方面，一是抽象思维能力的发展。初中生逐渐开始摆脱对具体物质的依赖，能够进行抽象思维和推理。他们能够理解抽象概念，进行逻辑推理和问题解决。然而，这一能力的发展程度因个体差异而异，有的学生可能较早展现出较强的抽象思维能力，而有的学生则可能需要更多的时间和支持。二是自我意识的提高。初中生在这个阶段开始对自己的意识形态、价值观和自我概念等进行探索。他们开始思考自己的独立性和与他人的区别，不断增强对自我形象的重视程度。这种自我意识的提高也影响了他们的学习方式和态度。

为了有效应对初中生的认知特点，教学策略应重点关注个性化教学，并采用分层教学和差异化教学的方法，以满足不同学生的学习需求。第一，个性化教学。针对初中生认知特点的个体差异，教学策略应强调个性化教学。这意味着教师需要通过观察、交流和评估等方式，深入了解每位学生的学习特点、需求和兴趣，然后据此制订个性化的教学计划和方法。第二，分层教学。分层教学是根据学生的学习水平和能力，将他们分成不同的层次进行教学。对于抽象思维能力较强的学生，教师可以提供更高难度的学习任务和拓展阅读材料，以满足他们的学习需求；而对于抽象思维能力较弱的学生，则需要提供更多的辅助材料和练习，帮助他们夯实基础。第三，差异化教学。除了分层教学外，差异化教学也是应对初中生个体差异的有效策略。差异化教学意味着在教学过程中，教师应根据学生的不同能力和学习风格，灵活地调整教学内容、方法和评价方式。例如，对于喜欢口头表达的学生，教师可以组织他们进行课堂讨论和演讲；而对于喜欢书面表达的学生，则可以让他们通过写作来展示自己的学习成果。

综上所述，针对初中生的认知特点和发展水平，教学策略应关注个性化教学，采用分层教学和差异化教学的方法。通过这些适应性调整，教师可以更好地满足不同学生的学习需求，促进他们全面发展。

3. 高中生的认知特点和发展水平对教学策略与方法的影响

高中生的认知特点和发展水平体现在他们已经具备较强的抽象思维能力，以及独立思考和解决问题的能力。高中生的认知特点体现在两个方面，一是抽象思维能力的发展。高中生已经具备了较强的抽象思维能力，能够理解和处理复杂的数学概念、原理和逻辑关系。他们能够脱离具体事物，通过逻辑推理和演绎归纳来探索数学规律。二是独立思考和解决问题能力的发展。高中生在思维上更加独立，能够自主地提出问题、分析问题并寻找解决方案。他们具备较强的逻辑推理能力和问题解决能力，能够应对复杂的学习任务和挑战。

为了进一步发展和提升这些能力，教学策略应当注重启发式教学和探究式学习，旨在培养学生的创新精神和批判性思维。第一，启发式教学。针对高中生的认知特点，教学策略应强调启发式教学。启发式教学注重通过引导、启发和激发学生的思维活动，帮助他们主动发现问题、思考问题并解决问题。教师可以通过设置具有启发性的问题、提供思考材料或引导性案例，激发学生的好奇心和探究欲，培养他们的创新精神和独立思考能力。第二，探究式学习。在高中数学教学中，探究式学习可以通过以下方式实施：教师引导学生提出探究性问题，组织学生进行小组合作或独立研究，鼓励他们运用所学知识进行实践操作和数据分析，从而发现数学规律和解决实际问题。通过探究式学习，学生可以更加深入地理解和掌握知识，培养批判性思维和实践能力。

在启发式教学和探究式学习的基础上，教学策略还应注重培养学生的创新精神和批判性思维。创新精神是指学生能够独立思考、勇于探索、敢于创新的精神状态。教师可以通过鼓励学生提出新观点、新方法、新思路，培养他们的创新意识和能力。批判性思维是指学生能够理性思考、分析判断、提出质疑的精神状态。教师可以通过引导学生对数学问题进行分析、讨论和反思，培养他们的批判性思维和判断能力。综上所述，针对高中生的认知特点和发展水平，教学策略应注重启发式教学和探究式学习，旨在培养学生的创新精神和批判性思维。通过这些教学策略的实施，教师可以更好地激发学生的学习兴趣和潜能，促进他们全面发展。

7.2.3　数学教育目标的要求对教学策略与方法的影响

1. 数学知识与技能对教学策略与方法的影响

在数学教育中，数学知识与技能对教学策略与方法的选择和实施具有十分重要的影响。教学策略的核心目标在于确保学生能在各学段有效地掌握数学基础知识和技能，构建扎实的数学知识体系。为此，教师需要依据课程标准和教材的具体要求，精心策划与实施教学。

首先，教师需要系统地传授数学基础知识，包括但不限于代数、几何、三角函数、数列、概率统计等。这些基础知识是学生进一步学习高级数学和应用数学知识解决实际问题的基石。在传授过程中，教师应注重知识的逻辑性和连贯性，确保学生能够理解并构建出清晰的知识结构。

其次，为了使学生熟练掌握数学知识的应用，教师需要设计大量的练习和实践活动。这些练习和实践活动不仅应涵盖基础知识的应用，还应包括一些具有挑战性的数学问题，以激发学生的探究欲望和创新精神。同时，教师还应鼓励学生将所学知识应用于实际生活中，以加深对数学知识的理解和记忆。

再次，教师应根据学生的学习需求和兴趣特点，灵活运用多种教学方法。讲授法作为一种传统的教学方法，能够系统地传授数学知识，但教师也应注意保持课堂的互动性和趣味性，避免学生产生厌倦情绪。讨论法则能够激发学生的学习兴趣和主动性，促进学生对数学知识的深入理解和思考。案例分析法则能够帮助学生将理论知识与实际问题相结合，提高学生的问题解决能力。

最后，教师在教学过程中应密切关注学生的学习反馈。学生的学习反馈是评估教学效果的重要依据，也是教师调整教学策略的重要参考。教师可以通过课堂测试、课后作业、学生评价等多种方式收集学生的学习反馈，并根据反馈结果及时调整教学策略和方法，以确保学生能够充分理解和掌握数学知识与技能。

总之，数学知识与技能对数学教学策略与方法的选择和实施具有重要影响。教师在教学过程中应系统地传授数学基础知识，注重知识的连贯性和系统性，灵活运用多种教学方法以满足学生的学习需求，并密切关注学生的学习反馈以调整教学策略。这样才能有效地提高学生的数学素养和综合能力。

2. 数学思维与能力对教学策略与方法的影响

在数学教育中，数学思维与能力的培养同样是教学策略与方法制定的重要考量因素。数学思维，特别是逻辑思维、空间想象能力和问题解决能力，对于学生的数学学习和未来发展具有深远影响。因此，教学策略的制定应致力于促进学生这些思维能力的发展。

首先，逻辑思维是数学思维的核心。它要求学生能够基于数学概念和原理，进行严密的推理和判断。为了培养学生的逻辑思维，教学策略应注重启发式教学。教师可以通过设计一系列具有逻辑关联的问题，引导学生逐步深入，逐步推理，从而培养他们的逻辑思维能力。此外，教师还可以利用数学中的归纳、分类、类比等思想方法，帮助学生建立系统的数学思维模式。

其次，空间想象能力是数学学习中不可或缺的一部分。它要求学生能够在脑海中构建空间图形，理解空间关系。为了培养学生的空间想象能力，教学策略应注重直观演示和实验教学。教师可以通过使用三维模型、多媒体演示等直观材料，帮助学生建立空间概念。同时，教师还可以设计一些需要空间想象能力的实践活动，如制作立体模型、进行空间测量，让学生在实践中锻炼空间想象能力。

最后，问题解决能力是数学教育的最终目标之一。它要求学生能够运用数学知识解决实际问题。为了培养学生的问题解决能力，教学策略应注重探究式学习。教师可以设计一些具有实际背景和挑战性的问题，引导学生运用所学知识进行探究和解决。在探究过程中，教师可以提供必要的指导和支持，帮助学生掌握解决问题的一般策略和方法。同时，教师还应鼓励学生进行小组合作和讨论，让他们在合作中互相学习、互相启发。

综上所述，数学思维与能力的培养对数学教学策略与方法的制定具有重要影响。教学策略应致力于培养学生的逻辑思维、空间想象能力和问题解决能力，采用启发式教学和探究式学习等教学方法，设计具有挑战性和实际背景的数学问题，让学生在实践中体验数学的魅力和价值。这样不仅能提高学生的数学成绩，还能培养他们的数学素养和综合能力，为他们未来的学习和生活奠定坚实的基础。

3.情感、态度、价值观对教学策略与方法的影响

在数学教育中，学生的情感、态度、价值观同样会对教学策略与方法的选择和实施产生深远影响。教学策略不仅要关注数学知识的传授和数学技能的培养，还应致力于激发学生的学习兴趣，帮助他们形成积极的数学情感和正确的价值观。

首先，情感态度对于学生的学习动力和学习效果具有决定性作用。为了激发学生的学习兴趣和积极性，教学策略应注重采用多元化的教学方法和手段。例如，游戏化教学可以让学生在轻松愉快的氛围中学习数学，情境教学可以将抽象的数学知识与具体的生活情境相结合，增强学生的学习体验。此外，项目式学习能够让学生在实际操作中体验数学的魅力和价值，激发他们的学习热情和主动性。

其次，在教学过程中，教师应关注学生的情感体验，及时给予鼓励和肯定。数学作为一门需要较高思维能力的学科，学生在学习过程中可能会遇到困难和挫折。此时，教师的支持和鼓励对于学生建立自信心和自尊心至关重要。教师可以通过表扬学生的进步和优点，提供必要的帮助和指导，让学生感受到学习数学的乐趣和成就感。

最后，教学策略还应注重培养学生的数学素养和道德观念。数学素养不仅包括数学知识和技能，还包括数学思维和数学情感。在教学过程中，教师应注重培养学生的逻辑思维、空间想象能力、问题解决能力等数学思维能力，同时，引导他们形成对数学的好奇心和热爱。此外，教师还应关注学生的道德观

念培养，通过数学教学中的案例分析和讨论，引导学生形成正确的价值观和人生观。

综上所述，情感、态度、价值观对数学教育中的教学策略与方法具有重要影响。为了激发学生的学习兴趣和积极性，帮助他们形成正确的数学观念和态度，教师应采用多元化的教学方法和手段，关注学生的情感体验和道德观念培养。这样不仅能够提高学生的学习效果，还能够促进他们的全面发展。

7.3 数学教育衔接中教学策略与方法的实践案例

7.3.1 案例一：小升初数学教学衔接——比例与比例关系的教学

1. 教学目标

知识目标：复习小学阶段比例的基本概念（如 $a:b=\dfrac{a}{b}$ ），巩固比例的意义和性质。引入初中比例关系的新形式（如正比例函数 $y=kx$，反比例函数 $y=\dfrac{k}{x}$ ），理解比例系数 k 的含义。

能力目标：能根据实际问题建立比例关系模型，例如"速度－时间－路程"问题或"单价－数量－总价"问题。能用比例解决跨学科问题（如地图比例尺 $\dfrac{\text{图上距离}}{\text{实际距离}}=\dfrac{1}{n}$ ）。

素养目标：培养从具体情境中抽象数学关系的能力，衔接初中函数思想。

2. 教学重难点

重点：比例性质的应用与正比例函数概念的建立。

难点：区分比例关系与一般数量关系，理解 k 的恒定性和实际意义。

3. 教学过程设计

◎温故知新（小学知识衔接）

活动 1：情境导入

出示问题："2 kg 苹果价格 16 元，5 kg 需多少钱？"引导学生用比例方法解决。强调比例式 $\dfrac{a}{b}=\dfrac{c}{d}$ 交叉相乘性质：$ad=bc$。

活动2：比例性质探究

分组讨论：比例 $\frac{3}{4}=\frac{6}{8}$ 是否成立？如何验证？引出比例基本性质：若 $\frac{a}{b}=\frac{c}{d}$，则 $ad=bc$。

◎新知探究（初中知识渗透）

案例1：正比例函数建模

展示汽车匀速行驶的表格：

时间（t）/小时	1	2	3
路程（s）/千米	60	120	180

引导学生发现关系：$s=60t$。总结正比例函数一般形式 $y=kx$，强调 $k\neq0$。

案例2：反比例关系辨析

通过"工人数量与工期"问题（如"6人10天完成工程，若人数变为12人，工期变为几天"），构建反比例模型，帮助学生形成对反比例函数 $y=\frac{k}{x}$ 的初步认知。

◎分层练习

基础题：判断是否成比例关系。

（1）正方形周长与边长。

（2）长方形面积已知的情况下，它的长与宽。

拓展题：分析弹簧伸长实验数据，建立 $F=k\cdot\Delta l$ 模型，计算比例系数 k 的数值和单位。

4. **教学反思**

通过生活实例降低函数概念的抽象性，80%学生能准确判断比例关系类型。部分学生对比例系数 k 的实际意义理解不足，需要增加单位分析练习。后续课程可衔接函数图象绘制，深化数形结合思想。

7.3.2 案例二：初高中数学教学衔接——函数概念的教学

1. **教学目标**

生活联结：用身份证号、体温变化等生活现象理解对应关系。

概念本质：体会"一输入一输出"的核心特征。

表达过渡：能用文字、图表、解析式多种方式描述关系。

2. 教学重点与难点

重点：理解"每个输入值对应唯一输出值"的规则。

难点：辨别非函数关系（如"学生→多个爱好"）。

3. 教学过程设计

环节 1：生活启航（12 分钟）

活动 1——身份对应

提问引导：每位同学的身份证号是唯一的吗？医院体温监测仪上的时间与温度如何对应？

活动 2——关系分类

提供四组对应关系，学生分组判断哪些符合函数特征：某城市 24 小时气温变化折线图；学生姓名与该生所有学科成绩；自动贩卖机按键与掉落的饮料；家庭成员之间的称呼关系。

环节 2：概念建模（20 分钟）

案例探究——快递费计算

情景：某快递公司首重 1 kg 内 12 元，超重后每公斤加 2 元。用表格表示重量与费用的关系（0.5 kg → 12 元，1 kg → 12 元，2 kg → 14 元），绘制"重量输入→费用输出"的机器模型图。

抽象提炼——用"输入－输出"游戏类比

定义域：游戏机可识别的硬币类型（如仅接受 1 元硬币）。对应法则：投入 1 元硬币必出一瓶矿泉水。值域：可能获得的饮料种类。

环节 3：概念辨析（15 分钟）

正反例对比

函数关系案例：手机充电时间与电量百分比的关系；书本页码对应的内容。

非函数关系案例：一棵树的生长年份与树枝数量；餐厅菜单上同一道菜的不同辣度选择。

误区突破活动：让学生尝试用"函数制造机"验证关系。将写有各种对应关系的卡片投入纸箱"机器"，只有符合"单一输入→唯一输出"的卡片会从出口弹出。

环节 4：多元表征（10 分钟）

三种表达方式工作坊：以"正方形周长（L）与边长（a）的关系"为例。

文字描述：周长总是边长的 4 倍。

表格呈现：

边长 /cm	1	2	3
周长 /cm	4	8	12

必要公式简化表达：$L=4a$。

4.教学特色

具象化：用快递计费、自动贩卖机等生活场景替代抽象符号。

互动性：通过"函数验证机"实体模型强化概念认知。

分层设计：为数学基础薄弱的学生提供图象化学习支架。

7.3.3　案例三：高中数学教学深化——数列与数列极限的教学

1.教学目标

知识目标：理解数列通项公式与递推公式的关系，掌握等差数列、等比数列性质的综合应用；建立数列极限的直观认知，掌握极限的定义与计算方法；能运用极限思想解决实际问题（如无穷递缩等比数列求和）。

能力目标：培养数学抽象思维与逻辑推理能力；提升从特殊到一般的数学归纳能力；强化数学建模与实际问题转化能力。

素养目标：渗透极限思想的哲学意义，体会数学的精确性与严谨性。

2.教学重难点

重点：数列极限的定义及其几何解释；极限四则运算法则的应用；$\lim\limits_{n\to\infty}\dfrac{1}{n^p}=0$（$p>0$）的证明。

难点：极限定义中"任意小"与"存在性"的辩证关系；发散数列与收敛数列的判定。

3.教学过程设计

环节 1：情境导入（10 分钟）

（1）案例引入。通过刘徽"割圆术"动画演示，提出核心问题："当圆内接正多边形的边数 n 无限增大时，其面积 S_n 会如何变化？这种变化趋势能否用精确的数学语言描述？"

（2）学生活动。分组讨论以下数列的变化趋势：

$$a_n=\frac{1}{2^n} \qquad b_n=(-1)^n\frac{n}{n+1} \qquad c_n=2+\frac{1}{n}$$

环节 2：概念建构（20 分钟）

（1）极限的直观定义。通过几何画板动态演示 $a_n=\dfrac{1}{n}$ 的散点图，引导学生观察当 $n\to\infty$ 时，a_n 与 0 的距离变化。

（2）严格化定义。采用"问题链"方式逐步引出 $\xi\text{-}N$ 定义。

如何用数学语言描述"无限接近"？

给定误差范围 $\xi=0.1$，需要多少项后保证 $|a_n-0|<\xi$？

推广到任意 $\xi>0$ 的情形，如何确定 N 的表达式？

（3）定义呈现。对于数列 $\{a_n\}$，若存在常数 A，使得 $\forall\xi>0$，$\exists N\in N^+$，当 $n>N$ 时，$|a_n-A|<\xi$，则称数列收敛于 A，记作 $\lim\limits_{n\to\infty}a_n=A$。

环节 3：典例精析（15 分钟）

例题

证明：$\lim\limits_{n\to\infty}\dfrac{2n+1}{3n-1}=\dfrac{2}{3}$。

计算差值：$\left|\dfrac{2n+1}{3n-1}-\dfrac{2}{3}\right|=\left|\dfrac{5}{3(3n-1)}\right|$。

解不等式：$\dfrac{5}{3(3n-1)}<\xi\Rightarrow n>\dfrac{5}{9\xi}+\dfrac{1}{3}$，取 $N=\dfrac{5}{9\xi}+\dfrac{1}{3}$。

教学策略：通过板书展示代数变形过程，强调放大法的应用技巧。

环节 4：探究活动（25 分钟）

小组任务。探究无穷递缩等比数列求和公式的推导：已知首项 a_1，公比 $|q|<1$，证明 $S=\lim\limits_{n\to\infty}$，$S_n=\dfrac{a_1}{1-q}$。

4. 巩固练习

计算：$\lim\limits_{n\to\infty}\left(\sqrt{n^2+n}-n\right)$。

证明：若 $\lim\limits_{n\to\infty}a_n=A$，则 $\lim\limits_{n\to\infty}\dfrac{a_1+a_2+\cdots a_n}{n}=A$。

5. 教学反思

通过动画演示与代数推导相结合的方式，可有效化解极限概念的抽象性；同时，需要关注学生对"任意性"与"存在性"逻辑关系的理解障碍，建议在课后补充函数极限与数列极限关系的对比分析。

参考文献

［1］中华人民共和国教育部.义务教育数学课程标准（2022年版）［S］.北京：北京师范大学出版社，2022.

［2］中华人民共和国教育部.普通高中数学课程标准（2017年版2020年修订）［S］.北京：人民教育出版社，2020.

［3］陆椿."数学运算"小初衔接教学探索［J］.教育研究与评论，2023，（08）：32-36.

［4］刘凯.浅谈基于"小初衔接"的数学作业设计［J］.安徽教育科研，2024，（29）：60-62.

［5］余睿，韦文月.基于综合实践的小初衔接数学课程设计［J］.四川教育，2024，（29）：41-42.

［6］黄玮.核心素养视域下小初数学教学衔接研究［J］.甘肃教育，2024，（18）：105-107.

［7］曾菊萍.小初数学教学有效衔接：内在逻辑与方向路径［J］.教育与装备研究，2024，40（08）：20-24.

［8］吴海珍.新课标视域下小初数学教学衔接策略探析——以小学高年级数学教学为例［J］.教育科学论坛，2023，（28）：20-22.

［9］王燊，张露，林妹珠.基于心理育人的初高等数学教学衔接思考［J］.数学学习与研究，2023，（26）：2-4.

［10］吴海珍.新课标视域下小初数学教学衔接策略探析——以小学高年级数学教学为例［J］.课程教学研究，2023，（09）：63-67.

［11］张奠宙，宋乃庆.数学教育概论［M］.3版.北京：高等教育出版社，2016.

［12］吴立宝，刘颖超.小初数学衔接教学：从何与如何［J］.教育研究与评论，2023，（08）：16-22.

［13］葛庆华.小初数学衔接教学要关注学习方法［J］.教育研究与评论，

2023，（08）：23-26.

［14］卢渊博，张书振，聂可明，等. 小初高一体化高质量发展的价值意蕴、现实困境与实践路径［J］. 教学月刊·中学版（教学管理），2025，（Z1）：85-90.

［15］裴阳，赵戌梅. 初高衔接如何从教材到教学？——基于三版高中数学新教材预备知识呈现的比较与思考［J］. 数学教学研究，2024，43（06）：10-13.

［16］曹才翰，章建跃. 中学数学教学概论［M］. 2版. 北京：北京师范大学出版社，2008.

［17］波利亚. 怎样解题：数学思维的新方法［M］. 涂泓，冯承天，译. 上海：上海科技教育出版社，2018.

［18］章建跃. 初高中数学衔接教学的思考与实践［J］. 数学通报，2019，58（5）：1-6.

［19］王尚志，胡凤娟. 基于核心素养的初高中数学衔接策略研究［J］. 课程·教材·教法，2020，40（8）：88-94.

［20］李善良. 高中数学学习障碍的成因及衔接教学对策［J］. 教育研究与实验，2018（3）：75-80.

［21］人民教育出版社课程教材研究所. 初高中数学衔接教学指导手册［Z］. 北京：人民教育出版社，2019.

［22］章建跃，王翠巧. 用代数运算和函数图像研究指数函数与对数函数——人教A版"指数函数与对数函数"教材介绍［J］. 中学数学教学参考，2019，（34）：18-25.

［23］赵科林. 生活问题与数学问题的双向转化机制及其应用研究［D］. 成都：四川师范大学，2020.

［24］刘恺懿. 在小学中高年级课堂中渗透数学文化的研究［D］. 上海：上海师范大学，2022.

［25］陈晨. 基于学生认知发展的初高中数学衔接教学的实践研究［D］. 上海：上海师范大学，2020.

［26］郑毓信. "小初衔接"之我见——"数学教育杂谈"之十一［J］. 教育研究与评论，2023，（11）：4-10.

［27］秦盛. 新疆生产建设兵团小初数学教育衔接问题探究［D］. 重庆：西南大学，2020.

［28］闫晓敏.中小学数学教学衔接存在的问题及对策研究［D］.锦州：渤海大学，2020.

［29］辛超英."小初衔接"视角下数学综合与实践教学策略［J］.数学教学通讯，2024，（16）：86-88.

［30］汪英.中小学数学教学衔接中存在的问题与对策［J］.中学数学杂志，2010，（06）：25-26.

［31］毛然.中小学数学教学衔接的问题及对策研究［D］.哈尔滨：哈尔滨师范大学，2024.

［32］李娜，吴盛棋，张滢，等.国际视野下中学与大学数学教育衔接的研究述评［J］.数学教育学报，2025，34（01）：6-12.

［33］张欣欣，申莉.幼小数学教育衔接的策略研究［J］.安徽教育科研，2024，（04）：52-54.

［34］郑毓信."小初衔接"之我见——"数学教育杂谈"之十一［J］.教育研究与评论，2023，（11）：4-10.

［35］王文强.初高中数学衔接教育现状调查与策略分析［D］.武汉：华中师范大学，2022.

［36］梁威，刘姣.基于学习适应性的中小学数学教育衔接解决方案——以北京市中小学数学教育衔接项目为例［J］.中学数学杂志，2021，（02）：1-3.

［37］张瑞清.核心素养视域下中小学数学教育衔接［J］.内蒙古教育，2020，（11）：62-63.

［38］孔艳华，刘彦洪.新课标下做好中小学数学衔接教育的思考［J］.中学数学杂志，2007，（08）：15-16.

［39］辛长红.高中常用数学思想方法的教学探究［D］.延边：延边大学，2010.

［40］赵艳菲.现代化教学手段在中学数学教学中的应用研究［D］.大连：辽宁师范大学，2010.

［41］韩慧萍.高中阶段数学思想方法教学研究［D］.兰州：西北师范大学，2006.